생각하는 여자

생각하는 여자

일상에
도전하는
철학을
위하여

THE THINKING WOMAN

줄리엔 반 룬 지음 | 박종주 옮김

창비

일러두기

1. 저자의 인터뷰 인용문에는 모두 작은 따옴표(' ')를 사용했다.

2. 인용문의 이해를 돕기 위해 인용자(이 책의 저자)가 덧붙인 내용에는 모두 소괄호(( ))를 사용했다.

3. 본문의 이해를 돕기 위해 덧붙인 옮긴이 주에는 모두 대괄호(〔 〕)를 사용했다.

4. 각주는 모두 옮긴이가 추가한 것이다.

5. 원서에서 이탤릭으로 강조되어 있는 부분은 고딕으로 표시했다.

6. 2장의 일부는 『시드니서평』(*The Sydney Review of Books*)의 「작가는 어디에서 아이디어를 얻는가?」(Where do writers get their ideas from?)라는 글에 부분적으로 실려 있다. 6장의 몇몇 절은 『다만 우리 사이: 호주 여성들이 우정의 진실을 말하다』(*Just Between Us: Australian Women Tell the Truth about Friendship*)에 「한낮에」(In Broad Daylight)라는 글의 일부로 실려 있다.

프랜시스에게

생각을 이어가는 것이 이제 우리의 과제가 된다… 우리는 생각해야만 한다. 사무실에서, 작품집에서, 대관식이나 시장 취임식을 보는 군중들 틈에서, 생각하기로 하자. 기념비 앞을 지나며, 정부청사에서, 하원 방청석에서, 법정에서 생각하기로 하자. 세례식과 결혼식과 장례식에서 생각하기로 하자. 결코 생각을 그치지 말기로 하자 ── 우리가 속한 이 '문명'이란 무엇인가? 이 행사들이 다 무엇이며 우리가 왜 거기에 참석해야 하는가? 이 직업들은 다 무엇이며 왜 우리가 그로써 돈을 벌어야 하는가? 요컨대 이는 우리를 어디로 이끌고 있는가…?

──버지니아 울프, 『3기니』

'생각하는'이라는 말로 묘사되는 경험이 너무도 반갑고 귀하게 느껴질 만큼 우리 여성들은 비우호적이고 심지어는 모욕적인 형용사나 별칭을 뒤집어쓰는 데에 익숙하다. 그것이 놀랄 만한 일이라는 것은 생각해보면 굉장히 이상하고 심지어는 모순적이기까지 하다. 흔히 그러하듯 세상사의 자연스런 질서를 뒤집어놓는다고 묘사하는 일상적인 표현들 ─ '년' '공격적인' '새된' '남자 기를 죽이는' ─ 대신 사려 깊다는 것, 삶에 대한 커다란 질문들의 답을 원한다는 것이 우리의 특징으로 제시된다.

이 책의 목표는 '철학적 사유와 일상생활을 연결'하는 것이며 줄리엔 반 룬은 매우 흥미로운 방식으로 이를 해냈다. 이 책은 한편으로는 자신의 어린 시절, 어머니가 된 것, 학계에 들어간 것, 오래된 관계를 떠난 것, 비참한 끝을 맞은 절친한 친구를 보낸 것, 여행,

배움, 사유에 관해 종종 편치 않은 이야기를 들려주는 회고록이다. 또한 생활이나 일터에서 그녀를 사로잡아온 이 책의 뼈대가 되는 주제들에 대한 탐구이기도 하다. 여섯개의 장은 '생각하는 여자들' 과의 인터뷰를 통해, 그리고 스스로의 경험 이야기를 통해 사랑, 놀이, 일, 두려움, 경이, 우정을 탐구한다. 그것들이 한데 어우러져 몰입감을 주면서도 때로 숙제를 던진다. 여러 생각이 새로운 방식으로 혹은 새로운 맥락으로 소용돌이치며 반 룬이 사색한 질문들을 나 스스로에게도 묻게 만들었으므로 거의 페이지마다 멈춰 생각해야 했다.

힘을 주면서도 도발적인 이런 경험이 매우 낯설게 다가온다는 것은 이 책의 독창성을 보여준다. 우리는 이런 철학적 탐구가 일상적 실존의 문제들과 연결되는 것에 익숙지 않지만, 익숙해져야 할 것이다. 그러지 않고서 어떻게 이해 혹은 깨달음에 이르겠는가. 우리가 계속해서 스스로 나아갈 수 있도록 뒷받침해줄 통찰에 어떻게 이르겠는가. 이 책의 많은 점에 공감했지만 아마도 가장 와닿은 하나를 꼽자면 우정을 '종착점 없는 기획'으로 묘사한 것이다. 가까운 친구들과 맺는, 멋지고 보람있지만 종종 화나는 관계를 생각하기에 이 얼마나 완벽한 방법인지. 여전히 마음속으로 이리저리 돌려보며 이 생각을 적용해 내게 소중한 우정들을 따져보고 있다.

그녀는 자신이 인터뷰한 여섯명의 생각하는 여자 중 단 한 사람, 낸시 홈스트롬만이 대문자 P를 쓰는 철학자a capital P philosopher ── 그런 이름으로 대학에 고용되어 있다는 의미에서 —로 분류될 수 있다고 말한다. 시리 허스트베트는 소설가, 로지 브라이도티는 여성주의 철학자, 로라 키프니스는 매체이론 교수, 마리나 워너는 작가이자 역사가, 줄리아 크리스떼바는 정신분석가이자 소설가이며 또한 여성주의 철학자다. 하지만 이들 각각은 근본적인 삶의 질문들에 대해 깊은 사유를 이어가고 있으며 캐묻는 이에게 소중한 개인 시간뿐 아니라 자신의 사유를 기꺼이 나누어준 여성들이다. 여성이건 아니건 우리 모두를 생각하게 만들어줄 매력적인 책 한권이 그 결과물이다.

앤 서머스

'생각하는 여자'는 실존한다. 그녀는 살아남아 있고 잘 지내고 있다. 세계 최고 서점 몇곳의 철학 서가나 어디든 명망 높은 대학의 철학과 교원 명단에서 그녀를 찾으려거든 눈을 부릅뜨고 끈질기게 살펴봐야 할 테지만. 그녀는 때로 학제이자 범주로서 대문자 P를 쓰는 철학Philosophy에서는 쫓겨나 있다. 종종 그녀는 애초에 그 자리에 임용되어보지조차 못했다. 사실 생각하는 여자는 다른 곳에서 더 나은, 더 즐거운 시간을 보내고 있는 모습으로 흔히 찾아볼 수 있다. 그녀는 소설가나 미술작가, 활동가와 함께 있거나 그들 중에 속해 있다. 그녀는 좀더 넓은 사회과학이나 인문학 영역에서 활약하고 있다. 혹은 독립 연구자로서 스스로 해나가고 있다. 생각하는 여성에게 삶이란 엉망이거나 복잡할지도 모른다. 그녀는 철학자이기도 하고 철학자가 아니기도 하다. 누구나 아는 이름인 경우는 흔치 않다. 그녀의 힘이 너무 세어지면 그녀를 깎아내리기 위한, 놀라울 만큼 꾸준한 일들이 벌어진다 ─ 조롱, 인신공격, 강제추방의 협공 말이다. 그녀의 작업이 알찬 데에는 이유가 있다.

육년 전 나는 지금 살아 있는 여성 철학자들을 조망하는 책을 구상했다. 주요 여성 철학자 몇명의 작업을 살펴봄으로써 그 의의를 밝히고 지금을 어떻게 살아갈지 고민하는 우리들에게 말을 건네는, 그럼으로써 철학적 사유와 일상생활을 연결해주는 책이 될 수 있기를 바랐다. 구체적인 주제들도 생각해두었다. 사랑, 우정, 일, 놀이, 두려움, 그리고 경이. 궁금한 것도 있었다. 사랑이란 해볼 만한 투자인가? 자본주의 체제에서 여성은 어떤 형태로 일에 참여해야 하는가? 우정은 얼마나 필요하고 얼마나 중요한 것인가? 폭넓게, 진지하게, 읽기 시작했다. 누구를 여성 철학자로 정의할 수 있을지를 고민하기 시작했다.

그리고 또, 철학이란 무엇인지를.

●

평범한 평일 오전 익숙한 까페 의자에 앉아 이 서문을 쓰면서 나는, 기다란 방의 반대쪽 끝에 시선을 두고 나를 마주하고 있는 한 여성을 본다. 머리칼은 어두운 색이고 주근깨가 있는데, 자세가 기이하리만치 나와 비슷하다. 몸을 앞으로 숙이고 팔꿈치를 테이블

위에 올려둔 채 고개를 살짝 꺾어 손에 얹어두었다. 반대쪽 끝에 앉은 내 쪽을 보고 있지만 나를 의식하지 않고 허공을 향하는, 사색하는 시선이다. 그녀는 생각하고 있다. 한순간 그녀를 나의 또다른 모습으로 착각한다.

철학은 폐쇄되고 격리된 회랑이어야 할 이유가 없다. Y염색체와 엘리트만을 위한 공간이어야 할 이유가 없다. 세속화된 지금의 세계에서, 조직화된 종교에 매여 있지 않은 — 적어도 우리 부모나 조부모가 그랬던 것보다는 느슨하게 묶여 있는 — 우리 중 많은 이들은 철학이라는 일의 출발이자 나아갈 길인 풍성하고 엄격한 의미 고찰을 통해 위안과 지침을 모두 얻을 수 있다. 철학이란 넓게 보자면 세상사things의 의미를 찾는 기술이다. 이때 세상사라는 말로 실존이나 실재와 같이 더 큰 그림으로 이어지는 것들을 가리킬 수도 있을 것이다. 하지만 여기서 내가 개관하는 작업은 대개 큰 그림과 작은 그림을 한데 묶는다. 살아진 경험은 이 책에서 소개하는 여성들의 작업에서 강렬하고 힘있는 역할을 해낸다.

내가 보기에 철학의 목적은 우리가 살아가고 있는 세계에서의 우리 경험들을 분석하여 이해할 수 있도록 우리를 도와주는 것이다. 우리가 매일 협상해야 하는 저 물리적, 사회적, 제도적 구조들 — 일, 가족, 이웃, 동거 — 은 그 자체가 특정한 사유방식의 산물들이다. 이 책에서 개관하는 여성 사상가들의 작업을 읽는 것은 내가 내던져진, 내가 스스로를 던져넣는 이 환경에 대해 깊이 생각하도록 도움을 주었다. 그들의 작업은 내가 내린 결정들뿐 아니라 실제로는 단호히 거부할 것들을 포함해, 실제로 동의하지 않는 사유형식들을 심화하는 데에 그 결정들이 얼마나 연루되었는지를 ─ 종종 상당히 불편하게 ─ 검토하도록 이끌었다.

그래서 이 책에서 나의 주된 관심사가 철학자들이냐고? 아니기도 하고 맞기도 하다. 맞기도 하고 아니기도 하다. 굉장히 자주 여성들을 배제하는 범주로서, 그리고 논리학이라는 방법론에 푹 빠져 있는 학제로서 철학의 문제들을 생각하며 나는 이 글에서 논하는 작업을 해온 여성들을 무엇보다도 생각하는 사람thinkers으로 분류하게 되었다. 그들의 작업은 크고 작은 일에 대해 통찰력 있는 질문을 제시하는데 이는 또한 내 책의 주된 목표가 되었다. 그들의 질문을 나의 질문들과 엮고 싶었다. 그들의 견해에 대입해보고 싶었다. 나아가 우리가 일상의 주변환경에 철학을 적용할 때 무슨 일이 일어나는지 나의 독자들이 살펴보도록 유도하고 도발하고 싶었다. 쉬운 일은 아니다. 세상사에 대해 우리가 동의해온 태도의 근본적인 변화로 이어질 수도 있다. 우리로 하여금 스스로의 동기를 보다 낱낱이 따져보도록 유도하거나 혹은 내 경우가 그러했듯이 분노나 수치심처럼 매우 불편한 느낌을 줄 수도 있다.

이 책을 쓰기 위해 인터뷰이들과 긴 시간을 보내며 여기저기를 여행했다. 시리 허스트베트와는 브루클린에 있는 솜씨 좋게 꾸민 그녀의 집에 앉아서 유년기와 양육에 대한 웃긴 일화들을 나누었다. 맨해튼에서는 로라 키프니스의 아파트 계단을 올라가 같이 사는 관계에서의 신의나 통제권에 관해 이야기하며 타이 음식을 나눠먹었다. 이듬해에는 런던에서 마리나 워너의 여름철 도시정원을 보고 약간 사랑에 빠졌다. 대륙들을 가로질러 호주의 내 부엌 식탁으로 돌아올 때 그 생생한 색의 기억들을 가지고 왔기에 식물학자 마리아 메리안에 대한 그녀의 작업을 좀더 깊이 읽을 수 있었다. 점점 『생각하는 여자』의 모습이 잡혀갔다. 다시 한번, 이번에는 네덜란드의 오래된 운하를 따라 위트레흐트대학교 인문학센터의 응접실까지 여행했고, 거기서 우정의 의미와 잠재력에 대한 격론을 벌이며 로지 브라이도티와 우정을 쌓았다. 다음으로 뉴사우스웨일스에서는 새로 꾸민 뒤뜰에서 헬렌 캘디콧을 만나 어떻게 하면 사십년이라는 세월을 통째로 활동가로 살 만큼 이 행성을 그리도 깊이 아낄 수 있는지 이야기했다. 끝으로 미국, 맨해튼을 다시 찾아 책에 나오는 몇명의 여성들 중 한명으로 전통적인 철학과에서 경력을 쌓고 있는 낸시 홈스트롬을 만났다. 일의 철학philosophies of work에 더해 낸시와 나는 나의 로드사이클링 경험과 그녀의 마라톤 경험에 대해서도 이야기했다. 그녀의 고양이, 그 아름다운 몸짓을 여전히 즐거운 마음으로 떠올린다. 줄리아 크리스떼바와는 여러통의 이메일을 주고받았지만 후회스럽게도 직접 만나지는 못했다. 언젠가 만날 수 있기를 여전히 바라고 있다.

이 책을 쓰는 동안 페미니즘에 대한 사람들의 생각이 공적 영역에 드러나는 일들이 많이 벌어졌다. 힐러리 클린턴은 대선 운동에서 조롱을 비롯해 젠더화된 담론의 공격을 받았고 결국 낙선했다. 리베카 솔닛은 『남자들은 자꾸 나를 가르치려 든다』(2014)를 출간했다. 이윽고 하비 와인스타인에 대한 폭로와 함께 #미투 운동이 부상했고 이후로 특권적인 지위에 있는 다른 많은 남성들도 성적 공격자였음이 드러났다. 책의 편집이 끝날 즈음 줄리아 크리스떼바는 프랑스 유학생 시절 불가리아 정부와 맺었던 관계에 대한 의혹으로 조명을 받았다. 그녀는 스파이였을까? 진실은 아직도 논쟁 중이지만, 나는 그녀를 향한 의혹이 상당히 흔한 경향의 일부라고 보는 쪽이다. 그녀는 어쩌면 가장 잘 알려진 현존하는 여성 철학자일 것이다. 그녀는 상당한 영향력이 있다. 이 책에 실린 여성들의 수십년에 걸친 작업과 그에 대한 공적 영역의 반응을 추적하면서 명성을 훼손하려는 시도들에 대해서는 굉장히 조심스럽게 접근하고 싶다. 이런 일은 오랜 시간을 두고 반복되며, 누적되다보면 맥이 빠지는 법이다.

이 책을 쓰는 동안에도 세계는 쉬지 않고 굴러갔다. 로지 배티는 호주의 가정폭력 정책 개혁을 위한 힘든 싸움에서 승리했다. 여전히 파트너나 전 파트너에 의해 매주 한명의 여성이 살해당하고 있는 이 나라에서 말이다. 포스트휴머니즘에 대한 로지 브라이도티의 작업은 최근 몇년간, 특히 기후변화에 따른 심각한 결과들이 이어지자 갈수록 폭넓은 청중을 얻고 있다. 나 자신의 생활환경 또한 변했다. 나는 아들의 아버지를 떠났다. 다른 도시로 이사했다. 유치원에 다니던 아이는 자라서 씩씩한 십대가 되었다.

처음에 생각했던 주제들 — 일과 놀이, 공포와 경이, 사랑과 우정 — 과 원래의 목표에 매달렸다. 살아 있는 여성 사상가들의 작업이 의미있음을 증명하는 동시에 독자들에게는 이 사상가들이 제기하는 질문이 때때로 우리 모두가 하는 고민과 크게 다르지 않음을 말해주는, 친구 같은 책을 쓰고 싶었다. 지성의 영역에 여성들이 기여한 바를 예찬하는 동시에 그들의 생각을 내가 처한 일련의 환경에 적용하여 빠짐없이 곱씹어보고 싶었다. (둘만 꼽아보자면) 로라 키프니스나 낸시 홈스트롬 같은 여성들은 이런 질문들을 깊이 생각해왔다. 왜 관계란 일처럼 보이는가? 우리의 노동을 조직하는 방식에는 어떤 대안들이 있는가? 그들의 수고는 우리가 진지하게 주목할 만한 가치가 있다.

당신이 손에 쥐고 있는 이 책은 내가 처음에 의도한 것보다 훨씬 많은 내 이야기를 담고 있고, 그래서 쓰기가 쉽지 않았다. 글쓰기는 나 자신에 대한 어떤 깊이 성찰적인 사유를 요구하는데, 그중 많은 것을 지금 당신과 나눈다. 사건들, 장소들, 이따금의 대화들을 기억에서 되살리려 노력했다. 사생활 보호를 위해 이름이나 자세한 신상을 바꾸어 적은 곳이 가끔 있다. 이 책에서 살펴볼 여덟명의 여성들 — 지식인과 활동가들 — 은 물론 모두 본인이며 대개는 (2014년부터 2016년까지) 삼년 동안 녹음한 우리의 대화에서 인용했다. 이 여성들은 정말로 살아 있고 잘 지내고 있으며, 그들의 사유는 우리가 지금 살고 있는 특정한 문화적 순간을 향해 말을 건넨다. 그들의 탁월한 작업에, 또한 이 프로젝트에 대한 그들의 지지에 감사한다. 부디 그들의 생각을 어느 정도 깊이 곱씹어보기를, 그들의 사유를 당신의 (우리의) 환경에 적용해보기를, 그리고 어떤 형태가 되었건 당신만의 방식으로 응답하는 데까지 나아가기를 권한다.

아까 긴 방의 맞은편 끝에서 내가 바라보았던 여성은 자리를 떴고, 다른 이가 그 자리로 오는 것이 보인다. 더 젊은 새 방문자는 짧고 삐쭉삐쭉한 머리와 드레스의 검은 꽃무니 프린트, 부츠가 잘 어울린다. 그녀는 무거운 백팩을 내려놓고는 헤드폰을 벗는다. 잠시 메뉴판을 쳐다보더니 이윽고 창을 바라본다. 그녀는 무엇을 생각하고 있을까, 그 생각은 그녀를 어디로 데려갈까.

제1장

사
랑

어떤 사람으로, 어떤 사람과
함께 살아갈 것인가?

낭만적 사랑을 반성하는 문화비평가
로라 키프니스와 함께

로라 키프니스

——·||·——

문화이론가이자 비평가. 미국 노스웨스턴대학교 라디오/텔레비전/영화학부의 교수이며 뉴욕과 시카고를 오가며 살고 있다. 포르노그래피, 스캔들 등 대중문화를 경유하여 젠더 정치에 문제를 제기하는 영상작가로 경력을 쌓았고 매체에 관한 에세이를 쓰면서 이름을 알렸다. 저서로는 『스캔들이 되는 법』How to Become a Scandal 『여성의 문제』The Female Thing 『원치 않는 진보』Unwanted Advances 등이 있다. 특히 국내에 번역된 『사랑은 없다』Against Love는 '사랑'이라는 이데올로기 아래 노역의 공간으로 전락한 일부일처제의 당위성을 흔들어놓은 저작이다. 최근에도 활발한 저술활동과 연설을 이어가며 미투운동, 페미니즘, 대학 내 젠더 정책 등에 대해 지치지 않고 발언하고 있다.

2013년 여름의 어느날 내 세상을 통째로 뒤집어놓을 깨달음의 순간에 발을 빠뜨렸다. 그런 날이 오고 있을 줄은 몰랐다. 돌이켜보건대 그건 학부생들을 지도하며 종종 제임스 조이스나 플래너리 오코너식으로 단편에 짜넣어보라고 했던 종류의 에피파니* 같은 것이었다. 소설은 극적 효과를 위해 그런 경험을 강렬하게 그린다. 나 또한 소설에 그런 사건을 쓴 적이 있지만 그런 일이 현실의 삶에서도 그처럼 딱 떨어지게 일어나는지에 대해서는 늘 판단을 미루어왔다. 종교적인 사람이었던 플래너리 오코너는 마음이 일종의 은총을 통해 곧잘 넘쳐흐를 수 있다고, 그 은총은 심오하고 새로운

---

* epiphany. 기독교에서 신의 출현을 가리키는 말. 여기에서는 주로 일상적인 상황에서 존재나 영원성 등에 대한 순간적인 깨달음을 얻는 경험을 그리는 문학기법을 뜻한다.

이해들로 이어진다고, 그리고 언제든 그에 따라 삶이 바뀌기도 한다고 믿었던 것 같다.[1] 아마 그녀는 진정으로 그렇게 살았겠지만 나로서는 우리 대부분은 이렇다 할 은총 없이, 이따금 변화의 가능성을 본 것도 같아 긴가민가하면서도 충분한 통찰을 얻을 만큼의 시간과 주의는 거의 기울이지 못한 채 길을 더듬으며 일상을 살아가는 듯 보인다.

그해는 평범하게 시작했다. 현대의 삶을 사는 수많은 우리가 익숙한 그대로, 끝날 기미 없이 바빴다. 일하는 양육자이자 중견급의 전문직. 무언가 잘하고 있다고 느끼는 일은 거의 없었다. 언제나 일정을 마치면 다음 일정으로 달려갔고 늘 답해야 할 이메일이 쌓여 있었다. 또한 장거리 통근이라는 사서 하는 고생을 십년 넘게 하고 있었으며 집에서 미취학 아동을 공동양육하는 매일의 노동은 끝이 없고 힘에 부쳤다. 나는 지쳤었다. 이십년 된 파트너와의 관계 또한 색이 바랬다. 저녁에 집에서 함께 보내는 얼마 안되는 쉬는 시간에 그는 텔레비전을 봤다. 나는 책을 읽었다. 그렇게 흘러갔다.

어느 아침, 박사과정 신입생들을 상대로 대학 관료제에서의 첫해를 어떻게 헤쳐나갈지에 관한 세미나를 진행하러 갔다가 동료에게 말을 걸었다. 학생들에게 환영사를 하고 내 순서를 소개하기 위해 연구학장이 와 있었다. 아마 여섯달쯤 됐을까, 새로 부임한 사람이었다. 나는 십오년째 같은 자리에서 일하고 있었다. 몇가지 사소한 행정적 문제에 대해 할 이야기가 있었다. 예정된 시작 시간이

다가오기를 기다리면서 반쯤 들어찬 강당 구석에서 소곤거리며 그 문제들을 자세히 살펴볼 일정을 의논했다. 그리고는 가벼운 이야기를 나눴다.

당시에 학장과 나는 서로 그리 잘 아는 사이는 아니었다. 그는 최근 들어 내가 참석하기 시작한 월례회의의 의장이었다. 우리는 업무 관련 문제들에 대해 자주 이메일을 주고받았다. 나는 그의 의견을 존중했다. 친했다고 말할지도 모르겠지만 그게 다였다. 그날 아침엔, 짤막하게였지만, 둘 다 아는 어느 소설에 대한 이야기를 했다. 그의 독해는 명민했고 조리있었으며 사려 깊었다. 그가 나를 향해 웃었을 때, 그가 가진 무언가가 나를 무장해제하는 게 느껴졌다. 겪어본 적 없는, 있을 법하지 않은, 전혀 기대해본 적 없는, 깊디깊은 친교의 가능성이었다.

●

세미나를 마친 후 다음 순서를 소개하는 학장을 두고 먼저 나와 늦여름 아침 속을 걸었다. 학기가 막 시작한 때였고 캠퍼스는 다음 강의나 면담에 가는 길을 찾는 중이거나 높다란 나무 아래 잔디밭에 모여 앉은 학부 신입생들로 붐볐다. 나와 같은 건물에서 일하는 교직원 몇명이 지나가며 고개인사를 했다. 나도 고개인사로 받았다. 그 모든 것이 너무도 익숙했지만 무언가 분명 **옳지 않았다**. 두려웠다. 달떴다. 오직 위험한 앎만이 가져다주는 그런 현기증의 기운으로 가득 찼다.

그후로 며칠인지 몇주인지가 지나고 나는 학장에 대해 많이 생각하기 시작했다. 자전거를 타고 출근하며 그를 생각했다. 밤에 어린 아들을 재우면서 그를 생각했다. 책을 읽어야 할 때에도 그를 생각했다. 그만 생각하라고 스스로에게 말해보기도 했지만 역시나 실패했다(그리고는 실패를 즐겼다). 2월의 어느 아침, 이 문제에 대한 내 관점이 무너졌다. 충격이었다. 그 끌림은 그저 육체적인 것만이 아니었다. 지적인 것이었고 감정적인 것이었으며 깊숙이 인간적인 것이었다. 롤랑 바르뜨가 『사랑의 단상』(1977)이라는 훌륭한 글에서 아름답게 말했듯, 언어란 그런 상황에서 우리에게 일어나는 것을 표현하기에는 너무 과하면서도 너무 모자란 매체이다. 나는 평행공간으로 흘러들어갔다 — '잠들지 않으면서도, 잠의 영역'[2]으로.

3월의 어느날 일정이 있어 운전을 하던 중 우연히 국영방송의 라디오 드라마를 들었다. 이야기가 진행되던 중 화자는 상사를 사랑하는 어느 비서 캐릭터를 묘사했다. 배경은 1950년대였고 그녀의 상사는 결혼해 아이들이 있었다. 참을성 많은 이 여성은 독신으로 지냈다. 그녀는 엄마와 함께 살았다. 이윽고 알게 된 사실은 그녀가 이 의문의 남성과 삼십년째 일하고 있으며 솔직한 감정을 한번도 말한 적이 없다는 것이었다. 아마도 그 시대의 여성들은 그랬을 것이다. 어쨌거나 그녀의 가슴 아픈 침묵은 사회적 관습에 대한 존중(혹은 그것이 행하는 억압)과 한데 얽혀 나를 무안하게 만들었다. 나는 결단을 내렸다. 그녀처럼 굴지는 않겠다.

동시에 내 고통에 대해서는 그 누구에게도 아무 말을 하지 않았다. 특히나 학장에게는 결코.

집에서는 애절한 눈빛을 하고서 오랜 시간을 보낸 파트너를 바라보기 시작했다. 성인이 된 후 지난 이십년간 해온 모든 선택이 나를 이리로 이끌었다. 일, 대출금 상환, 운전, 가사노동 같은 것들로 이루어진 빤한, 조금은 지치는 일상사. 힘을 불어넣어주는 일이라고는 없었다. 내가 잘못된 이야기 속에 갇혀버린 것은 아닐까 의심하기 시작했다. 이제는 밤에 쉽게 잠들지 못했다.

결국은 사랑이 다야, 그렇잖아?

●

간통에 관한 로라 키프니스의 글을 처음 읽은 것은 이 늦여름의 에피파니보다 한해 전이었다. 그녀가 『비판연구』에 실은 ― 나중에 『사랑과 맞붙기』*에서 「사랑의 기술」이라는 제목의 장이 된 ― 한

---

* 이 책의 원제는 *Against Love*로, 국내에는 『사랑은 없다』라는 제목으로 출간되었다. 아래에서는 'against'라는 단어를 다루고 있기에 상대적으로 원제에 충실한 제목을 새로 붙였다. 문맥상 저자가 이 단어의 의미를 논하는 부분은 한국어의 '맞붙다'에

에세이[3]는 실력 좋은 방해꾼으로서의 간통범이라는 유쾌하고 도발적인 주장을 편다. 간통이 정치적 행위냐는 질문에 키프니스가 생각 끝에 내리는 답은 딱 떨어지는 '예스!'다. 소리내어 웃어가며 이 에세이를 읽었기에 그녀의 책을 주문했다. 강고한 문화비판의 능력과 한데 어울린 키프니스의 다크 유머는 사태를 직시하게 하면서도 청량감이 있다. 그녀가 (농담조로) 무기의 정치적 필요성을 역설하는 데에 동의할 수 없었고 그 사실을 나 자신과 다른 이들에게 다시 한번 확실히 해두고 싶지만, 『사랑과 맞붙기』[4]는 내게 강력한 영향을 끼쳤다. 책을 읽으면서 나는 여러해 동안 느껴왔던 제약들의 여러 측면에 온전히 초점을 맞춰볼 수 있었다. 동거에 내재하는 복잡성과 모순에 대한 이 저자의 명확한 지적이 나에게서 얼마나 많은 것을 자아낼지를 그때는 알지 못했다.

로라 키프니스는 노스웨스턴대학교 시카고캠퍼스의 매체이론 교수인데, 뉴욕에 있는 집에서 여기로 통근한다. 그녀의 첫번째 책은 잘 알려진 『묶이고 재갈 물린』(1996)으로 포르노그래피에 초점을 두고 있다.[5] 후에 출간한 『스캔들이 되는 법』(2010)[6]은 우리가 스캔들에 느끼는 문화적 매력에 주목하며, 최근작인 『원치 않는 진보』(2017)[7]는 대학 캠퍼스에서 일어나는 성적 공격의 정치학을 솔직하게 살펴본다. 키프니스의 글쓰기는 예리하고 장난기 어린 지

맞추어 옮겼으며 원문에서는 이 단어를 맞서는 대상을 표현할 때와 기대는 대상을 표현할 때 모두 쓰이는 것으로 설명하고 있음을 밝혀둔다.

성과 복잡하거나 역설적인 것에 대한 매료의 산물이다. 미대를 졸업한 그녀는 초기에는 영상작가로서 작업을 선보였다. 노스웨스턴 대학교에서는 영화제작과 비판적 문화이론을 가르치고 있으며 그중에는 오랫동안 열리고 있는 롤랑 바르뜨에 대한 강좌도 있다.

키프니스의 『사랑과 맞붙기』는 제목이 이 책 자체의 도발적인 성격을 분명히 보여준다. 무언가와 맞붙는다는 것은 그것에 반대해 맞선다는 뜻이기도 하지만 맞붙어 다닌다고 할 때처럼 단단한 유대를 뜻하기도 한다. 2014년 겨울, 맨해튼에 있는 그녀의 보금자리에서 만났을 때 키프니스는 '맞붙다'_against_ 라는 말은 영어에서 우호와 적대를 함께 가리킬 수 있는 몇 안되는 단어들 중 하나라고 내게 말했다.[8] 다른 예로는 'cleave'('가르다'와 '달라붙다'를 함께 뜻함)가 있고, 'fast'('빠른 움직임'과 '단단한 고정'을 함께 뜻함)도 있다. 이런 것들을 자체대립어라고 부른다고 한다. '누가 사랑과 맞붙기를 꿈꾸랴?' 책의 서문에서 키프니스는 이렇게 묻는다. '그럴 사람은 없다.' 그리고 이 장난기 어린 퀴즈는 이렇게 이어진다. '그런데 이처럼 통일된 의견에 어딘가 걱정스러운 구석이 있는가? 이것은 그 어떤 반대의견도 받아들일 수 없는, 단 하나의 진리만이 허용될 수 있는 주제인가? 가장 강력하게 조직된 종교들이 이따금 이단을 낳는다는 사실을 생각해보라. 모든 이데올로기에는 배교자가 있기 마련이다. 영물들도 사냥꾼을 마주친다. 사랑만이 예외다. 그와 맞붙는 논쟁이 필요한 것은 그래서다.'[9]

이 시대의 미디어들이 단순해빠진 내러티브로 떠먹여주는 로맨스의 형태에 대해서 나는 늘 스스로 회의적인 편에 있다고 생각해왔다. 페미니스트로서 결혼계약 또한 의심스러워하기에 나 자신은 서명하지 않기를 택했다. 실천할 때에는 충실한 일부일처주의자이다. 주로는 많이 아끼는 사람과 섹스하는 것이 더 의미있고 만족감을 주기 때문이지만 솔직함과 신뢰가 내게 중요하기 때문이기도 하다. 그렇다고는 해도 어떤 관계에 평생을 헌신하리라는 약속을 걸어본 적은 없다. 삶의 수많은 국면에서 유일하게 확실한 것이 변화다. 그리고 내 어머니의 남편(나의 아버지)이 그녀를 목 졸라 죽이려 했던 때, 놀라우리만치 순진하게도 열살 나이에 어머니의 목숨을 살리려는 시도를 해봤기에 나는 사랑을 (그리고 사랑하는 이들을) 위해 변화할 수 있는 능력에 대해서는 꽤 냉정한 편이다. 삶에서 중요한 남자들에게는 대개 까놓고 말한다. 처음부터 이렇게 이야기하고는 한다. '이게 내 건강에 안 좋은 일이 되면, 난 빠질 거야.' 어머니가 견뎠듯이 견디지는 않을 것이다.

●

아마도 많은 이들에게 익숙할 시나리오가 하나 있다. 두 사람이 사랑에 빠진다. 관심사가 서로 통하고 겹치는 친구도 몇명 있다. 서로의 친구들과도 잘 지낸다. 섹스는 좋다. 시간이 지나 동거를 시작해

가사노동이나 생활비를 분담한다. 함께 있다는 것은 편안함과 소속감을 준다. 둘 다 거의 전일제로 일한다. 그러다가 어느새 집을 산다. 원하던 것보다는 시내에서 멀리 떨어져 있지만 이 정도면 대출금 상환을 감당할 수 있다. 바깥세계로 나가는 일이 줄어들고, 이렇게 몇년이 지나면 부모가 된다. 일과가 조금 더 힘들어진다. 매일의 일상에서 함께 있는 시간이 점점 줄어든다. 섹스라이프는 시들해진다. 대화 주제들은 갈수록 재미가 없어진다.

특별히, 절망적으로, 잘못된 것은 없다. 싸움이 잦은 것은 아니다. 작은 것들이 거슬린다. 한쪽은 부엌을 충분히 깨끗하게 정리하지 않는다. 다른 한쪽은 툭하면 레몬나무에 오줌을 눠서 집 가까이에서 소변 냄새가 나게 한다. 강아지 산책 분담은 너무 심하게 한쪽으로 쏠린다. 어린아이 교육방침이 서로 다르다. 점차 습관적으로 반복하는 덧없는 일들과 사소한 짜증들 외에 이 관계에 남은 것이 거의 없게 된다. 핵심이 사라진다.

둘은 사랑에서 빠져나온다.

●

독일계 미국인으로 사회학자, 철학자, 그리고 정치이론가였던 허버트 마르쿠제는 영향력 있는 두권의 책, 『에로스와 문명』(1955)[10]과 『일차원적 인간』(1964)[11]의 저자이자 아마도 현대산업사회에 대한 비판으로 가장 잘 알려져 있는데, 불행하게도 그 비판은 21세기 자본주의 하의 삶에도 여전히 적용된다. 마르쿠제의 사회지배 비판은 삶의 모든 국면이 일로 환원된다는 관측도 담고 있다. 지크문트 프로이트와 카를 맑스 두 사람에게 큰 영향을 받은 그는 현대 산업주의와 소비자 문화 아래에서는 노동자와 소비자 모두가 자신이 생산하거나 소비하는 사물들의 연장이 된다고 주장한다. 우리는 이 상품들 속에서 스스로를 인식하며, 그렇게 만들어진 우리의 의식은 조작되었을 뿐만 아니라 허위적인 것이다. 따라서 노동자들은 정치적, 사회적 변화의 주체로서 신뢰할 만하지 않다. 우리는 굴복할 수밖에 없는 체제에 의해 둔화되고 억압된다. 변화가 정말로 온다면, 그것은 분명 급진적 지식인과 사회적 추방자 들에 의해서만 가능하다. 체제를 있는 그대로 볼 수 있도록 충분히 체제 바깥에 있는 사람들 말이다.

『사랑과 맞붙기』에서 로라 키프니스는 우리들 가운데 결혼이나 장기적인 연인관계에 속해 있는 이들을 마르쿠제의 노동자들과 동치한다. 충격적인 등식이다. '우리는 모두 **좋은 결혼은 노동을 필요로 한다는 것을 알고 있다.**' 그녀는 이렇게 쓴다.

일, 일, 일… 근무시간이 아닌 때가 있기는 한가?… 일부일처 관계가 노동이 될 때, 욕망이 계약에 따라 조직될 때, 장부가 기록되고 피고용자들의 노동처럼 신의가 착취될 때, 결혼이 이 세상의 아내와 남편과 동거 파트너 들을 현상유지식 기계장치에 옮아매기 위해 고안된 엄격한 생산현장 규율이 통치하는 가내 공장이 될 때 ─ 이것이 정녕 우리가 말하는 '좋은 관계'인가?[12]

학장과의 마주침 이후 몇달 동안 마르쿠제의 작업을 결혼과 동 거라는 개념에 적용하는 키프니스의 논의는 내게 매우 설득력 있 게 다가왔다. 모든 관계가 서로를 이해하기 위해서든, 갈등을 해결 하기 위해서든, 더 깊은 공감과 애정을 위해서든 아니면 어려운 일 이 생겼을 때 쉽사리 돌아서서 떠나지 않기 위해서든, 어느 정도의 수고를 요한다는 점을 부정하려는 것은 아니다. 하지만 키프니스 의 사유는 내가 겪고 있는 고유한 형태의 동거 노동이 훨씬 더 큰 그림의 일부라고 생각하게 만들었다. 예컨대 그녀는 프랑크푸르트 학파의 빌헬름 라이히를 참조하는데, 그는 (프로이트와 마찬가지 로) 성적 호기심의 억압이 지적인 위축으로 이어지며 여기에는 반 대를 표명하는 실질적 능력이 사라지는 경향이 포함된다는 의견을 갖고 있었다.[13] 키프니스가 간통에 대해 논쟁하는 까닭은 그래서인 데, 이는 상당 부분 모니카 르윈스키 스캔들에 대한 미국의 범상치 않은 반응에 고무된 것이다. 물론 간통이 일부일처제에서 자유로 워지는 유일한 형태는 아닐 테며 성적 호기심을 표현하는 유일한 형태는 ─ 이에 대해서는 뒤에서 논할 것이다 ─ 더더욱 아니겠지 만, 키프니스는 『사랑과 맞붙기』에서 이를 일종의 사례연구로 활용한다. 어쩌면 그것은 정말로 우리를 아둔한 억압 상태에서 일깨워줄 능력을 가진 행동방식 혹은 해방구일지도 모른다. 이런 관점에서 본다면 간통은 정치적 행위가 된다. 키프니스는 글에 엄청난 양의 유머를 끌어들인다. 하지만 그녀의 사유는 그런 만큼이나 주의를 놓지 않고 가정의 풍경 속에서 권력이 어떻게 작동하는지 살핀다. 그녀의 다채로운 도발에 대해 계속 생각할 수밖에 없다.

●

만나서 『사랑과 맞불기』에 대해 이야기하고 싶다는 나의 요청에 키프니스는 뜨겁게 답했다. 십년 전에 책이 출간되었는데도 말이다. 만나기 전에 그녀는 사생활에 대한 질문은 받고 싶지 않음을 분명히 했다. 출간 당시에 그 책이 어떻게 받아들여졌는지 생각하면 놀라운 일은 아니었다.

『사랑과 맞불기』의 서평을 쓴 여러 사람은 이 책을 간통에 대한 반쯤 고해성사 같은 주장으로 받아들였다.[14] 저자의 집을 방문한 어느 기자는 그녀의 침실 화장실에 칫솔이 몇개가 있는지를 몰래 확인하고는 이 탐정 활동을 (결정적인 단언은 없이) 기사로 쓰기까지 했다. 다른 이들은 이 저작을 힘 빠지는 집안의 정리정돈에서 벗어나고픈 이들을 위한 일종의 조언집 정도 되는 자기계발서에 해당한다고 해석했다. 실상은 문화연구 장르로 이해하는 편이 유익하다. 이 책은 간통, 결혼, 동거를 당대 문화 ─ 소비 패턴,『뉴요커』만평, 영화, 텔레비전, 대중문학 등 ─ 의 렌즈를 통해 심문에 부친다. 어떤 고백이나 조언도 담고 있지 않다. 놀라울 만큼 분별력 있는 어느 사상가, 사회평론가의 사려 깊은 관조를 담고 있다.

키프니스와의 토론은 노동에 대한 질문으로 시작했다 ─ 장기적인 일부일처식 관계에서는 피할 수 없는 일인가?

'그렇다고 생각해요', 이것이 그녀의 대답이다. '이 관계조언 책들을 읽기 시작했을 때 말하자면 충격을 받으면서도 또 흐뭇했어요. 전부 같은 문구를 썼거든요. "좋은 관계는 노동을 필요로 한다" 아니면 "결혼은 노동을 필요로 한다". 그리곤 많은 것들이 분명해지는 계기가 있었죠.' 그 계기란 '관계는 노동을 필요로 한다'는 자기계발서의 주문과 노동의 정치학에 대한 맑스주의적 사유를 한데 이어보는 것이었다. '마르쿠제의 "잉여노동"surplus labor이라는 문구를 생각했는데, 갑자기 그게 떠올랐죠. 무슨 말인지 아시겠죠, 잉여 일부일처제… 이 모든 유비가 그렇게 시작된 거죠.'[15]

마르쿠제의 용어로 '잉여노동'은 '필요노동'necessary labor과 실제 노동시간의 차이를 가리킨다. 이 차이가 이윤, 혹은 맑스식으로 보자면 착취에 해당한다. 이런 아이디어를 '노동'을 필요로 하는 결혼이나 일부일처주의식 관계에 대입해보라. 아마도 멈출 수 없을 것이다. 일이 잘 안 풀리는가? '더 열심히 일하라!' 자기계발서들과 일군의 관계상담사들이 함성을 지른다.

키프니스가 쓰기로, 우리는 '불완전하게 이론화된 두개의 영역 —사랑과 일 — 사이를 왕복한다. 출근도장, 퇴근도장을 찍으며, 가정의 수직갱도를 바삐 오가지 않을 때면 상사들에게서 사랑을 받아내보려고 애쓰며. 아니면 그 반대이던가?' 가사노동과 감정노동의 일부일처제식 '결혼'이 얼마나 오래 이어질 수 있는지를 생각하면, 특히나 여성의 경우 그 엄청난 잉여의 양은 생각만 해도 소름끼칠 지경이다.

『사랑과 맞붙기』를 쓰는 과정에 대한 이야기를 나누면서, 키프니스는 은유와 농담을 밀고 나갈수록 간통에 대한 사유가 어떻게 더 멀리 뻗어나갔는지 설명했다. 예를 들어 결혼에 관한『뉴요커』의 만평들 — '아내가 저녁을 준비하는 동안 남자는 텔레비전을 본다. 자막: "가석방 없는 종신"Llife without parole' — 은 그녀가 가정 공간을 일종의 강제노동수용소로 생각하게 하는 데에 박차를 가했다.

우리가 스스로를 생각하는 방식에서 낭만적 사랑이 중심이 된다는 점을 논하는 대목에 나온, 나 자신의 관찰과 공명하는 한 구절에 대해 물었다. 우리는 낭만적 사랑의 추구를 근본적인 것으로 여기는 듯 보이며 그에 성공했다고 여겨지는 사람은 끝없는 존경을 받게 된다는 점. 키프니스는 이 모든 것에 대한 소설의 영향력을 지적한다. 그리고 로맨스에 진입하는 것이 우리가 스스로에 대해 이야기할 거리 — 상담사와 치유사 들이 일이 잘 안 풀릴 때 '연구'해볼 수 있는 — 를 제공한다고 지적한다. 이 대목에서 나를 잡아끈 것은 '세속적인 사회는 신이 죽은 후 스스로 복종할 다른 형이상학적 실체가 필요했는데, 사랑이 쓸 만했다'는 구절이었다.

'복종의 필요성에 대해 질문하고 싶네요.'

'그래요. 크디 크죠, 정말로요. 또한 그것은 보이지 않는다는 점도 지적해야겠어요. 그 또한 책의 재미라고 생각해요, 아주 명백한 걸 지적하고 있죠. 아시다시피 전 3학년생 세미나를 진행했는데, 사랑에 관한 세미나였죠. 우수하다고는 전혀 생각해본 적 없는 여학생이 하나 있었는데 이런 말을 하더군요. "사랑은 우리에게 힘을 행사하죠"라고요. 그게, 그렇잖아요, 명백하기 그지없는 말인데 어째선지 그때서야 처음으로 그걸 이해한 거예요.'

●

한편 직장 이야기로 돌아오면, 나는 학장에 대해 아무것도 하지 않은 채 여섯달을 보냈다. 몇가지 곤란한 문제와 씨름해야 하는 상황에 있었기에 자주 전화나 이메일을 주고받았다. 잘 지냈다. 같이 점심을 먹었다. 하지만 어떻게 내 느낌을 입 밖에 낼 수 있었겠는가. 그건 단지 고백의 두려움이나 거절의 공포에 관한 것이 아니었다. 그에게 매료되었다는 사실이 나를 윤리적으로 아슬아슬한 위치에 올려두었다는 점을 잘 알고 있었다. 개인적으로나 직업적으로나 말이다.

이 시기에 나의 기존 관계를 성찰하면서 많은 시간을 보내며 스무해에 걸친 그 관계의 죽음을 가늠해보았다. 친한 친구 커플에게 이 이야기를 했다. 한 친구는 관계 상담을 권했지만 이미 너무 늦었다는 느낌이었다. 게다가 맑스나 마르쿠제적인 의미에서 너무 일work처럼 들리기도 했는데, 그런 건 이미 많이 했다는 느낌이기도 했다. 직설적으로 말하자면 관계를 유지하는 데엔 관심이 없다는 생각이 들었다. 당시엔 싱글이었던 다른 친구는 좀더 철학적으로 변화의 불가피함과 그것이 얼마나 놀라올 수 있는지 이야기했다. 하지만 그녀는 개인적인 경험에 기대어 마음속 깊이 느낀 거부의 본질에 대해서도 말했다. 회복에 필요한 수년의 시간에 대해서도.

그해의 딱 중간쯤, 당시의 관계를 떠나겠다는 결정에 마침표를 찍으려던 즈음 대학 계정으로 이메일 한통이 도착했다. 부서 행정실에서 학장의 갑작스런 사임을 알려왔다. 그가 다른 주에서의 일자리 제안을 받아들였던 것이다. 일종의 긴급성이 있는 일이었다. 국가정책단위의 일과 연관돼 있었다. 학장은 해외여행을 급히 중단하고 캠퍼스로 돌아와 사무실을 정리하고 갑자기 임명된 후임자에게 업무인계를 했다. 그는 주말이면 떠난다고 했다.

상실감이 꽤 컸다.

일요일 아침에 동네 까페에서 만나기로 약속을 잡았다. 그가 동쪽으로 떠나기 바로 전날이었다. 일에 대한 이야기를 했고 정치에 대한 이야기도 했지만 기분이 좀 침울했고 생각한 것을 제대로 말할 수가 없었다. 제대로 대화할 수가 없었다. 이미 전 학장이 된 그는 고맙게도 문제의 핵심을 비켜가는 내용으로 정적을 채워주었다.

'보고 싶을 거예요' 하고 겨우 말했다.

'또 연락할게요. 계속 연락하고 싶은 여기 동료가 몇명 있는데, 당연히 당신이 그중 하나거든요.'

그 말이 정중해서 마음이 아팠다.

이튿날 아침 일찍, 파트너가 차를 한잔 가져다줬다. 아직 해가 뜨기 전이었다. 아이는 아직 깨지 않았다.

'있잖아, 끝난 것 같아. 우리 둘 사이는 이제 끝인 것 같아. 정말로.'

'내 생각도 그래. 나도 한동안 같은 생각을 하고 있었어.' 그가 답했다.

그랬다. 전 학장은 떠났다. 그리고 바로 그주에, 스무해된 내 파트너 관계도 끝났다.

●

『사랑과 맞붙기』에 대해 이야기를 나누던 중 키프니스는 내게 '책을 썼던 당시에는 개인적으로 어떤 식으로든 공식적인 커플에 속해 있지 않았다고 말해둘게요'라고 말했다. '이제 돌이켜보면, 고정된 커플에 속해 있었다면 그 책을 쓸 수 없었을 거라 생각해요. 그래서 이런 걸 생각하게 됐는데, 커플 관계가 가하는 제약이 있다

는 거죠. 아시잖아요, 아마 글쓰기 전반에 대해서는 아니겠지만, 분명 어떤 주제들에 대해서는 그렇죠.'

요점을 분명히 알고 있다. 사랑과 그 모순에 대한 솔직한 글쓰기에 도전한다는 것은, 때로 극적인 사랑의 부침에 지금 영향을 받고 있건 그렇지 않건, 개인적인 에세이의 맥락일 때 특히나 어려운 일인 듯하다. 우리는 탐구하고, 성찰하고, 복잡성을 가로질러 이해의 길을 추적하기 위해 글을 쓴다. 하지만 글쓰기는 **정말로 무슨 일이 일어나고 있는지, 그 얽히고설킨 실타래를 결코 제대로 포착할 수 없다.**

복잡한 관념을 글로 쓸 때의 좌절 중 하나는 본질적으로 환원적인 기획이라는 점이다. 언어에는 한계가 있으며 서사는 불가피하게 일관성을 갖추어야만 한다. 그러나 동시에 글쓰기를 통한 성찰은 문제의 것에 대한 우리 관점을 바꿀 수 있으며 이전에는 표현하지 못했을 관점을 드러내줄 수도 있다. 기존의 의미를 명료화할 수도 있지만 새로운 의미를 생성할 수도 있다. 최종 결과물은 나름대로 진솔할 수도 있다. 또한 상처를 주거나, 논쟁을 일으키거나, 오해될 수도 있다.

'예전에 하신 인터뷰에서 봤는데' 하고 운을 뗀 후 이렇게 물었다. '현재의 문화가 고백이라는 양식을 어떻게 활용하는지 깨달았기에 일인칭으로 쓰는 걸 피한다고 말씀하신 적이 있으시잖아요. 이제는 생각이 바뀌었나요?'

그녀는 '말하자면 항복한 것 같아요'라며 인정했다. 일인칭 양식의 말하기를 택한 최근의 에세이들이 있기 때문이다. '편집자들이 거기에 기대는 것 같아요, 독자들도 거기에 기대는 것 같고요.' 키프니스가 일인칭으로 쓰기를 저어하는 까닭은 어떤 면에서는 노출에의 공포를 넘어선다. '나에게 나 자신의 삶은 다른 사람들의 것보다 더 혼란스러워 보이죠. 내 삶은 서사에 일관성이 있다는 느낌이 들지 않아요.'

나는 크게 반문했다. '그런 느낌이 드는 삶이 있긴 한가요, 정말?'

로라 키프니스의 저술들을 통틀어 공통점이 있다면 바로 이것이다. 부끄러워하는 구석 없이 도발적인 글쓰기다. 바람피우는 행위에 대한 그녀의 관심은 그녀가 쓴 모든 것의 중심에 있으며 이것은 그녀의 쉽고 에두르지 않는 어조와 만나 독자들을 금세 복잡한 영역으로 이끈다. 그녀의 근작 서평을 쓴 이는 '키프니스 글쓰기의 백미는 정신이 번쩍 들게 하는 힘'이라며 '쉽게 읽히지만 강하게 들어와 박힌다'고 적었다.[16] 그녀의 도발하는 경향은 페미니즘과의 복잡한 관계로 이어졌다. 스무해가 넘는 상당한 시간을 페미니즘과 문화이론을 읽는 데 들였지만 그녀는 자신의 주된 관심사가 문화 속에서 일어나고 있는 일에 주의를 기울이고 읽은 것을 활용해 자신의 관찰을 풍성하게 하는 일임을 인정한다. 분명 우리 자신에 대한 여성들의 가정을 뒤흔들어놓는 것을 두려워하지 않는다.

여성과 선망을 주제로 한 어느 에세이에서 키프니스는 '수고하신 월급께 성원을 보내주십시오!'라며 이렇게 썼다. '사실 여성은 이제 선택하기만 하면 남성에게서 전적으로 자유로울 수 있다. 흥미롭게도 경제적 자유의 새로운 가능성들에도 불구하고 대다수의 여성은 그걸 선택하지 않는 것으로 드러났다.'[17]

딜레마의 핵심이 여기에 있다. 모순. 그것이 우리 뒤에 들러붙는 방식. 우리 가운데 그 누가, 한순간이라도 곁에 있는 이의 팔에 안겨 다른 사람을 욕망해보지 않았겠는가? 두번 있었다. 아들의 아버지와 함께이던 시절 외도에 대한 스스로의 욕망의 한계를 시험해본 적 말이다. 우리가 헤어지기 십년 전, 다른 주로 학술대회에 갔다가 바에서 한 젊은 남자를 우연히 만난 것이 점심 데이트로, 그리고는 음란한 암시로 가득 찬 짧은 기간의 전화통화와 이메일 교환으로 이어졌다. 업무로 다시 한번 그의 도시에 가게 되어 그에게 전화를 걸었을 땐 그는 이미 정신을 차린 뒤였다. '못하겠어요, 계속 이럴 순 없어요.' 그의 말에, 반대로, 나는 왜 할 수 있다고 느꼈는지, 그것도 아마 꽤나 쉽게 그럴 수 있다고 느꼈는지 궁금해졌다.

그 몇해 전에는 파트너와 수천 킬로미터 떨어진 저 멀리 북서부에서 몇달간 일했는데, 국경 도시는 따분했으므로 이따금 지역 호텔에서 여자친구와 술을 마시고 춤을 췄다. 어느 금요일 밤 그곳에서 숫총각 견습공을 만났다. 그는 열여덟이었다. 나는 스물여섯이었다. 섹스가 십대 초반 시절을 향한 일종의 시간여행처럼 느껴졌다. 그는 우스꽝스러우리만치 남을 의식했다. 나중에 그를 다시 만나고 싶었지만, 여러 사정으로 인해 내 임시직 공무원용 주택에서의 그 첫 저녁이 처음이자 마지막이 되었다. 모범적인 원 나잇 스탠드였던 셈이다. 나는 후회했다. 신의를 깬 것 ─ 적어도 그 때는 ─ 이 아니라 그 만남의 가벼운, 거의 스쳐지나갈 뿐인 성격을 말이다. 나는 이 낯선 이에게 흥미가 있었다. 이유는 모른다. 섹스와 우정과 애착을 분리하는 데에는 늘 재능이 없었다. 사실 그런 가벼운 섹스는 인생 어느 시점에서도 결코 즐겨본 적이 없다는 걸 이제는 알게 되었다. 더이상은 그걸 좇을 필요를 느끼지 않는다.

　지금은 설명하기 어려운 여러 이유로, 열여덟살짜리와의 일을 파트너에게 고백했다. 이제 와서 생각하면 왜 그랬는지 모를 일이다. 솔직함을 갈구했던 걸까? 신뢰성이란 걸 오해했던 걸까? 이런 생각을 하는 게 놀랍지만, 잔인한 마음에서였을까? 상상할 수 있겠지만 그 고백이 우리 사이를 바꾸어놓았다. 그 이후로도 여러해, 아주 여러해를 함께 했지만 그 일이 우리에게 어떤 그림자를 드리웠는지 이제는 알 수 있다. 나는 선을 넘었고, 비록 전체 틀에서 보자면 그건 사소한 반칙이었지만 어쨌거나 반칙이었다. 장기적으로 보자면 그 사실을 고백한 것이 역설적이게도 충실함에 대한 내 감각을 배가하는 결과를 낳은 게 아닌가 싶다.

●

어린 시절, 나는 절대 결혼하지 않기로 결심했다. 내 부모님의 결혼에 깃들어 있는 복잡함을 관찰했고 맞았건 틀렸건, 결혼은 행복을 찾을 곳이 아니라는 결론에 이르렀다. 여덟살과 열두살 사이의 어딘가에 있는 세개의 기억을 말해보면 설명이 좀 될 것 같다.

하나. 어머니와 나는 다른 주에서 휴가를 보내고 있었다. 그녀는 쿠롱 근교의 작은 시골집을 빌렸다. 침실은 두개였는데 그중 하나를 내가 썼다. 하나 남은 큰방을 어머니는 마틴이라는 이름의 남자와 함께 쓰기로 했다. 마틴은 굉장히 화려한 차를 몰았다. 술은 마시지 않았다. 그와 어머니는 서로와 함께인 것이 행복해 보였다. 그 휴가는 그 점이 좋았다. 나 역시 그들의 행복을 즐겼다. 내가 제때 잠들기를 간절히 바란다는 것 또한 느낄 수 있었고, 기꺼이 그렇게 했다. 어느날 아침, 어머니는 내게 아버지를 떠나 애들레이드에서 마틴과 함께 살면 어떻겠느냐고 물었다. '그러기 싫어'라고 답했다. 내 대답에 나도 놀랐다. 사실 나는 오랜 시간 동안 어머니, 언니 오빠와 내가 아버지의 폭력적인 알코올의존증으로부터 벗어날 길을 꿈꿔왔다. '그러기 싫어.' 다시 한번 말했다. '우리가 아빠랑 살면 좋겠어.'

둘. 다시 우리가 살았던 뉴사우스웨일스의 시골마을. 학교 친구 하나가 자기가 제일 좋아하는 삼촌들 중 한명에 대해 이야기하는 걸 자주 들었다. 그녀는 내가 그를 만났다는 걸 눈치채지 못했다. 그녀는 그가 어느 평일 밤 우리집 부엌 식탁맡에 앉아 있었단 걸 알지 못했다. '엄마랑 나, 어떻게 생각하니?' 그는 물었다. 나는 열살이었다. 내게 더이상의 설명은 필요치 않았고 그 질문에 얼마나 조심스럽게 답해야 하는지 뼈저리게 알고 있었다. 어머니는 부엌에, P아저씨 바로 뒤에 서 있었고 그가 집에 있는 것을 우쭐해하는 듯했다. 동시에 그녀는 극심히 불안해했다. 종종 그러는 것처럼 초조한 투의 웃음소리를 냈다. 앞방에서 이미 잠든 아버지는 술에 취해 곯아떨어져 있었다. 어머니가 내 시선을 사로잡았고, 나는 P아저씨에게 답했다. 조용히, '괜찮아요'라고. 이 남자 역시 술을 마시고 있었다. 나는 목을 가다듬었다. '괜찮아요.' 조금 더 목소리를 키워 다시 한번 말했다. 남자의 고개가 조금 꺾이더니, 정신을 차리려는 듯 잠깐 흔들렸다. 내 대답은 부족했다. 나는 알고 있었다. 동시에 우리에게 그건 서로를 위한 일종의 반창고 같은 것이기도 했다.

셋. 평일 저녁 이른 시간이었다. 우리가 살았던 낡은 집 앞방에서 아버지가 흐느끼고 있었다. 아마 어머니도 같이 있었을 텐데, 둘 다 보이지는 않았다. 나는 집의 반대쪽 끝에 있는 거실에서 책을 읽고 있었다. 문은 전부 열려 있었다. 아버지가 자살을 시도하다가 실패한 이야기를 하는 것을 들었다. 강에 몸을 던지려 한 모양이었다. 그는 정신을 잃었는데, 죽고 싶은 마음이 들어서가 아니라 그걸 지켜볼 용기가 없어서였다. 언제나처럼 그는 술을 마시고 있었다. 어머니가 무어라 답을 하긴 했는지는 기억나지 않는다, 분명 무슨 말을 했겠지만 말이다. 분명 무슨 말을 했을 것이다.

●

키프니스의 노스웨스턴 학생이 매우 날카롭게 통찰했듯이 사랑은 우리에게 힘을 행사한다. 그런데, 어떻게 말인가? 그리고 그게 전적으로 따스할 수 있기는 한가? 『사랑과 맞붙기』에서 키프니스는 이렇게 묻는다. '운동과 시간을 더 많이 단속하는 것, 저 많은 개인들의 몸과 생각을 더 정밀히 감시하는 것은 무엇인가?'[18] 사실 이 책의 핵심주장 중 하나는 결혼(혹은 장기적인 일부일처식 관계)이 인클로저〔근세 초기 유럽에서 대규모 농업을 위해 공유지를 사유지로 만든 일〕의 현대적 형태라는 것이다. 이 점에서 저자는 프랑스의 문화사학자 미셸 푸꼬에게 크게 의지한다.

지식과 권력의 복잡한 관계에 관한 푸꼬의 유명한 저서 『감시와 처벌: 감옥의 탄생』[19]은 1975년에 처음 출간되어 오랜 시간 비판적 문화이론의 영역에서 핵심적인 작업으로 다루어졌다. 이 책은 근대 감옥체제가 계몽담론과 동시에 발전한 과정에 초점을 둔다. 푸꼬는 시간이 갈수록 처벌이 신체적 고문에 초점을 맞추기보다는 사회적 기능과 더 긴밀히 연관되어온 과정에 대해 쓰고 있다. 따라서 훈육적 권력은 다양한 사회적 기관들을 통해 더 많이 기능한다고 볼 수 있으며, 물론 결혼은 가장 오랜 시간 여기에 복무해온 것들 중 하나다.

『사랑과 맞붙기』에서 키프니스는 커플을 형성하는 개인들이 노골적으로든 은근하게든 특정한 금지의 설정을 통해 서로를 훈육하는 방식들 중 몇가지를 기록한다. 그녀는 여러 인물을 인터뷰하며 이런 질문을 던진다. '커플이라서 못하는 일로는 어떤 게 있나요?' 그들의 대답은 거의 열페이지 가량 이어진다.

어디 가는지 말 안 하고 나가면 안 돼. (…) 놀림받지 않고 텔레비전 연속극을 볼 수는 없어. (…) 먹고 싶다고 다 먹으면 안 돼. (…) 동의된 위험이 아니면 위험을 감수하면 안 돼. '위험'risk이라는 개념이 좁아지는 거지만 (…) '계집년'이라는 말은 쓰면 안 돼. (…) 눈에 띄게 분명하더라도 진단서는 끊으면 안 돼.[20]

'많은 사람들을 인터뷰했죠. 그런데 그게, 최근엔 이런 생각을 하고 있었어요. 아버지 ─ 지금은 어머니 말고 다른 여자랑 결혼했죠 ─ 는 어머니의 제일 친한 친구가 열시 넘어서 전화하면 정말로 화를 냈어요. 있잖아요 그런 거, "열시 넘어서 전화하면 안 되지, 그건 내 시간이야"라는 거죠. 이런 금지가 일종의 매력이 되는 거예요.' 키프니스의 말이다.

'복종에 관한 이야기로 돌아가네요. 인간이란 어찌나 기꺼이 복종하는지. 안 그래요?'

'그죠! 저는 남자친구가 '토 나온다'라는 말을 쓰면 그렇게 화가 나요'라고 키프니스는 고백한다. '그냥 그 단어가 싫어요. 그게 말이죠, 제가 하는 금지로 기다란 목록을 만들 수도 있을걸요. 너무 구체적이어서 웃길 정도죠. 어떤 사람은 제 책에서 결혼식 리허설 부분을 읽고는 글쎄, 농담이라고 생각했다고 하더라고요.'[21]

　　우리는 웃었다.

　　●

보수적인 정치인들을 비롯해 많은 사회이론가들은 결혼을 근본적인 사회구조로 여긴다. 『소설에서의 간통』(1979)에서 토니 태너는 결혼을 '모든 것을 망라하고 모든 것을 조직하는, 모든 것을 눌러담는 계약'으로 칭한다.[22] 실제로 결혼의 역사는 마음의 문제보다는 계약적인 것과 권위적인 것에 훨씬 더 얽매이는 어떤 제도를 보여준다. 스테파니 쿤츠는 『진화하는 결혼』(2005)에서 사랑과 결혼을 종종 대립적인 것으로 간주하는 방식들을 묘사한다.[23] 20세기 이전의 유럽에서는 다른 많은 곳에서와 마찬가지로 재산소유권이나 부와 권력의 축적이 가족들이 적령기 아들딸의 결혼을 추진하는 주요한 이유였다. 고대 인도에서 결혼하기 전에 사랑하는 것은 분열을 조장하고 반사회적인 행위였다. 고대 중국에서는 남편과 아내 사이의 사랑을 확대가족의 연대에 대한 위협으로 보았다. 오늘날 적어도 서구 민주사회에서 사랑 없는 결혼은 일반적으로 빈 껍데기로 여겨져 비난받는다. 그렇지만 바로 그 민주사회들에서의 동성결혼에 관한 보수적 불안은 결혼계약이 국가, 교회, 국민됨과 같은 개념들에 얼마나 깊이 엮여 있는지 보여준다. 1998년으로 거슬러올라가보면, 빌 클린턴 미국 전 대통령 탄핵시도로 이어졌으며 동시에 키프니스가 자신의 저서를 집필하는 계기가 되었던 모니카 르윈스키 스캔들은 그저 개인의 결혼문제가 아니라 국가에 반하는 반역죄나 마찬가지로 취급되었다. 결혼의 현상유지를 망쳐놓을 수 있는 위험_{risk}은 다른 모든 것을 위험에 빠뜨릴 수 있다는 듯한 사고방식이다.

커플 관계에 있는 우리 대부분이 간통하지 못하도록, 혹은 어쩌면 간통을 생각조차 못하도록 막는 두가지 핵심 요소가 있다. 그것이 정직함을 저버리는 일이라는 점, 배신을 예상하게 한다는 점이다. 하지만 그 두 요소를 걷고 보면 어떠한가? 철학자 씨몬 드 보부아르가 바로 그것을 실천했다. 드 보부아르는 한번도 결혼하지 않았고, 파트너 장뽈 싸르트르와 상호적으로 열려 있는 관계를 오래 유지했다. 다른 연인관계가 생기면 언제든 터놓고 의논한다는 것이 둘의 합의점이었다. 둘은 거의 매일 만났지만 결코 같이 살지는 않았다. 물론 둘이 합의한 상황에서 다른 누군가를 사랑하는 것이 정의상 간통은 아니다. 하지만 흥미롭게도 드 보부아르와 싸르트르의 관계를 논평하는 이들은 두 사람의 합의를 종종 '개방결혼'_{open marriage}이라는 말로 설명한다. 그들은 오십일년간 함께 했고 대체로 감정적으로나 지적으로나 서로에게 충실했지만 그런 접근 방식의 철학은 일정 부분 정확히 **결혼**을 배제했다. 드 보부아르는 싸르트르와의 관계를 두고 '우리 둘은 동류였다'며 이렇게 썼다. '그리고 우리 관계는 우리가 견디는 한 지속될 것이었다. 하지만 그것이 다른 사람들과의 만남에서 얻을 수 있을 잠깐의 충만함을 온전히 보상해줄 수는 없었다.' 드 보부아르는 여자들이나 남자들과의 관계를 일기로 기록했고, 이제 프랑스 실존주의 운동에서 나온 가장 영향력 있는 철학 저작으로 널리 동의되는 『제2의 성』(1949)에서 그러한 접근을 정당화했다.[24] 그녀가 싸르트르와 한 협의는 당시로서는 모험적인 조약이었다. 신기하게도 지금도 그때만큼이나 흔치 않은 경우라는 점만 빼면, 시대를 앞서갔다고 해도 좋을 것이다.

●

내가 아직 초등학교에 다니던 시절, 대개 이십대 초반이었던 나보다 나이 많은 사촌들은 사실혼 관계로 살고 있었다. 이는 용인되는 일이었고 집안여성들 사이에서 흔히 일종의 진보로 이야기되었다. 아이들이 태어나기 시작했을 즈음에도 결혼계약으로 이어지거나 그것을 필요로 하지 않았고, 이 또한 내 부모나 그 형제자매들에게서 흔히 용인되었다. 대학생이었던 1990년대에 내가 알던 커플들은 같이 살기 시작하는 것으로 자신들의 관계가 진지함을 선언했다. '걔들 같이 산대'가 우리가 쓰던 표현이다. 이것은 그들이 일부일처주의에 따라 살 것이라는 숨은 뜻을 갖고 있었고 이를 어기면 폭넓은 반감을 샀다. 당시엔 사실상 누구도 결혼에 대해서는 말하지 않았다. 내 친구들 무리에 있던 젊은 여성 하나는 자신은 매우 결혼을 하고 싶고 대학에 다니는 제일 큰 이유도 그것이라고 공공연히 선언했다. 그녀는 미래의 남편을 만나길 기대했다. 친구들과 나는 그 생각을 진심으로 비웃었다. 우리 모두는 그걸 일종의 미친 소리로 생각했다.

십년 후 새천년에 들어섰을 때, 내 세대가 처한 사회적 환경의 어딘가에 중대한 변화가 있었다. 십년 혹은 그 이상 동거하던 친구들이 결혼계획을 알리기 시작했다. 식은 특정한 전통을 존중하거나 이따금 그에 반발해, 특정한 철학에 따라 구상되었다. '우리 서약서는 직접 쓸 거야'가 내가 알던 여성들 사이에서 흔한 말이 되었는데 짐작건대 대개는, 기독교 결혼식에 흔한 '사랑하고 복종하라'는 끔찍한 말을 빼기 위해서였다. 무슨 일이지? 나는 궁금했다. 내 친구들이 전부 결혼을 하다니. 왜?

지금 의아한 것은 표면상으로는 오랜 시간 형식적인 결혼계약을 거부했다고는 해도 아들의 아버지와 함께 했던 결혼생활의 정신을 나 스스로 준수했다는 점이다. 우리는 내가 스물한살이었을 때 공동주택에서 만났으므로 같이 살기로 했다고 알릴 필요가 없었다. 우리는 이미 공동주거를 하고 있었다. 이 상태는 사실상 중단되지 않고 스물두해 동안 이어졌다.

드 보부아르와 싸르트르와는 달리, 전 파트너와 나는 성적 관계의 배타성에 대해 공식적인 합의를 하지는 않았다. 이를 전제했을 뿐 한번도 제대로 논의하지는 않았다. 둘 중 하나가 실직하거나 안 좋은 자리에서 일할 때면 돈을 공유했다. 함께 여행했고 함께 다른 주로 이사했다. 결국 우리는 공동명의로 대출서류에 서명했고 재산을 공동소유하게 되었다. 이윽고 우리는 아들을 가졌다. 이렇게 쓰자면 모든 장면이 말도 안되게 수동적인 것처럼 보인다. 전적으로 표준 관습의 연장선상에 있는 이 협의의 노선으로 기꺼이 선회하는 주인공들이라니, 마치 우리는 그저 남들이 깔아놓은 선로 위를 가는 운반차일 뿐인 양.

씨몬 드 보부아르와 장뽈 싸르트르가 프랑스 실존주의 운동의 유명인 커플 대표로 그렇게나 존경받는 방식에서 내 흥미를 끄는 이유 중 하나는 그들을 둘러싼 담론이 그 관계의 견디는 성격을 강조하는 경향이 있다는 점이다. 성공적인 결혼처럼, 그것은 자주 흡족하다는 듯 '평생의 관계'로 묘사되며, 지금 그들의 유해가 몽빠르나스에 나란히 잠들어 있다는 사실이 종종 그 증거가 된다. 싸르트르와의 관계가 자신의 삶에서 제일가는 성취였다고 한 드 보부아르의 선언 역시 큰 역할을 한다. 물론 나는 정말로 그랬을 리 없다는 생각을 하게 된다. 그녀가 정말로 그렇게 생각했을까? 그녀가 철학에 기여한 바는?

●

'우리는 (…) 사랑하는 이가 죽으면 실패한 것 같은 느낌을 받는다.' 『뉴욕타임즈』에 실은 어느 글에서 로라 키프니스는 이렇게 쓴다. '우리는 이렇게 되지 않을 수도 있었으리라고 생각한다. 영원한 커플 상태가 이루어질 수 있다는 문화적 기대로 인해, 이별은 위기와 무능력으로서 경험된다. 그러한 실패는 예외적이라기보다는 오히려 일반적인 것인데도 말이다.'[25]

예컨대 키프니스는 『사랑과 맞붙기』에서 「위험한 정사」(1987)나 「시드와 낸시」(1986) 같은 영화, 혹은 에드워드 올비의 연극 「누가 버지니아 울프를 두려워하랴」(1962) 같은 안티-러브스토리를 언급한다.[26] 이런 이야기들에서 사랑은 근본적으로 일종의 착각이다. 요컨대 잘못된 종류의 사랑은 망상적이다. 중독적이며, 따라서 유독하다.

내 아들 아버지와의 관계가 끝날 때 내가 급진적으로 안티러브를 느꼈다고는 확언할 수 없다. 뒤섞인 감정들이 있었다. 침울할 때엔 이따금 우리 셋을 위해 상상했던 미래를 잃은 것을 슬퍼했다. 그럼에도 전반적인 느낌은 긍정적으로 변했다. 왜 여전히 이러고 있지? 나는 궁금해했다. 함께여야 할 이유가 남지 않은 관계에 왜 여전히 이러고 있지?

내 친구 중 하나—내 오래된 관계를 붙들기 위한 방편으로 상담을 제안했던 바로 그 친구 ― 는 남편과 오십년도 더 되는 결혼생활을 했다. 남편과 결혼할 당시 그녀는 스무살이었고, 함께 산책하다가 그가 심장문제로 쓰러져 죽은 당시에는 일흔두살이었다. 모린과 나는 여러해 동안 남자와 사랑에 대해 정말이지 솔직한 대화를 이어왔다. 그녀는 인생의 꽤 늦은 시기에 고등교육을 받고 페미니즘 연구자가 된 사람이자 그것을 열정적으로 끌어안은 사람이지만, 페미니즘의 어떤 주장이 가진 중력은 그녀로 하여금 자신이 지금껏 살아오면서 '정상'이라고, 혹은 '복잡할 것 없다'고 생각해온 것들의 상당 부분을 심도 있게 재검토할 수밖에 없게 만들었다. 그녀는 왜 스무살에 결혼했을까? 그녀는 언젠가 '나는 착한 여자아이의 표본이었어'라고 말한 적이 있다. 그녀는 왜 곧장 임신하고 아이를 낳았으며 다른 일을 하는 것에 대해선 그렇게나 전혀 생각해보지 않았을까? 모린은 그런 결정들을 어느 정도 당시의 시대상 ― 예를 들어 그때는 경구피임약이 없었다 ― 의 일부였지만 또한 자기가치감과도 밀접한 연관이 있었다고 설명한다. 1950년대 후반에, 적어도 여성의 자기가치감이란 ― 모린의 표현으로는 ― '아이를 기르는 능력, 순종적이며 생각은 하지 않는 아내가 될 능력'에 달려 있었다. 하지만 아이들이 자라면서, 그리고 억압되어 있던 어린 시절 남편의 성적 피학대 경험이 큰 원인이 되어 모린과 남편의 육체적 친밀감이 멀어지면서, 모린은 점차 불편함을 느끼게 되었다. 그녀는 아내와 어머니 역할이 불만족스럽고 매력적이지 않다고 느꼈다. 그녀의 남편은 자신의 불만을 해소하기 위해 술을 마셨다. 가까운 혈육이 갑작스레 죽고 나자 아무것에도 목적이 없어 보였다. 그녀는 의료적 도움을 받기 위해 입원을 했고 거기서 상담 없이 충격치료를 받았다.

내 친구는 투쟁 끝에 정신건강을 되찾았는데, 그걸 이뤄내는 데 고등교육이 크나큰 도움이 되었다고 생각하고 있다. 최근에 모린에게 키프니스의 작업에 대해 물으며 생각을 이야기해달라고 했더니 무엇보다도 저자의 톤, 특히 장난기 어린 감각에 대해 말했다. 모린은 프랑스 작가 엘렌 식수의 문장을 언급했다. '법이 없는 이 장소는 꿈으로 가득 찬 장소와 비슷하다 — 넘어야 할 경계가 없다, 독자/작가/몽상가는 곧장 텍스트의 세계에 거한다 (…) 이미 쓰인 것, 이미 알려진 것으로부터 끊어져나온다.'[27] 식수는 그런 장소를 문턱지대 liminal zone 라고 표현하는데, 이곳에서는 자아와 '타자'의 관계를 소외된 것으로 보지 않으며 개방의 느낌, 창조적 생산성과 조응하는 느낌이 존재한다. 친구의 말을 빌리자면 키프니스가 간통을 개념화하는 일은 아마도 가능성과 잠재력, 놀라움의 장소를 개념화하는 일이기도 할 것이다.

비판적 문화이론을 토대로 박사학위를 마친 요즈음의 모린은 스무살의 여성이었던 때에 비하면 훨씬 더, 권력과 젠더의 정치학, 그리고 우리가 여기서 논한 일종의 푸꼬식 인클로저가 갖는 개인적 효과들에 정밀하게 주파수를 맞추고 있다. 나에 대해서도 똑같이 말할 수 있다. 물론 우리가 『사랑과 맞붙기』에서 키프니스가 탐구하는 다른 핵심개념들과 마찬가지로 푸꼬식 인클로저 개념에 주파수를 맞추는 것이 만능탈출 카드는 아니다. 하지만 그러한 얇은 이해를 위한 도구가 되어주며 우리로 하여금 잠시 멈춰 주의를 기울이고 우리 여성들이 자주 발을 빠뜨리는 저 '정상'적이고 '복잡할 것 없는' 일상들을 재검토할 수 있게 해주는 촉진제로서 기능한다. 『비판연구』에 실은 에세이에서 키프니스는 '우리가 (…) 우리네 집단적 실존의 모순들을 알아차리지 않는다는 것이 아니다'라고 쓴다. 사실 우리는 종종 '그것들을 뼈아프게 알아차리며 구출과 구조, 치료를 바란다.' 하지만 심지어 그럴 때에도 상담사와 치료사 들은 우리의 초과적인 욕망을 심리·사회적인 것이 아니라 개인적인 문제로 치부한다. 키프니스가 주장하듯 초과적 욕망은 자주 성장의 문제로, '언젠가는 성숙이 치유해줄 무언가'로 이해되는 것이다.[28]

●

'같이 살기'에 십년 혹은 그 이상을 쓰고 나면 많은 경우 우리는 틀림없이 특정한 제도(결혼, 커플 관계, 가정생활, 심지어는 대출)에 너무 많은 수고를 들였다고 느끼게 된다. 우리가 쌓아온 구조를 무너뜨리는 것이 수십년어치의 노동을 쓸모없게 만드는 일이 될 정도로 많은 수고를 말이다. 그래서 관계 이후에는 죄책감이 남는다.

내가 뭘 파괴해버린 거지? 하지만 물론 혼자가 되는 것에 대한 두려움도 있다. 그리고 섹스와 로맨스를 중심에 두고 있는 지배적인 문화서사는, 특히나 당신이 배회하며 헌팅하는 틴더 문화에 합류하는 데에 무관심하다면 그런 두려움을 가라앉히는 어떤 도움도 주지 않는다.

사실 이별 직후 나를 가장 두렵게 한 것은 내가 좀더 빨리 행동을 취하지 못했던 이유와 똑같은 두려움이었다. 독신양육자가 되면서 오는 경제적 압박과 가사노동의 압박에 대처해야 하는 어려움 말이다. 부부의 가정생활은 온갖 고역과 노동을 포함하지만 그건 꽤나 효율적이고 가성비 좋은 생활방식일 수도 있다. 우리 관계가 끝나자마자 전 파트너는 나라 반대편으로 이사했다. 우리가 낳은 어린아이의 온갖 욕구에 주의를 기울이는 것은 갑자기 온전히 내 책임이 되었다. 매주가 데려다주고 데려오는 일로 신중히 채운 일정표로 짜였다. 물리적으로 직장에 있을 시간과 집에서 늦게까지 일할 시간을 만들어내야 했다. 십년 만에 처음으로 신용카드를 신청했다. 어느 옛 독자가 보부아르의 『제2의 성』을 두고 한 말이 떠올랐다. 영국의 독자 조이스 굿펠로는 1960년대에 처음으로 드 보부아르의 작업을 만났고, 그것을 결혼을 떠나 직장도 가지고 좀더 열려 있는 애정생활을 즐기라는 신호로 받아들였다. 하지만 후일 그녀는 그렇게 움직인 것이 자신을 가난에 찌들게 하고 독신양육자로 고립시켰다며 신랄하게 말했다. 『드 보부아르의 딸들』(1989)에 실린 인터뷰에서 그녀는 '무엇을 읽는지는 정말로 삶에 영향을 미친다'며 '그 책엔 유해성 경고를 붙여야 한다'고 말했다.[29] 양육노동과 경제적 스트레스가 늘어난 것에 더해 다른 압박도 있음을 금세 알게 되었다. 우리가 공동으로 소유한 주택은 이제 매물로 나왔고, 부동산 중개인이 잠재적 고객과 함께 들를지도 모르므로 티없이 깨끗하고 깔끔하게 유지되어야만 했다. 너무 많은 소유물을 쌓아왔기도 했다. 그중 많은 것들을 보내야 했다. 아마도 바쁜 게 좋은 시기였을 것이다. 아마도 그 덕에 사라지는 것들을 너무 많이 생각하지 않을 수 있었을 것이다.

그렇다고는 해도, 역설적이게도, 사라지던 많은 것들이 전혀 사라지지 않았다.

전 파트너와 내가 헤어지기로 한 결정은 대체로 잘했다고 느꼈지만, 노골적으로 신의를 저버린 것은 아니라고는 해도 이 이별에 남부끄러운 부분도 있다는 기분을 떨칠 수가 없었다. 비난받으리라 생각했고, 또 소식을 알릴 때 다른 이들의 반응에 특별히 예민해하는 스스로를 발견했다. 분명 많은 이들이 다섯살 난 내 아들의 상실감을 염려했을 것이다. 나 역시 어느 정도는 그랬지만, 또한 '아이를 위해서' 계속 함께 하는 게 좋은 생각이라는 가정에 도전하고 싶기도 했다. 흥미롭게도, 부모가 함께한 가족은 사별이나 이별을 겪은 가족과 대충 비슷한 비율로 범죄자와 약물중독자, 회의주의자와 낭만가, 천재나 정서적으로 안정된 기업가를 낳는 듯하다. 아이들의 복지는 기본적인 것 ─ 음식, 깨끗한 물, 애정, 안정 ─ 에 접근할 수 없을 때 훨씬 더 부정적인 영향을 받는다. 하지만 독신이라는 것은 규범에 반한다. 그것은 종종 결혼이나 동거의 좌절로, 혹은 보다 수상쩍은, 일종의 일탈의 표식으로 읽힌다.

전체적으로 보자면 나는 인클로저로부터 새로 찾은 '자유'를 즐겼다. 하지만 동시에, 아마도 예상하겠다시피, 여전히 전 학장에 대한 생각을 멈추지 않고 있었다.

●

'후기산업주의는 아마도 페미니즘 이상으로 페미니즘을 변화시켰다.'[30] 키프니스가 『뉴욕타임즈』에 쓴 문장이다. 경제적 독립성의 증대는 결혼율 감소에 지대한 공헌을 했고, 경제력이 있는 여성은 내 어머니가 1960년대나 70년대에 갇혀 있었던 것 같은 관계를 떠나지 못하는 경우가 훨씬 줄었다. 하지만 우리는 북미 관료 출신의 헤겔주의 철학자 프랜시스 후쿠야마가 "거대한 붕괴"the great disruption[31]라고 칭한 시대를 향해, 역사상의 어느 시기와도 다른 시기를 향해 돌진한다. 후쿠야마의 주장에 따르면, 개인주의의 승리는 범죄의 증가, 교회의 역할 약화, 전통적 가족 단위의 해체로 이어졌다. 그 결과 어느 정도의 사회적·경제적·도덕적 혼란이 생겼다. 후쿠야마는 여성의 '해방'과 같이 새 시대의 지표가 되는, 특정한 긍정적 변화들은 되돌려질 수 없으며, 전통적 가족과 같은 구조들의 급진적 변화는 점차 새 질서에 의해 '수정'될 필요가 있으리라고 예측한다. 호주, 유럽, 미국에서 신자유주의의 부상과 함께 이러한 기획은 이미 실행되고 있는 듯 보인다. 심지어 틴더 같은 디지털 헌팅 사이트 가입자 수가 수백만명에 이르게 된 동시에 젊은 세대에게 다시금 결혼이 이렇게나 각광받는 이유가 이것일까? 키프니스는 책의 도입부에서 '우리는 성적으로 흥미진진한 시대를 살고 있다'며 '과잉성애화되는 동시에 정확히 같은 비중으로 청교도적 기반을 유지하는 문화라는 뜻'이라고 말한다.[32]

나는 이렇게 물었다. '지금 썼다면 『사랑과 맞붙기』는 다른 책이 되었을 거라 생각하나요? 최근 십년, 혹은 좀더 되는 기간 동안 낭만적 사랑을 둘러싼 문화적 서사에 변화가 있었나요?'

키프니스는 깊이 생각하더니 '글쎄요'라며 입을 뗐다. '문화적으로, 간통이 이전의 그 어느 때보다 더 많이 금기시되고 있다는 느낌이 들어요. (미국에서는 수가 줄고 있는) 결혼한 사람들이 정말로 움츠러들어서는 그 영역으로의 모든 침입을 훨씬 더 심각하게 받아들이는 것 같아요. 그러니까, 그 책을 쓸 때 구사한 장난스러운 톤을 지금이라면 과연 쓸 수 있을지 모르겠네요.'[33]

●

『사랑과 맞붙기』에서 가장 기억에 남는 애절한 부분들 중 하나는
'가정노동수용소'라는 제목이 달린 장의 도입부에 있다. 여기서 키
프니스는 가정이라는 맥락 속에서 남자와 여자 모두에게 그들의
파트너가 가하는 폭력을 기록한 기사들에서 끔찍한 사례들을 인용
한다. 연인들은 서로에게 독을 먹이고 도끼로 서로를 공격하거나
끔찍하게도 서툰 솜씨로 거세를 시도한다.

　'당신은 이런 예들을 굉장히 유머있게 다루죠. 동시에 당신이 제
시하는 정보는 엄청나게 충격적이고요.'

　이렇게 말하자 키프니스는 '음, 공격성에도 정도차가 있는 것 같
아요'라며 답을 이어갔다. '아시다시피, 감정적 폭력이라는 게 있
잖아요. 낮은 수준의 감정적 폭력, 여기에서도 인식이 문제가 되는
것 같아요. 제가 생각하는 악몽 같은 상황은 두 사람이 함께 살면
서 서로를 인식하지 못해서 티 안 나는 공격성이 있는 경우예요.'

　바로 이 악몽을 나 또한 알고 있었던 듯했다.

　'인정해야겠네요. 책에서 그 부분을 다 읽어갈 때 쯤, 전 궁금해
졌어요. 우리는 도대체 어떻게 살아남아 있는 거지?'

　'그러니까 말이에요.'

　우리는 잠시동안 조용히 앉아 있었다.

　'낭만적 사랑romantic love에 대해 이야기해보죠. 무조건적인 사랑요.

한편으로는『사랑과 맞붙기』를 다 읽고 정치적 행위로서 간통이라는 당신의 주장에 꽤 설득당했지만, 낭만적 사랑이란 어떤 맥락에서든 그야말로 깊이 무질서해지는 경험이잖아요. 허가되고 제도화되든 아니든, 합법이든 아니든 상관없이 정치적 행위 아닌가요?'

이렇게 말하자 키프니스는 눈을 반짝이며 '글쎄요'라고 하더니 외쳤다. '맞죠!'[34]

●

2013년의 끝을 앞두고 나는 지역작가축제에 초대되어 킴벌리를 향해 북쪽으로 비행했다. 아들은 제 아버지와 며칠을 보냈는데, 축제와 관련된 바쁜 강연일정이 있긴 했지만 혼자만의 시간을 가질 수 있는 흔치 않은 기회였다. 스스로가 아주 긍정적인 마음가짐을 하고 있는 게 보였다. 해가 따스했다. 오랜 세월 이어진 킴벌리의 경치는 깊은 안도감을 주었다. 어느날 아침, 나는 일출 전에 그 지역 사람 몇명과 함께 로드사이클링을 하자는 제안을 받아들였다. 경치는 정말 색이 깊었고 하나 같이 곧고 긴 도로에는 행복하게도 차가 한대도 없었다.

페달 밟기는 언제나 내게 생각할 여유를 주었다. 나는 물었다. 지금이 아니면, 언제쯤 전 학장에게 내 느낌을 알리겠어? 그는 이제 직장의 위계관계에 속해 있지 않았다. 그리고 나는 더이상 다른 관계에 매여 있지 않았다. 어쩌면 너무 일렀을 것이다. 혼자만의 시간을 충분히 보내지 않은 채였다. 다른 한편으로 나는, 너무 늦었을지도 모른다고 생각했다. 그는 이미 다른 주로 이사했다. 페이스북에서 친구신청이 온 걸 빼면 —그는 페이스북은 자주 쓰지 않는 것 같았다 —아무 소식도 듣지 못했다.

작가축제의 한 행사 무대에서 나는 다른 소설가나 지역 라디오 기자와 대화를 하고 있었다. 우리는 글쓰기와 소속됨에 대해 솔직하게 이야기했고, 순서가 끝날 때 쯤 사회자가 간단하지만 어려운 질문을 했다.

'당신에게 "집"은 어떤 의미죠?'

나는 이렇게 답했다. '이사를 많이 다녔어요. 집을 생각하면 물리적이거나 지리적인 장소를 떠올리진 않아요. 집에 왔다는 건 저에겐 편히 있는다는 의미예요. 내가 누구인지, 내가 무엇을 하는지, 내가 누구와 함께인지, 이런 것들에 대해 편안한 거요.'

감정이 실려 목소리가 떨렸다. 대답하던 어느 시점에, 결정을 내렸다. 같은 날 잠시 후, 나는 전 학장에게 메시지를 보냈다.

놀랍게도, 그가 답을 했다.

나는 메시지를 한통 더 보냈다.

날이 저물기 전에, 그가 거기에도 답을 했다.

한주가 채 가기 전에, 나는 어느 평일 밤 클레어몬트의 한 식당에서 문제의 남자와 마주 앉았다. 그는 업무차, 그리고 몇가지 집안

일을 정리하러 그곳에 잠깐 와 있었다. 우리는 인근에서 유일하게 영업중이었던 둘 다 잘 알지 못하는 식당의 테이블에 동석했다. 우리가 무슨 이야기를 했는지는 잘 기억나지 않는데, 다만 이번에도 대부분 그가 말을 했다. 정적이 있었지만 불편하지는 않았다. 식사가 끝날 즈음 말하지 못한 것은 많이 있었지만 오해는 없었다. 그는 나를 차로 바래다주었다. 서로 인사를 하다 그가 팔로 나를 감쌌고, 나는 그를 붙잡았다.

나는 그를 붙잡았다.

●

어떤 독자는 지금까지의 내 여정을 실패의 연속으로 해석할지도 모르겠다. 헌신에의 실패, 충실함에의 실패, 핵가족을 하나로 붙잡아두는 데에의 실패, 인내에의 실패. 나는 스스로를 이렇게 이해하지 않는다.

어떤 면에서 사랑한다는 것은 방어막을 내리는 일이라고 생각한다. 위험과 혼란, 그리고 타인의 존재방식 속으로 용감하게 파고들기. 비논리적이고 무질서한 일이다. 시간과 의미와 목적에 대한 이전의 이해를 혼란에 빠뜨린다. 로라 키프니스가 『사랑과 맞붙기』에서 말한 대로 '우리 거의 대부분이 평생의 유토피아를 경험하게 된다.'[35]

몇년 전 젊은 친척에게 조언한 일이 기억난다. 그녀는 당시 이십대 초반이었고 다소간 힘들었던 첫사랑과의 힘든 이별에서 회복해 새로운 사람을 만나기 시작한 참이었다. 그녀는 어떻게 하면 바로 그 사람the one을 만났음을 알아차릴 수 있는지 물었다. 낭만적 사랑의 거대서사와, 그것이 어떻게 가부장제와 사회질서에 맞아들었기에 우리 모두가 영원한 사랑을 믿게 되었는지에 대한 강의를 해주고 싶었던 기억이 난다. 대신 나는 더 간단히 답하기로 했다.

'모르는 거야. 내 경험으론, 정말 절대로 모를 거야. 항상 의심스러운 데가 있기 마련이거든.'

이제는 그 말이 맞는지 잘 모르겠다.

전 학장 ―루이스라고 부르기로 하자― 과의 첫 여섯달은 서로 나라의 양 끝에 살면서 보냈다. 우리의 관계는 매일 같이 통화와 이메일, 문자 메시지를 하고 스카이프에서 함께 보내는 시간을 통해 급속히 깊어졌다. 우리는 내가 사는 곳에서 만났다. 우리는 그가 사는 곳에서 만났다. 일정이 맞으면 다른 주에서 하루이틀쯤 함께 보낼 수도 있었다. 우리는 문학을 이야기했다. 그는 내 아들과 공을 찼다. 우리는 정치를 이야기했다. 우리는 서로를 침실로 불렀다. 여기서, 저기서, 그리고 또다른 데서.

'멋진 신세계의 소마처럼, (사랑은) 완벽한 약'이라고 키프니스는 말한다.[36] '등장인물 한명이 "열락적, 마약적, 기분 좋게 환각적"이라고 묘사하고 다른 인물은 "단점은 다 빼고, 신앙과 알코올의 모든 장점"을 가졌다고 재치를 섞어 말하는 그것 말이에요'

사랑을 하면 세상은 즐겁고 다정하며 살아볼 만한 곳이 된다. 삶이 아름답다. 못할 일이 없어 보인다.

이 장의 집필을 마쳐가는 지금, 무엇이기를, 무엇을 하기를, 무엇이 되기를 원하는지 다시 생각하며 새로운 도시에 살고 있는 내가 보인다. 루이스와 나는 쉽게 걸어갈 만한 거리에 있는 각자의 아파트에 산다. 매일 서로를 만날 시간을 낸다. 나는 여전히 내 학령기 아들의 주양육자이다. 학교를 쉴 때면 그는 다른 주에 있는 제 아버지를 만난다. 이따금 나는 우리가 성숙한 어른으로서 새로운 관계에 무엇을 바라야 할지 생각한다. 사랑을 이전과 다르게 '하는' 것이 가능할까? 무엇을 바꿀 수 있을까? 무엇을 버릴 수 있을까?

최근에는 이제 칠십대 후반이고 혼자 살고 있는 어머니와 대화를 하며 함께 사랑과 관계에 대해 생각했는데, 그녀가 본인 말로는 '탈선'을 했던, 사십대 시절의 어느 시기 이야기를 꺼냈다.

'탈선했던 게 아니야. 내 마음속에선 탈선한 적 없어.'

내 말에 그녀는 '애정이 필요했지. 애정 없는 관계로 살 수는 없는 거야.'라고 말했다.

아마도 이것이 비결일 것이다. 어떤 가족의 형태건 간에, 중요한 것에 특권을 쥐어주는 것.

남편이 죽고 몇 년 후 내 친구 모린은 다시 사랑에 빠졌다. 그녀는 자신의 새 관계를 두고 '믿을 수가 없어'라고 말했다. '감동적이야!' 정말로 기뻤다. 아무리 미묘하게나마 거리를 두었던 그 여러 해의 끝에, 그녀가 필요로 했던 바로 그것인 듯 보였다.

한편 내 어머니의 경우에는 고독이 힘이 된다. 78세, 그녀는 새로운 관계에의 전망이 자신에게는 도무지 필요하지 않다고 말한다.

리라는 친구는 다른 스토리를 갖고 있다. 그녀가 경험한 친밀한 관계에는 통제나 위험한 남자 같은 것이 줄줄이 엮여 있고 폴리아모리polyamory나 싸르트르와 드 보부아르의 것과 비슷한 일종의 개방결혼 모델 실험도 있다. 수많은 재난과 대모험이 있었다. 십대 때부터 논모노가미non-monogamy 개념에 이끌린 리는 헌신에 대한 욕망뿐 아니라 성적 자유의 윤리에 대해서도 깊이 생각해보았다. 충실함이라는 관념이 아니라 오히려 '안전을 욕망하는 것과 흥분되는 일을 욕망하는 것 사이에서 다들 느끼는 갈등을 사람들이 어떻게 조율하는지'가 그녀의 관심사다.[37] 리는 무엇보다도 호기심이 많다는 점에서 가장 사랑스럽다.

로라 키프니스의 『비판연구』 에세이에 대한 생각을 물으니 그녀는 깊이 생각한다.

'맑스주의에는 상당히 반대하는 입장이라는 점을 먼저 말해둬야겠지. 소련에서 자라면서 맑스주의를 많이 경험했거든. 하지만 난 일부일처주의가 정치화되어 있다고 생각해. 그러니까 그 점에서는 키프니스와 생각이 같은 거지. 그리고 어떤 것이든 사회질서를 버리는 데에 반대하지는 않지만 일부일처주의가 없으면 그 질서가 사라질 거라고 생각하지도 않아. 내 생각엔, 친밀한 생활에 대한 결정에서 중요한 건 이데올로기적인 이유로 무언가를 하는 게 아니라 원하는 일을 하는 거야. 사람들이 친밀한 관계에서 행복하지 않을 때 겪는 대부분의 문제는, 선택지가 있다는 생각을 못한 채 그리로 뛰어들어서 생기는 거라고 생각해.'

'그런데 넌 결혼했잖아?'

내가 묻자 그녀는 '나는 낭만적이거든'이라며 웃는다. '나는 결혼을 세번 했어.'

'왜?'

'개인적으로 결혼이 문제라고 생각하진 않아. 자동적으로 일부일처식 결혼으로 규정하거나 같이 살고 싶지 않은데도 자동적으로 같이 사는 걸로 규정하지 않는다면 말야. 나한테 결혼이라는 관념은 정말 아름답게 들리는데, 왜냐면 식도 있고 파티도 있잖아. 하지만 결혼이라는 행위를 통해서 그 사람에 대한 사랑을 선언하는 것 이외의 무언가를 한다고 느껴본 적은 딱히 없어. 동성애자들이 결혼할 권리를 위해 싸우는 게 꽤 이해가 돼. 그 사람들이 결혼제도에 진입할 수 있다면 아마 우리 모두가 결혼을 훨씬 더 흥미로운 방식으로 해석하는 데에 도움이 될 거야. 폴리아모리 공동체에서는 정치적 행동도 많은데, 결혼할 권리를 주장하는 사람들이 거기에도 상당해. 그리고 난 이런 종류의 변화들이 결혼을 보수적이기보다는 훨씬 더 낭만적으로 만들 수 있다고 생각해.'

'그러면 넌, 결혼제도를 안에서부터 바꾸는 걸 말하는 거구나.'

'바로 그거야. 그게 내 희망이야.'[38]

정치적 취지는 이해하지만 리의 주장은 내가 스스로 실천하기를 상상할 수 있는 전략은 아니다. 하지만 진정한 정치적 진전과 변화는 다양한 전략을 필요로 한다. 리와 같은 여성들이 매우 의식적이고 신중하게 변화를 추동하고자 한다는 사실이 즐겁기도 하다. 남는 것은 현대문화에서 사랑과 결혼을 둘러싼 지배서사가, 리 또한 지적하듯, 우리에게 불리하게 돌아갈 수 있다는—그리고 종종 그러하다는—사실이다. 이에 더해 로맨스에 대해 말하자면, 우리 중 많은 이들이 아무런 자기의식의 감각이 없는 환상에 온 마음을 쏟을 수 있는 것 같다.

●

이 장을 작업하면서 스스로가—한동안—부의 축적, 승진, 주택 소유라는 호주의 표준적인 꿈의 서사에서 꽤 멀리 있음을 발견했다. 월세로 살고 있었다. 일은 집에서 했다. 주요 교통수단은 자전거였다. 그리고 홀로 하는 육아에 놀랍도록 행복하게 적응했음을 알게 됐다. 루이스와의 관계는 어떤 면에서 여전히 비관습적이었다. 둘 중 누구도 특별히 금지를 가하거나 단속하고 싶어하지 않는다(물론 아무리 미묘하게나마 이미 작동하고 있는 것이 없다는 말은 아니다). 동시에 이 관계는 지극히 중요해 보인다. 사랑은 나를 놀라게 한다. 다시 한번, 철저하게.

로라 키프니스의 논쟁작 『사랑과 맞붙기』에 처음으로 발이 빠졌던 때를 돌이켜본다. 내 삶을 바꾸어놓은 책이 있다고 한다면 이게 바로 그 책이라는 생각이 든다. 키프니스가 바람피우는 행위에 초점을 맞춰서 관심이 간 것이었지만, 역설을 중심에 두는 식으로 주제를 다룬다는 점이 나로 하여금 정치적으로, 경제적으로, 사회적으로, 개인적으로, 대안적인 존재방식을 상상할 수 있게 해주었다. 나는 이제 사랑과 맞붙는다—좀더 덜 극적인 의미의 사랑과. 그저 그에 가까이 있는 것이 아니라, 그것을 딛고 있다. 여전히 신적인 것에 대한 플래너리 오코너의 믿음을 공유하지는 않지만, 은총에 관해서라면 그녀와 나는 훨씬 더 가까이 있게 되었다.

제2장

놀이

우리에게 놀이를
허락하지 않을 이유가 있는가?

글쓰기가 곧 놀이인 소설가
시리 허스트베트와 함께

시리 허스트베트

인문학자이자 미술비평가. 무엇보다도 소설가. 첫 소설인 『당신을 믿고 추락하던 밤』*The Blindfold*은 '올해의 미국 단편'으로 2년 연속 선정되었으며 무려 17개국 언어로 번역되었고 『내가 사랑했던 것』*What I Loved*은 평단의 찬사 속에 30여개국 언어로 출간되어 세계적인 베스트셀러가 되었다. 아버지의 장례식장에서 추도사를 하던 중 온몸에 경련을 일으켰는데 트라우마가 된 이 경험을 계기로 심리학과 정신분석학에 관심을 두고 『떨고 있는 여자』*Shaking Woman or The History of My Nerves*를 집필했다. 현재 배우자인 폴 오스터와 브루클린에 거주하며 연구와 집필활동을 계속하고 있다.

놀기 좋아한다는 것은 몸을 움직이거나 기분전환을 우선시한다는 것, 활기차고 틀에 박히지 않은 특징이 있는 활동에 참여한다는 것이다. 상상적인 것, 때로는 거침없이 저항적인 것을 향해 기우는 것이다.[1] 놀이*라는 개념은 오랫동안 내 흥미를 끌어왔다. 한 예로, 1996년으로 돌아가보면 좋겠다. 나는 스물여섯살이었고 피츠로

---

* 이 장의 원제인 영어 단어 play는 철학용어로는 흔히 '유희'로 번역된다. '놀이'라고 옮길 경우 play가 또한 갖고 있는 장난이라는 의미가 전달되지 않기 때문일 것이다. 여기에서는 play가 일상에서 흔히 쓰이는 단어라는 점, '놀이'라고 할 경우 play와 마찬가지로 '즐겁게 노는 일'은 물론 (술래잡기 놀이나 병원놀이 등에서와 같이) '일정한 규칙 또는 방법에 따라 노는 일' '모방하거나 흉내 내(며 노)는 일' 등을 두루 가리킬 수 있는 점 등을 고려해 '놀이'로 옮기고 필요에 따라 '장난' 또한 사용했다. 이 장에서는 좁게는 놀이와 장난, 조금 더 넓게는 흉내 혹은 연기 정도의 활동이 탐구의 대상이지만 위험을 감수하는 일로서의 내기, 규칙이 중요한 활동으로서의 연주 등을 염두에 두고 읽어도 좋을 것이다.

이 교외의 마을에서 얼룩얼룩한 유칼립투스 그늘에 무리지어—대강 둥글게—앉아 타는 듯한 오후를 보내고 있었다. 3월 늦여름이었고 자그마한 예술제에 참석 중이었다. 우리 무리는 지역예술센터 바깥에 모여 어느 공무원이 건조한 투로 하는 연설을 듣고 있었다. 나는 친구 재키 옆에 앉아 있었고 재키의 반대편에는 로즈라는 이름의 여성이 있었는데, 당시엔 우리 둘 다 그녀와는 잘 모르는 사이였다. 해가 지기 시작한 참이었지만 아직 따가운 햇살이 그대로여서 땀방울이 관자놀이, 겨드랑이, 등을 이리저리 간질였다. 이 더위가 얼마나 이어질지, 나 자신은 얼마나 더 견딜 수 있을지를 생각하기 시작한 찰나 작은 움직임이 시선을 끌었다. 로즈가 유리컵을 집어들고 있었다. 그녀가 컵에서 얼음 한알을 꺼내 재키의 목 뒤로 가져가더니 슬그머니 옷 속에 집어넣으면서 나를 향해 웃고 윙크를 하는 것이 보였다. 재키는 반사적으로 옷을 움직여 얼음을 내보냈고 소스라치게 놀라서 순간적으로 비명을 질렀다. 연사가 말을 멈추고 머뭇거렸다. 재키는 자기 입을 막았다. 나는 진땀이 났다. 정말이지 무모한 그 행동에 눈이 번쩍 뜨였지만 나로서는 소리 죽여 웃을 수밖에 없었다. 공무원이 권위를 되찾을 즈음 나는 로즈가 어찌나 장난기 많고 유치한지, 어찌나 사랑스러워 죽겠는지 생각했다. 우리는 곧 좋은 친구가 되었다. 이제—여러해가 지났다—로즈를 생각할 때면 언제나 피츠로이 크로싱에서 처음 만났던 그날 오후 그녀가 내게 보낸 장난기 어린 윙크가 떠오른다.

물론 장난이 부적절한 경우는 자주 있다. 종종 분명히 제지되기도 한다. 그렇지만 장난이 없다면 삶은 얼마나 끔찍할까. 그래서 우리는 많은 경우 아무리 사소하게라도 놀이에서 위안과 자유를 찾으며, 많은 경우 어린 나이를 훌쩍 넘기고서도 놀이에 도움이 되는 형태의 일이나 오락, 친구관계를 의도적으로 중요시한다. 놀이를 문화적, 역사적 맥락 속에 두기를 시도하는 책『호모 루덴스』(1938)를 쓴 초창기 놀이이론가 요한 하위징아는 놀이를 지극히 인간적인 활동으로 보았다.[2] 그와 마찬가지로 나는 놀이의 목적과 의미를 생각하고, 특히 왜 성인이 되고 나면 놀이를 할 기회가 눈에 띄게 줄어드는 듯한지 생각한다.

디지털게임 디자이너 미겔 시카르트에게 놀이는 규칙에 기반한 여가활동 이상의 것이다.[3] 그는 그것을 존재의 방식으로, 주위 환경과 관계 맺는 방법으로 여긴다. 그리고 존재론을 새로 쓸, 다시 말해 우리가 이미 안다고 생각해왔을지 모를 세계를 이해하는 방식을 완전히 바꾸어놓을 역량을 갖춘 무언가로 여긴다. 존재방식으로서의, 그리고 교란자로서의 놀이라는 이런 생각은 개인과 서로의 안녕에 미치는 놀이의 잠재적 영향력을 생각할 때 특히 흥미롭다.

●

놀이에 대한 관심, 특히 그것이 건강한 자아감각 형성에 어떻게 기여하는지에 대한 나의 진지한 관심은 아들이 태어난 2008년으로 거슬러올라간다. 아이가 신생아이던 때 지역 보건간호사가 준 서호주 주정부 팸플릿의 문구에 흥미가 동했던 일이 생각난다. '신생아에 대해 우선적으로, 그리고 아마도 가장 중요하게 알아두어야 할 것은 신생아에게는 자신의 피부 아래에 있는 독립적 개인이라는 존재에 대한 이해가 전혀 없다는 점이다. 아기들은 배불리 먹거나 달래는 소리를 들으면 만족감을 느끼고 배가 고프거나 겁이 나면 고통을 느낀다. 하지만 그들은 사실 공포가 자신이 느낀 것이라는 점을 알지 못하며, 그것을 느낄 "자신"이라는 것이 있음을 이해하지도 못한다.'⁴ 나는 곧 놀이가 — 때로는 모음을 반복해내거나 다른 사람의 표정을 따라하는 것처럼 단순한 것도 — 인간 영아가 주관적 존재감각을 키워가는 주요한 방법이 된다는 것을 알게 되었다.

　아이가 걸음마를 하게 됐을 때, 그리고 내가 점차 직장에 복귀했을 때에도 어머니로서 나의 새로운 경험은 주로 놀이에 몰두하는 것이었다. 내가 실제로 예상하던 양육에는 속하지 않은 일이었으므로 부지중에 발을 들이게 되었다. 롤런드와 나는 빛과 그림자를 가지고 놀았다. 우리는 사물들을 앞뒤로 주고받았다. 우리는 벽돌 사이의 틈에 작은 돌멩이들을 끼워넣었다. 우리는 모래가 든 양동이를 뒤집었다, 우리는 의미 없는 웃음소리만 남을 때까지 익숙한 단어와 문장 들을 뒤집으며 말소리를 갖고 놀았다. 우리는 다른 무슨 일이 일어나든 그속에서 놀았다. 때로는 다른 것들, 일과나 식

74

사, 일을 하는 대신 놀았다.

　롤런드가 15개월쯤 되었을 때 자주 같이 했던 공 게임을 생생히 기억한다. 정원 계단 아래로 공을 던지는 것이었다. 당시 우리는 퍼스 힐스에 있는 커다란 자연림 구역에 살았기에 광대하고 울퉁불퉁한 마호가니숲이 야외 놀이터였다. 정원 계단 꼭대기의 집 가까이에 서서 아들이 크고 색이 화려한 공을 던지는 게임이었다. 그리곤 우린 공이 경사진 땅을 구르거나 튀며 내려가는 것을 바라보았다. 같은 길로 가는 일은 절대 없었다. 대개는 낙엽더미 위에 앉거나, 커다란 나무 밑동에 닿아 공이 움직임을 멈추면 나는 롤런드의 손을 잡고 집 앞의 포장된 곳을 벗어나 널따란 숲을 향해 함께 조심스레 계단을 내려갔다. 이제 막 걷는 법을 배운 아이의 느릿한 여행. 곧 공을 회수하면 손을 맞잡고 계단을 올라 꼭대기로 돌아가서 다시 한번 게임을 시작할 것이다. 단순하고 절묘하게 느껴졌다. 우리는 각자 그 리듬을 탔고 그것을 통해 신나고 몰입감 있는 집중 상태로 함께 들어갔다. 우리가 일종의 물리학 실험을 하고 있다고 생각했다. 아마도 카오스 이론에 속하는 실험이었을 것이다. 고전 물리학은 매번 각각 다른 길로 가는 공에는 자리를 내어주지 않으니까 말이다. 이번엔 어떻게 될까? 이것이 최초의 질문이었다. 그 다음엔? 우리가 스스로의 의지로 무언가를 던질 수 있으며 그 사물은 이렇게 내려가기도 하고 저렇게 내려가기도 하는 것 같았으므로 이것은 철학의 문제이기도 했다. 하지만 중요한 것은 공이 결코 완전히 사라지지는 않았다는 점이다. 우리도 마찬가지로 공간 속에서 우리 몸을 움직일 수 있었다. 공을 회수할 수 있었다. 다시 던질 수 있었다.

함께 놀고 함께 서로에게 몰입하면서 형성되는 영아와 어머니 사이의 강력한 유대를 시리 허스트베트는 여러 작업에서 다루어왔다. 그녀는 『떨고 있는 여자』(2009)에서 '아이는 "너"를 통해서만 "나"를 획득할 수 있다'고, '그리고 타인은 우리에게 속해 있기 때문에 둘 사이에 선을 긋는 것은 쉽지 않다'고 쓴다.[5]

●

시리 허스트베트는 전세계적으로 소설가로 가장 잘 알려져 있으며 현재까지 여섯권의 소설을 출간했다. 다른 독자들과 마찬가지로 나는 베스트셀러인 그녀의 네번째 소설 『내가 사랑했던 것』(2003)[6]을 통해 그녀를 알게 되었는데, 이 책은 지적인 만족감을 주면서도 도저히 눈을 뗄 수 없는 흔치 않은 작업으로 널리 호평받았다. 허스트베트에게 매료된 나는 그녀의 출간목록을 찾아보았고 — 시집 한권과 수필집 세권이 더 있다 — 이후로 그녀가 낸 한권 한권을 흥미롭게 읽고 있다. 그녀의 핵심 관심사 여러개는 나의 관심사이기도 하며 — 서사, 정체성, 미술, 정신과 몸의 관계 — 그녀와 내가 깊은 흥미를 갖고 대화를 나누는 주제인 놀이라는 개념

역시 그녀의 상당수 작업의 중심에 있다.

허스트베트를 처음으로 만나기 전의 며칠 동안, 지난 한세기 이상을 통틀어 가장 혹독한 겨울 기상조건으로 JFK공항이 폐쇄되었고 뉴욕 홈리스 복지국은 청색경보를 발효했다. 이는 쉼터와 지원센터가 가능한 모든 인원을 수용해야 한다는 뜻이다. 제재규정이 적용되지 않는다. 긴급구조대와 사이렌 소리가 빙판길을 가득 채웠고 수많은 학교와 공공기관이 문을 닫았다.

이런 극적인 상황의 와중에 브루클린 한쪽의 아름다운 구역에 장엄하게 늘어선 브라운스톤들 사이에서 허스트베트의 집을 찾았다. 한쌍의 무거운 건물 현관문이 극한의 날씨를 막아주었다. 애정 어린 느낌과 사람의 온기가 있는 방이었던 조용한 아래층 응접실에 앉아 있자니 집주인의 진심이 담긴 따스한 환영 덕에 금세 편안해졌다.

키가 크고 편한 차림을 한 허스트베트는 집에서 규칙적으로 일하고 그것을 편안해하는 사람의 느긋한 몸가짐과, 작업을 통해 오랫동안 삶의 목적을 찾아온 사람의 조용한 자신감을 갖고 있었다.

'저는 굉장히 다양한 인간의 활동이 놀이의 영역에 들어갈 수 있다고 생각해요. 저에겐 지적 생활 또한 일종의 놀이죠.' 대화를 시작하며 그녀는 이렇게 말했다.

허스트베트는 컬럼비아대학교에서 문학 전공으로 박사학위를 받았지만 그녀의 학제적 지식은 넓은 범위에 걸쳐 있다. 그녀는 프라도 미술관과 뉴욕 메트로폴리탄 미술관에서 미술이론에 대한 강연을 한 바 있다. 2011년에는 비엔나에서 제39차 연례 프로이트 특강을 맡았으며 키르케고르의 철학에 대해서도 이야기해왔다. 이처럼 다양한 분야에 기여한 바를 인정받아 2012년에는 국제 가바론 인문학상을 수상했다.

'독서를 많이 해요. 시간이 많고 글을 읽죠.' 그녀가 겸손하게 설명했다.[7]

●

두번의 오후에 걸친 허스트베트와의 대화는 심리학, 신경과학, 교육, 철학을 가로지르며 세기의 주요 사상가 몇몇을 되짚는 과정이었다. 그중에서도 주요인물 세명이 두드러졌다. 우리는 지크문트 프로이트, 도널드 위니콧, 그리고 러시아 심리학자 레프 비고츠키에 눌러앉고, 초점을 맞추고, 복귀하기를 주기적으로 반복했다. 다른 주요 사상가들과 학자들이 이따금 등장했지만 이 주제에 대한 우리의 공통된 관심의 핵심은 놀이의 본질적으로 상호주관적인 측면이었다. 따라서 그것에 우리 논의의 초점이 맞춰졌다. 나는 어린 시절뿐만 아니라 성인이 된 후를 통틀어서도 우리의 삶에 놀이가 얼마나 강력한 역할을 하는지 이야기하고 싶었다.

'위니콧에 의하면 모든 인간 존재는 놀이를 필요로 한다'고 허스

트베트는 강조했다.[8]

위니콧은 영국의 소아과 의사이자 정신분석가로,『놀이와 현실』(1971)[9]『피글』(1971)[10]을 비롯한 여러권의 책과 수백편의 논문을 썼다.『놀이와 현실』에서 그는 정신분석 임상을 관찰하며 분석가에게 너무 많은 권위를 부여하는 위험한 경향을 발견하고 이에 대해 경고했다. 환자가 분석가의 권위적인 해석에 순응하는 쪽으로 끌리는 것을 특히 우려한 그가 제시한 해법은 놀이의 중요성을 더욱 강조하는 것, 사실상 놀이의 중요성을 강력히 주장하는 것이었다.

어린이와의 작업에서 위니콧이 택한 접근법 중 잘 알려진 사례는 혀누르개 놀이다. 의사의 진료실에 흔히 있는 물건인 혀를 누르는 데 쓰는 기구를 어린이의 손이 쉽게 닿을 수 있는 곳에 두고 아이가 그 물건을 갖고 놀기를 기다리는 것이다. 그는 아이가 그 물건에 손을 대기 전에 거의 언제나 나타나는, 머뭇거리고 조심스러워하는 시간에 주목했다. 위니콧은 어린이와 마찬가지로 환자 또한 분석가를 '발견'하고 상상적 놀이 속에서 분석가와 접촉함으로써 능동적인 행위자가 될 시간이 필요하다는 점에 집중하며 이 아이디어를 분석가/환자 관계에 대입했다.

창조와 연관되는 놀이 개념에 관해서라면 위니콧은 아마도 그가 **잠재적 공간**potential space이라 부르는 것의 발견으로 가장 잘 알려져 있을 것이다. 그는 1953년에 '어떤 인간도 내적 현실과 외적 현실을 연결해야 한다는 압박에서 자유롭지 못하다'며 '경험이라는 중간 영역을 통해 이러한 압박이 완화될 수 있다'고 말했다.[11] 위니콧은 이 영역을 잠재적 공간이라고 명명하고 놀이, 창조성, 분석적 사고가 이것과 연관된다고 보았다. 잠재적 공간의 원천은 어머니와 그 아기 사이의 신체적, 정신적, 감정적 유대라고 그는 주장했다.

●

대화 중에 허스트베트와 나는 우리 자신이나 우리가 본 다른 어린이들이 영유아기에 했던 놀이의 종류들에 대한 이야기를 나누었다. 새할아버지의 장례식에 참석한 후로 몇주 동안 매일 장례식 놀이를 했던 조카, 밤중에 깨서는 다른 누구를 부르려 하지도 않고 자기 침대에서 몇시간이나 즐겁게 놀던 아기, 엎치락뒤치락 놀이〔Rough and Tumble. 격한 몸싸움을 수반하는 일종의 술래잡기 놀이〕를 향한 미취학 어린이들의 사랑('네가 엎치락 해, 내가 뒤치락 할게!'). 허스트베트는 아동 정신분석가 셀마 프라이버그가 『마법의 시간 첫 6년』(1959)[12]에서 묘사한 어린 소년의 이야기를 꺼냈다. 그 이야기에서 미국에 사는 소년의 부모는 가족휴가로 유럽으로 날아갈 거라고 말한다. '모두가 신이 났는데 글쎄, 출발을 한주 앞두고 이 어린 소년이 불안으로 가득 차 있다는 걸 알게 된 거예요. 정말로 불안해하고 시무룩해하고 고통스러워해서, 무슨 일인지 말해보라고 했고 결국은 말했죠. "난 나는 법을 몰라요"라고요.' 자기 부모가 날아오를 거라고, 날지 못하는 자기는 두고 갈 거라고 생각했던 거죠. "난 옆$_{yerp}$으로 날아가는 법을 몰라"라고.'*

●

정신분석은 허스트베트의 오랜 관심사이다. 그녀의 첫 소설 『당신을 믿고 추락하던 밤』(1993)[13]은 자아의 분열에 대한 연구서다. 중심인물인 아이리스 베건은 뉴욕에 사는 대학원생으로, 힘 있는 남자들과 위험하리만치 장난스러운 일련의 접촉을 하면서 가난, 병, 외로움과 싸운다. 그녀는 사랑하는 교수를 위해 영어로 번역한 독일어 중편소설 『잔인한 아이』에 등장하는 남성 캐릭터의 정체성을 취하고, 이제 놀이를 통해 그녀의 더없이 급진적인 저항 행위가 벌어진다. 교수가 그곳을 떠나자 아이리스는 정장을 입은 남자의 모습으로 뉴욕의 심야 술집들에 살다시피 하며 제대로 말하지도 먹지도 못하게 된다. 그녀는 거의 완전히 지워진다. 아이리스는 자신의 비탄, 상실감, 혼란을 수행 — 문자 그대로, 연기$_{play}$ — 한다. 이 캐릭터는 이후 허스트베트의 여러 캐릭터들을 강렬하게 예고하는데, 그들에게 위니콧의 '잠재적 공간'은 가능성의 장소인 동시에 위험의 장소이다.

---

* 옆(yerp)은 yes, yup 등을 대신해 '그래' '좋아' 등의 뜻으로 쓰이는 시쳇말인데 이야기 속의 아이가 유럽(Europe)이라는 단어를 이것으로 잘못 알아들은 것이다.

허스트베트는 뉴욕정신분석학연구소의 강좌에 여러해 동안 참석했고 나중에는 모티머 오스토우 신경정신분석학 논의그룹의 멤버가 되었다. 그곳에서는 현대 정신분석학과 신경생물학의 관계에 대한 토론에 참여했다. 이 그룹의 멤버 중에는 감정의 신경기작에 특히 관심을 갖고 있는 에스토니아 출신 미국 심리학자이자 허스트베트와 좋은 친구 사이인 야크 판크셉도 있다. 허스트베트는 또한 뉴욕병원의 페인 휘트니 클리닉에서 정신과 입원 환자들을 위한 문예창작creative writing 교사로 팔년간 자원활동을 했다. 이는 자선 행위이기도 하고, 어쩌면 정신분석이론의 독자이자 직접 글을 쓰는 작가로서 쌓아온 지식을 임상에 적용하는 일종의 실험으로도 읽을 수 있다.

'위니콧은 자신을 찾아오는 놀이할 줄 모르는 성인들에 대해 이야기해요'라며 그녀가 말을 시작했다. 위니콧이 말하는 놀이할 줄 모르는 성인이란 상상으로, 창의적으로, 그리고 즉흥적으로 사고하는 능력이 심각하게 억압되거나 제거된 사람들을 뜻한다. 그녀는 이렇게 이어갔다. '정신병원에서 수강생들을 가르칠 때, 어떤 면에서 제일 가르치기 어려운 환자는 주요우울증을 겪고 있는 환자들이었어요. 그래도 그들이 스스로 강의실에 왔다는 건 자기 방에 멍하니 누워 있는 우울증 환자보다는 나은 상태라는 뜻이죠. 그들을 그리로 데려오는 무언가, 일종의 의지가 있다는 거예요. 그래도 여전히 강의에 참여하는 건 그들에게 힘든 일이라서, 어떤 사람이든 다른 사람과의 사이에 갖고 있는 그 사이공간between space이 확연히 쪼그라들어 있죠.

참 흥미로운 게, 정신병 환자들은 저에게 왔던 당시에 전부 약을 복용하던 중이었는데 특정 — 그 업계 용어로 — 말비빔word salad을 비롯해 말장난을 하거나 언어를 갖고 노는 데에 훨씬 뛰어난 능력을 갖고 있었어요. 정신병의 언어에는 일종의 생동감과 활기가 있는데 정말로 주목할 만하죠. 언제나 말이 되는 건 아니고 서사도 굉장히 어렵지만 정신병에는 때로는 굉장히 놀라운 효과를 낼 수도 있는 시적인 에너지가 있어요.'

허스트베트가 의식적으로 9.11 사건 이후를 다룬 소설 『어느 미국인의 슬픔』(2008)¹⁴에는 정신분석가인 화자가 등장하는데, 그가 논하는 환자의 병증들에는 저 스펙트럼의 양끝이 모두 포함되어 있다. T의 정신병적 말비빔 — 슬로베니아의 라비니아는 조현병에 빠져든다 (…) 삶의 전체, 텅 비어있고 공허한 소음, 소년'* — 은 L의, 혹은 어린 시절과 청소년기의 트라우마로 영구적인 상처

---

* 원문은 "Lavinia in Slovenia is slipping into schizophrenia … the whole of life, void and empty noise, boys"로, 말줄임표 앞과 뒤의 문구는 소설에서 각각 다른 장면에서 발화된다. 앞에서는 라비니아(사람 이름), 슬로베니아(나라 이름), 시초프리니아(조현병), 뒤에서는 보이드(텅 비어있는), 노이즈(소음), 보이즈(소년)가 연속되면서 압운을 형성한다. 또한 '전체'의 원어인 whole은 구멍을 뜻하는 홀(hole)과 발음이 같은데, 이렇게 들을 경우 (소설책에는 문자로 기록되어 있지만 작중 상황에서는 T가 입으로 중얼거린 문구이다) '텅 비어 있고 공허한'과 연속적인 이미지로 받아들일 수 있다.

를 입은 후 스스로를 집에 가두고 덧문을 닫은 채 칩거 중인, 리사 오들랜드라고도 불리는 카바섹의 억압된 성격과 선명한 대조를 이룬다.[15] 하지만 흥미롭게도 카바섹조차도 놀이를 한다. 그녀는 독특한 수제인형 제작으로 생계를 유지하고 있으며 인형 하나하나는 그녀의 삶에 모종의 감정적 공명을 일으킨 사건과 관계된 실제 인물에 토대를 두고 있다. 그녀의 창조물들은 아무런 표시 없는 상자에 담겨 집을 나와서는 이베이를 통해 수집가들에게 판매된다.

허스트베트의 소설에서 놀이란 핵심적인 탐사지이다.

그녀는 이렇게 생각한다. '예술은 본질적으로 상호주관적이에요. 언제나 타자에 관한 것이죠.'[16]

●

대화를 하면서 허스트베트와 나 둘 다 새내기 엄마 시기에 각자가 경험한 의식의 변화, 발생하는 아이의 의식과 분리된 것도 완전히 동화된 것도 아닌 어떤 의식의 감각에 대한 관심에 붙들려 있음을 알게 되었다.

'아기와 엄마 양쪽에서 일어나는 신경접합부와 호르몬의 변화에 대한 굉장히 많은 증거가 있다'고 허스트베트는 말했다. '흥미로운 건, 이게 일시적인 문제이기도 하다는 점이에요. 소피가 갓난아이였을 때 전 자러갔다가도 개가 이런 소리를 내면 깼어요.' 허스트베트는 작은 옹알이 소리를 흉내냈다. '지금은, 당신이 비명을 질러도 절 못 깨울걸요! 지금은 그때가 아니죠. 아기가 옆방에서 자고 있지 않잖아요. 전혀 다른 공간에서 살고 있죠. 그러니까 많은 걸 남편한테 맞추고 있지만 성장한 거죠. 그러니까, 다른 거예요. 다른 종류의 "사이"공간요.'

'아이들이 자연스럽게 맞이하는 진짜 애착불안 시기에 소피를 두고 나갈 땐 문자 그대로 물리적으로 끌어당기는 느낌을 받곤 했어요. 아이가 아직 어릴 때 북 투어나 다른 일로 문을 나서면 말이에요. 소피는 어떨 땐 악을 쓰고 그러지 않을 때도 있었지만, 전 택시를 타면 그… 정리를 해야 했어요.' 허스트베트는 얼굴을 찌푸리고 손을 들어올리며 마음의 동요를 표현했다. '그리곤 비행기를 타면 생각하는 거죠. 와, 이거 너무 좋아! 그 느낌에 막 목매달았던 건 아니에요, 그냥 다른 "사이"공간이었던 거죠.'

허스트베트는 '우리는 모두 그 사이공간에서 나왔다는 점을 기억하는 것이 중요하다'며 논의를 확장한다. '우리는 모두 그렇게 만들어졌어요. 이상하게 비판받지 않는 커다란 거짓말 몇개가 있죠. 그중 하나가 전적으로 자율적인 개인, 그러니까 고독한 주체, 스스로 결정하며 이리저리 다니는, 대개 남성인 주체의 정치이론이에요. 글쎄, 좋아요, 어느 정도의 자율성은 있죠. 하지만 그런 모델들은 언제나 인간의 발달을 잊고 있어요. 그건 절대로 포함하지 않죠. 뇌의 작동방식에 대한 모종의 정적인 모델들, 혹은 뇌가 움직이고 변화하는, 시간이 지나면서 발달하는 기관이 아니라는 듯이 뇌를 고립적으로 연구하는 것… 그래서는 아무데로도 나아가지 못할 거예요.'[17]

●

시리 허스트베트는 미네소타의 시골에서 자랐다. 그녀의 아버지는 세인트올라프대학에서 노르웨이 어문학을 가르치는 학자였다. 그의 부모님은 1930년대에 미국으로 이주해 농사로 생계를 꾸리기 시작했다. 허스트베트의 어머니 에스터는 1950년대 초에 노르웨이에서 미국으로 건너와 로이드와 결혼했으며 집에서 아이들을 길렀지만 나중에는 프랑스어 강사로 일했다. 허스트베트는 네 딸 중 첫째였다. 이야기를 하다가 그녀는 겨우 십구개월 터울의 가장 친한 여동생 리브와 놀며 보낸 어린 시절을 행복하게 추억했다.

'어렸을 때 말이에요'라며 그녀는 웃었다. '절대 못 잊을 거예요. 이 작은 마을 외곽에 부모님이 지은 집으로 이사를 했는데, 60년대 초였죠. 새 냉장고를 들였고 우리한테 포장용 골판지 상자가 생긴 거예요. 그 박스에는 정말 행복한 기억이 있어요. 그걸 그대로 집으로, 요새로, 다른 아무거나로 바꿨죠. 안에는 베개랑 담요를 뒀고요. 정말로 멋진, 멋지기 그지없는 장난감이었어요. 비고츠키가 말하는 게 바로 이런 거잖아요? 우리 이 냉장고 상자로 뭐 할까? 글

쎄, 이건 뭐든지 될 수 있어.'[18]

레프 비고츠키는 소비에트 벨라루시아의 심리학자로 흔히 문화 역사적 심리학으로 알려진 발달이론의 창시자이기도 하다. 그는 이성의 발생이 사회적 환경에서의 실천활동에 기대고 있다고 보았다. 그는 놀이에 지대한 관심이 있었다.

비고츠키는 1933년에 처음 발행된 한 에세이에서 '상상은 아주 어린아이에게는 없는, 새로 형성되는 것이다 (…) 의식의 모든 기능들과 마찬가지로, 처음에 그것은 행동으로부터 나온다'고 쓴다. 비고츠키는 놀이를 인지적이면서도 정서적인 것 ─지성적이면서도 감정적인 것─ 으로 보았다. 그는 어린이들이 평범한 일상의 사물들을 변형하는 방식 ─막대stick가 말horse이 된다─ 을 관찰하며 이런 종류의 적극적인 상상게임이 추상적 사고력을 발달시키는 수단이라고 가정했다. 그는 어린이들의 상상게임imaginary game과 현실의 관계에, 또한 놀이에서 규칙 대 자유의 문제에 특히 관심이 있었다. 예컨대 상상게임의 전제는 종종 현실상황을 재생산하는 것이다. 나아가 놀이를 하는 아이는 언제나 '제 자신보다 머리 하나는 더 크다'. 이를테면 놀이를 통해 조금 더 자란 자기 자신의 버전을 창조함으로써 아직 온전히 알 수는 없지만 준비할 필요성을 느끼는 미래의 부름을 받기라도 하는 것처럼 말이다.[19]

아들의 일상에서 비고츠키의 이론이 실현되는 것을 보아왔다. 롤런드는 세살 즈음부터 우리가 '작은 소녀'라고 부르는 역할놀이를 함께 하자고 했다. 내가 작은 소녀 역할과 그 엄마 역할을 맡고 롤런드는 나이가 좀더 많은 소년인 요원 역할을, 때로는 장면에 따라 가게주인이라든가 다른 오고 가는 낯선 사람들 역할을 맡는 상상게임이다. 작은 소녀는 실제 롤런드의 나이보다 조금 더 어리며 종종 속상해하고, 요원은 몇살이 더 많다. 롤런드는 감독 역할을 넘나든다. 작은 소녀는 일이 자기 뜻대로 안 될 때 종종 울거나 속상해하라는 주문을 받고, 꽤 자주 잘못 이해하거나 어슬프게 굴거나 말썽을 일으킨다. 그녀의 엄마는 한결같이 참을성 있으며 종종 이 완고한 작은 소녀에게 어려운 개념들을 설명하라는 요원의 요청을 받는다. 요원 또한 작은 소녀에 대해서는 참을성이 있고 소녀에게 선물을 주거나 이것저것 나누기를 좋아한다. 하지만 어리다는 이유로 작은 소녀가 앉아서 보기만 해야 하는 어른의 일—비행기 날리기라든가—이 요원에게는 자주 허용된다.

비고츠키는 '놀이 속에서 아이는 자유롭지만, 이것은 환상일 뿐인 자유이다'라고 썼다. '상상된 상황 속에서 벌어지는 모든 게임은 동시에 규칙 속에서 벌어지는 게임이기도 하다.' 그러므로 놀이는 종종 우리에게 용기를 어느 정도 시험하라고, 일상의 경계를 밀고나가거나 넘으라고, 이야기를 만들 때처럼 현실의 상황을 모방하되 '좀더 치고나가보라'고 요구한다.[20] 롤런드와 하는 역할놀이에서, 어떤 면에서는 그가 어린아이이면서도 동시에 더 나이든 아이이기도 하다는 것을 알게 된다.

작은 소녀는 가게주인에게 무언가를 받고 싶어하지만, 그는 주지 않는다. 혹은 작은 소녀는 요원이 일어나기를 원하지만 아직 시간이 이르고 그는 일어날 준비가 되지 않았다. 때로 요원은 모험을 떠나지만 작은 소녀는 남아 있어야 한다. 그리곤 우리는 다시 가게주인을 연기하고, 작은 소녀는 선물을 받고 싶어한다.

'오늘이 네 생일이니?' 가게주인이 궁금해한다.

작은 소녀는 사실대로 '아니요'라고 답한다.

'엄마, 걔 솔직하게 말하는 거 맞지? 그치?'

가게주인으로 분한 롤런드는 '그럼 아무것도 줄 수가 없단다'라고 말한다.

'엄마, 이제 걔가 삐쳤는데, 요원이 거기 있는 거야. 가게에서 일하고 있었던 거지. 요원이 "조용! 꼬마야, 조용히 해야지! 시끄럽게 하는 아이는 선물을 못 받는단다"라고 말하는 거야.'

●

우리 어른들은 어떠한가? 우리는 이와 같은 의미에서 자유롭게, 그리고 말도 안되게 처참하거나 불법적이거나 부끄러운 것들을 시험해볼 똑같은 능력을 갖고서 놀이 모드 ─ 상상적인 것이건 다른 것이건 ─ 를 드나들 수 있는가? 할 수 있고, 매우 자주 하고 있다고 생각한다. 특히 갑자기 사랑에 빠질 때처럼 극한에 가닿을 때, 반대로 비탄에 잠기는 경우처럼 고통받고 있을 때, 분명히 그렇다.

시리 허스트베트의 소설 중 상업적으로 가장 성공한 『내가 사랑했던 것』(2003)의 서사는 각자 아들 하나씩을 둔 두 커플의 삶을 중심으로 흐른다. 이야기는 두 커플의 아이들이 자라는 모습을 어린 시절부터 쭉 보여주며, 그들이 겪는 우정의 부침을 따라가면서 서로의 차이점과 공통점을 고민한다. 두 아이 중 하나인 매튜가 사고로 열한살에 죽은 후, 매튜의 아버지이자 소설의 중심화자인 레오가 아들이 남기고 간 그림들을 따라그리며 평안을 찾는 과정을 설명하는, 매우 감동적인 장면이 하나 있다. '살아 있는 아이의 손이 이렇게 움직였구나 하는 걸 알 수 있었고, 그렇게 한번 시작하니 멈출 수가 없었다.'[21] 나는 레오의 따라그리기를 일종의 놀이로 읽었다. 이 사례는 허스트베트의 작품에 등장하는 다른 많은 이야기와 마찬가지로, 몸으로 하는 것이건 지적인 것이건 놀이가 어떻게 타인을 알아가고 경험하는 방법이 될 수 있는지를 힘주어 말한다.

『내가 사랑했던 것』의 2부에서 아직 살아 있는 아이인 마크는 점점 더 레오와 많은 시간을 보내게 되고, 그렇게 그의 애도를 돕는다. 레오의 아들이 아닌 마크가 일종의 도플갱어 혹은 대역이 된다. 하지만 사춘기가 되자 마크는 변한다. 한때의 좋은 친구가 거짓말하는 도둑이 된다. 마크의 친부인 빌이 죽으면서 소설은 마크를 향한 레오의 애정과 염려가 위험한 집착으로 변하는 대단원에 들어선다. 마크는 마약상이자 뉴욕 예술계의 유명인인 한 젊은 남자와 가

깝게 지내는데, 그는 마크가 연루된 중대한 살인사건으로 결국 유죄를 선고받는 인물이다. 두 젊은이는 늙어가는 미술사학자 레오가 미국적 내면을 향한 낯선 추적을 시작하도록 유도한다. 마크와 그의 친구는 고양이가 먹잇감을 갖고 놀듯 레오를 갖고 논다. 이것은 아마도 일종의 행위미술이다. 그들은 때로는 동성애자 커플을, 때로는 부자지간을 가장한다. 이제 레오는 자신의 동기를 물을 수밖에 없다. 이게 예술이라면, 대체 무슨 예술이란 말인가? 이때 놀이는 음침하고 유해하다. 걱정스럽게도 벼랑 끝에 있다. 레오가 쓰고 있는 글의 주제인 빌의 예술이 재미있고 장난기 넘치고 수공예적인 의미 탐구라면, 마크의 공범이 하는 예술은 주로 개념적이며 지어낸 것, 농담, 부조리로 가득하다. 그것은 잔혹성에 기반한다.

이 작품에서 가장 흥미로운 한 대목은 책의 제목으로 우리의 주의를 끌어당긴다. 마크의 새어머니 바이올렛은 정서적 유대가 어려운, 어쩌면 거의 불가능할 한 인물의 성장을 지켜보다 어린아이이자 청소년인 마크에 대한 자신의 애착을 돌이켜본다. 그녀는 그를 소년으로서 사랑해왔지만 그 애착을 재검토해야만 한다는 생각이 든다. 곧잘 못된 짓을 하던 그 자그마한 아이는 이제는 '옳은 일'을 하며 몇년을 보냈다. 하지만 바이올렛은 그 시기를 되돌아보며 '착한' 행동이라는 것이 그 자체로 일종의 역할극은 아닌지 의문스러워한다. 그녀는 '착한' 마크가 일종의 자동인형이었다고 회상한다. 돌이켜보며 바이올렛은 스스로에게 묻는다. '내가 사랑했

던 것은 무엇일까?'²²

달리 말해보자면 내가 스스로 사랑한다고 상상했던 그 존재는 내내 일종의 공허였던 걸까? 어쩌면 사랑은 그 자체로 어른의 놀이일지 모른다. 사랑이란 놀이와 마찬가지로 우리가 연기할 수 있는 것이기도 하지만 생기있고 변칙적이며 정의하기 어려운 오락거리이기도 하다.

『내가 사랑했던 것』에서 저 모든 장난스러움의 핵심에는 사랑과 앎의 관계에 대한 질문이 있다. 아마도 이로 인해 이 책은 경계에 대한 것이 된다. 가까이 이어져 있는 두 가족의 이십오년에 걸친 이야기를 서술하면서 중심화자인 레오는 단지 자신의 기억을 펼쳐 놓고 예술의 의미를 사색하는 것이 아니라 자기 자신과 타인들과의 유대(혹은 그 반대)를 성찰한다. 허스트베트의 여러 캐릭터들과 마찬가지로 그의 캐릭터는 내적 현실과 외적 현실을 연결함으로써 위니콧의 잠재적 공간을 이해할 길을 모색하는 데에 초점을 두고 있다.

●

『놀이는 중요하다』(2014)에서 미겔 시카르트는 아름다움의 활동으로서 놀이에 대해 말한다. 행동을 유도하는 놀이의 특성이 바로 비판적 성찰과 의미형성을 가능하게 하기 때문이다. 또한 그는 놀이가 현실을 조롱하고 풍자를 생산하는 능력이 있기에 정치적으로 중요한 활동이라고 주장한다. 하지만 시카르트의 작업에서 더욱 흥미로운 지점들 중 하나는 그가 정의한 어두운 놀이dark play라는 개념이다.『내가 사랑했던 것』에서 마크의 공범이 한 놀이를 그 예로 읽을 수 있는데, 그가 레오를 의도적으로 조종하고 학대하는 놀이를 했다는 점을 생각하면 특히 그러하다. 여기서 놀이는 그 자체로 일종의 폭력적인 행동이다. 시카르트의『놀이는 중요하다』에 대해 흥미로운 리뷰를 쓴 동료 디지털게임 학자 마이클 데안다는 시카르트가 놀이의 경계에 충분한 주의를 기울이지 않는 점을 비판한다. 예를 들어 어두운 놀이는 그 경계의 극한에 있는 사례일까?[23] 데안다는 디지털게임에서의 폭력적이고 여성혐오적인 재현에 대항한 어니타 사키지언의 사례를 논하는 게임 연구자 니나 헌트맨과 미아 콘살보의 작업을 살펴보자고 말한다.[24] 사키지언은 다양한 온라인게임들의 유해한 여성 재현이나 '놀이'를 비판했다는 이유로 광범위한 성적 괴롭힘 세례를 받았고 놀이를 가장한 살해 협박들 — 이른바「어니타 사키지언 패기」Beat Up Anita Sarkeesian라는 '게임' — 에 노출되었다. 이러한 사례는 놀이와 현실의 경계에 대한 잔인한 왜곡이자 공공연한 혐오의 '은폐'이기도 하다.

한편 허스트베트의 최근작『불타는 세계』(2014)에서는 어두운 놀이에도 역할이 있다.[25] 이 이야기는 해리 버든이라는 이름을 가진 60대 여성 예술가의 고의적인 거짓말을 중심으로 소용돌이친다.

해리는 일련의 젊은 남자들을 살아 있는 가면으로 고용하기로 한다. 그녀는 전시회를 열고서 젊은 남성 예술가 각각이 번갈아가며 작품 뒤에 있는 단독 창작자인 척하게 한다. 뉴욕 미술계에서의 진지한 비평적, 상업적 성공을 위한 핵심 조건은 ── 그녀의 말을 빌리자면 ── '자지와 불알 두쪽'이라는 것이 해리의 생각이다.[26] 세번의 거짓말을 거치며 그녀의 이론이 옳았음이 증명된다. 하지만 이 게임의 판돈이 점점 커지면서 공개적으로 가면을 벗으려던 해리의 시도가 실패로 돌아간다. 마지막에 젊은 세 남자 중 가장 유명한 사람이 작업에 그녀가 개입했음을 부정했기 때문이다. 해리는 조롱당하고 거부당한다. 그리고 그녀가 조잡하고 가정적인 수준 이상의 작업을 할 수 없는 냉혹하고 히스테릭한 여자라는 (잘못된) 재현이 공적 영역에서 설득력을 얻는다. 소설의 결론부에서 해리는 상업적으로 성공하지 못하고 비평적으로 무시당한 채 암으로 죽는다.

●

'놀이의 반대는 일이 아니라 우울'이라고 주장하는 미국의 신경과학자 스튜어트 브라운의 작업은 과학과 놀이 연구 사이의 연결부에 위치한다.[27] 실험실 쥐를 이용한 브라운의 실증적 작업은 놀이가 위험을 감수하는 행동을 가능하게 하며 그런 장난조의 마음가짐을 밀고 나가볼 기회가 없다면 우리 개개인의 건강뿐 아니라 궁극적으로 우리 종의 생존이 위험에 처한다는 견해를 뒷받침한다. 그는 두 무리의 쥐들 가운데 한 무리에만 놀이를 '허락'한 어느 실험을 설명한다. 각각의 우리에 고양이 목걸이를 던져넣으면 두 무리의 쥐들 모두 뒤로 물러선다. 고양이 냄새는 본능적으로 위협이다. 하지만 놀이를 허락받았던 쥐들은 나중에는 둥지에서 나와 코를 들이밀어보고는 위험이 가셨다는 평가를 내린다. 그들은 다시 밖으로 나와 평소처럼 움직인다. 놀이가 허락되지 않았던 쥐들은 이와는 반대로 끝내 위협을 극복하지 못한다. 브라운은 '그들은 자기 굴 속에서 죽는다'고 선언한다.

브라운은 자신의 실증적 작업을 심리학자 미하이 칙센트미하이의 것과 연결하며 놀이와 변성상태altered state를 동일시한다. 브라운의 글에서 처음으로 칙센트미하이의 작업에 대한 이런 해석을 마주쳤을 때 흥미가 동한 까닭은 소설가로서 창작과정에 몰입해본 나 자신의 경험 때문이다. 이 경험은 변성상태와 매우 비슷한 것으로, 적어도 더 규범화되고 목적, 시간, 자아에 대한 다른 이해들과는 갈라졌거나 거리를 두고 있는 어떤 사유/존재 양식으로 느껴지기 때문이다. 의미심장하게도 나는 상상적 글쓰기의 실천을 본질적이고 내재적으로 장난기 어린 실천으로서 경험한다. 정적인 것과는 거리가 먼, 역동적이고 생기 넘치며 변화할 수 있는 실천이다. 그런 행동 중에, 그리고 그런 행동을 통해 나의 실천은 앎을 향하면서도 그로부터 멀어지며, 역설적이게도 양방향으로 움직인다.

●

첫 만남을 마치고 허스트베트의 집을 나선 즈음, 겨울날의 땅거미
가 지고 있었고 내 머릿속은 놀이에 대한 수많은 각도의 생각으로
가득 차 있었다. 맨해튼 도심의 호텔에 묵고 있다가, 함께 여행 중
이던 루이스가 좀더 가격이 싼 브루클린의 베드퍼드 스타이베선트
구역에 단기임대 아파트를 구해주어 숙소를 옮기기로 했다. 그가
짐을 챙겨 먼저 갔고, 나는 아직 새 주소지로 가는 길을 찾는 중이
었다. 허스트베트의 집 근처에서 택시를 타고 가기로 했기에 6번가
에서 몇분을 서 있었지만 빈 택시가 없는 것 같았다. 바람도 심하
지 않았고 눈도 안 왔지만 날씨는 여전히 몹시도 추웠다. 나는 걷
기로 했다. 실은, 걸어야 했다. 허스트베트의 따뜻한 환대가 그녀의
박식함, 여러 아이디어를 두고 나누는 대화의 열정과 어울려 나를
고무했다. 걸으며, 생각했다. 루돌프 슈타이너나 마리아 몬테소리,
프리드리히 프뢰벨, 그들 각각이 유아기의 적극적인 상상놀이의
중요성에 대해 역설한 바들, 그들이 신체적인 것, 촉각적인 것에 중
요성을 부여한 방식, 그들이 교육을 무엇보다도 중요한 탐구의 기
획으로 이해한 방식에 대해 생각했다. 이 각각의 사상가들에게 놀
이는 기본적으로 세계와 접촉하는 수단이었다. 최근 호주와 미국
의 주류 교육에서는 이러한 아이디어들을 완전히 백안시한다. 이

런 곳들에서는 끊임없는 시험과 평가로 교사와 학생 모두를 판단하며 읽고 쓰고 셈하는 능력만을 중시한다. 마치 다른 종류의 인간적 열정들은 이처럼 갈수록 축소되고 협소해지는 학제 개념을 가능케 하는 수단이 아닐뿐더러 장애물일 뿐이라는 듯 말이다.

뉴욕의 겨울을 걸으며 지나자니 주머니 속의 손가락이 얼얼해졌다. 티베트 수예품을 파는 가게에 들러 털장갑 한켤레를 사고 지도를 확인했다. 플랫부시가에 다다라 왼쪽으로 꺾었다. 버겐거리 지하철역을 지나 쭉 걸었고 애틀랜틱 터미널역에 다다랐을 즈음엔 주위가 완전히 어두워졌다. 목적지인 노스트랜드가로 가는 열차를 타기 위해 서둘렀다. 지하철이 아닌 롱아일랜드선 기차를 탔다는 사실은 미처 눈치채지 못했다. 열차가 출발한 직후에야 차표가 틀렸음을 깨달았다. 휴대전화 수신감도는 엉망이었다. 다행히 노스트랜드가에서 내릴 때 검표에 걸리지는 않았지만 아직 가야 할 길이 한참이었다. 이윽고 거리는 제대로 찾아왔지만 잘못된 방향의 끝에 서 있다는 사실을 알았다. 가로등도 제대로 없는 길을 따라 걷다보니 블럭 모퉁이마다 청소년들이 몇명씩 무리지어 있었고 옷을 잔뜩 껴입은 알코올중독자나 약쟁이들이 내 곁을 지나가며 허공에다 대고 중얼거렸다.

나는 계속 걸었다. 아직 허스트베트와 이야기를 나누지 않은, 때로 놀이충동play-drive이라고 번역되는 독일어 단어 Spieltrieb*에 대해 생각하고 있었다. 동시에 몸의 취약성에 대해 생각하며 새 번

지수까지 카운트다운을 하고 있었다. 남은 게… 100… 90… 80… 70… 마침내 거리의 반대쪽 끝에 도착했다. 새 숙소의 현관 밖에 서서 나를 기다리고 있는 루이스가 보였다. 아파트는 사실상 지하철 K선 역, 그러니까 노스트랜드가역 바로 위에 있었다. 조금 미끄러지고 조금 잘못 보는 것이 어찌나 쉽게 우리를 예상치 못한 땅으로 흘러가게 만들곤 하는지. 안전하게 가다play it safe라는 표현을 생각했다. 남의 손바닥에서 놀다to play into the hands of라는 표현을 생각했다. 언젠가 읽은 소설 — 존 스콧의 『건축가』(2001)[28] — 에서, 표면적으로는 주인공이 당시의 악명 높은 무법지대로 들어간 사실을 알아차리지 못한 실수 탓으로 베를린에서 갱단에게 살해당한 이야기를 생각했다.

새 아파트의 온기에 파묻혀 장갑과 코트를 벗었다.

나를 끌어당기며 루이스가 말했다. '오, 자기. 손가락이 얼음 같잖아.'

●

두번째 만남의 토론은 상상친구imaginary friends 개념으로 시작했다. 허

---

* '놀이'를 뜻하는 Spiel과 충동을 뜻하는 Trieb의 합성어이며 철학용어로는 종종 '유희충동'으로 번역된다. 독일어 명사 Spiel과 그 동사형 spielen 역시 영어의 play와 마찬가지로 놀이, 연극, 연주 등 여러 의미로 사용된다.

스트베트는 '상상친구가 있는 아이는 사교능력이 부족하다는 일종의 상식 같은 생각이 있었죠'라며 이야기를 꺼냈다. 친구를 만들 줄 몰라서 대하기에 좀더 쉬운 누군가를 만들어내는 거라고요. 하지만 실은 그렇지 않아 보여요. 외향적인 아이들도 종종 상상친구를 갖고 있는데, 그렇다는 건 반드시 그게 현실세계에서 도망치는 문제는 아니라는 거죠.

저는 그런 상상친구에 큰 흥미가 있어요. 책에서도 여러번 활용했고 ─ 제 책에 나오는 어린이들은 상상친구를 갖고 있어요 ─ 파라코즘*도 마찬가지죠. 파라코즘이라는 말 아세요? 브론테 가문의 아이들을 생각해보세요. 한동안 지속되는 세계를 만들어내는 거죠. 수많은 아이들이 제가 일시적 세계라고 생각하는 것, 그러니까 인형이나 모형들의 세계를 갖고 있어요. 잠깐 존재하고 이내 사라지지만 아이들이 반복해서 방문하는 이 고도로 활성화된 상상세계는 문학세계의 훌륭한 예고편 같은 거예요. 소설가들이 만드는 세계도 실은 그것과 비슷하죠. "실제"세계에 토대를 둔다고 해도 말이에요. 소설작품에서 "만들어내는" 세계가 꼭 판타지 세계인 건 아니죠.'[29]

두번의 만남 사이에 있었던 주말 동안 허스트베트는 현대언어

---

* paracosm. 상상세계. para는 옆에 있음을 뜻하는 접두어로, paracosm을 문자 그대로 해석하면 '(실제 세계의) 곁에 있는 (가상) 세계'를 의미한다. 흔히 어린이들이 상상 속에서 아주 구체적으로 만들어내는 세계상을 가리키는 말로 쓰인다.

학회의 학술행사에서 열린 여성학자 낸시 K 밀러와의 '대담' 세션을 위해 시카고에 다녀왔다. 우리는 그에 대해 잠시 이야기했다. 밀러의 학술 전문분야는 전기문이며 스스로도 회고록을 쓴다. 학술행사의 공식 논의석 바깥에서도 그녀와 허스트베트는 소설 쓰기와 논픽션 쓰기의 차이에 대해 짤막한 대화를 했다.

허스트베트는 그 대화를 이렇게 전했다. '낸시가 "그러니까, 제가 이해할 수 없는 것 중 하나는 당신이 어떻게 그렇게 다른 사람이 될 수 있나 하는 거예요. 저는 못하겠더라구요!"라고 했는데 그 말이 상당히 인상 깊었어요. 모두가 소설 쓰기를 택하지 않으리란 건 저에겐 언제나 더없이 분명한 사실이었거든요. 소설이란 생명을 불어넣는 거잖아요? 모두가 자리에 앉아서 인물들을 만들어내고 그들에게 상상한 일들이 일어나게 만드는 글쓰기를 하지는 않지만요. 무슨 말이냐면 낸시가 글쓰기 활동에서 떼어내버린 생각, 그게 흥미로워요. 이런 종류의 상상적 활동에 대한 제 느낌은 이게 인간적인 활동, 인간 생명의 아주 근본적인 기능에서 비롯되는 자연스러운 인간적 활동이라는 거, 그러니까 우리가 과거의 자신을 회상하고 미래의 자신을 상상한다는 거, 그리고 우리는 자라면서 공상하는 데에 많은 시간을 쓴다는 거거든요.

그러면 어딘가에 선이 있는 건지, 아니면 성장과정에서 저절로 줄어드는 건지는 모르겠지만, 제 느낌에 소설 쓰기는, 말씀드렸듯이 제가 여동생이랑 그랬던 것처럼 "우리가 배를 타고 있다고 치는 거야"랑 정말 그리 다르지 않아요. 아시겠지만 놀면서 끝없는 재난을 겪는데, 항상 미학적 보호벽이랄까, 아니면 어느 순간에든 빠져나오는 능력이 있죠. 그게 실제 상황이 아니라는 걸 아는 거요. 얼마나 몰입해 있든지 빠져나올 수 있어요. 그러니까 그런 종류의 활동을 거의 상상할 수 없다는 사람들에게 대체 그건 뭔지가 궁금한 거예요.'

대답 삼아 『동물놀이행동』(1981)의 저자인 생물학자 로버트 페이건의 말을 인용했다. 그 분야의 연구자들은 놀이하는 동물들을 관찰하면서 때로는 며칠, 몇주, 몇달씩을 보내기도 하는데, 페이건은 언젠가 그러한 놀이의 가장 곤란한 점은 그게 뭔지 알 수가 없다는 사실이라 생각한다고 보고한 바 있다. 그는 이렇게 썼다. '우리는 그 모든 것의 뒤에 무언가가 있다고 느낀다. 하지만 그것을 보는 법을 우리는 알지 못한다. 혹은 잊어버렸다.'[30]

페이건의 말을 곱씹으며 허스트베트는 '정말 흥미롭네요'라고 했다. '그걸 살펴볼 두가지 방법이 있어요. 물론 우리는 한가지 방법은 갖고 있지 않죠 — 개 두마리가 놀고 있는 걸 우리가 보고 있다고 쳐봐요. 우리는 그런 형태의 지각에 접근할 방법을 갖고 있지 않아요. 동시에 개와 인간 존재는 실제로 신경장치의 상당 부분을 공유하고 있어요. 놀이라는 사태 또한 공유하고 있죠. 그게, 과학에서는 의인화에 대한 비판이 많아요. 과학자들은 대부분의 사람들과는 달리 동물에게 감정을 부여하는 것조차 굉장히 망설이죠.

이건 말도 안되게 이상해 보일 거예요, 심지어 쥐만 하더라도 사지 구조를 보면 우리의 사지 구조랑 공통점이 많으니까요. 그러니까 문제는 반성적 자기의식에 달려 있는 건데, 만약에 당신이 고통을 느끼고 있다는 걸 스스로 알지 못한다고 해도 당신이 고통을 느낄까요? 음, 전 그럴 거라고 생각해요.

우리는 어릴 적에 폴짝폴짝 뛰면서 여기저기 달음박질을 하는데, 우리가 달음박질이나 엎치락뒤치락 놀이를 하는 것과 동물들 사이에 무언가 공통성이나 관계가 있을까요? 전 있다고 생각해요. 그리고 그게 과학적으로 생각해볼 만한 것이라고 생각해요.'[31]

●

이 지점에서 로드사이클에 대한 나의 애정이, 신체의 끈질김과 깊숙이 느껴지는 움직임에의 욕구가 그 자체로 지성을, 상상력을, 그리고 가능성의 놀이를 낳는다는 것이 떠올랐다. 수감, 병, 노예상태, 과중한 책임 등으로 인해 움직임에 채워진 족쇄가 우리의 동기를 죽인다는 것은 흥미롭다. 사람들이 자동차 운전을 비롯해 최소한의 수고면 되는 움직임을 사랑한다는 것은 놀라운 일이 아니다. 그것은 곧 해방의 환상이니 말이다. 놀이로 신체를 움직이면서 우리는 그야말로 난데없이, 불편한 것, 놀라울 만큼 위험한 것을 향해 스스로를 밀어붙일 수 있다. 나는 특히 내리막에서 빠른 속도로 내

달리는 사이클링을 향한 내 애정, 자유낙하하는 느낌이 탁 트인 공중과 소멸하는 체중, 질주하는 속도의 즐거움뿐 아니라 위험, 두려움 그리고 닥쳐오는 공포를 안겨준다는 것을 생각했다.

몇년 전에 퍼스 외곽의 언덕들에서 혼자 로드사이클링을 하며 긴 시기를 보낼 수 있었다. 경주용 카본프레임 자전거에 앉아 시속 70킬로미터까지 속도를 내며, 스스로에게 허리를 숙이고, 브레이크를 놓고, 미끄러져 가게 두라고 말하며 내리막을 달리는 즐거움은 특별한 느낌의 흥분과 자유를 제공했다. 신기하게도 당시에 마주하고 있던 여러 문제를 해결하는 데에도 도움이 되었다. 현대의 삶에서 성인으로서 그렇게 할 기회가 얼마나 자주 있을까? 성인의 삶 ─ 대출, 직장에서의 업무평가, 경쟁적인 양육 ─ 은 그저 사람을 몰아세울 뿐이다. 급경사 내달리기 같은 극단적인 형태의 놀이들은 열려 있는 가능성, 아주 약간의 자유낙하를 맛보게 해준다. 주류 문화가 익스트림 스포츠에 매료되고 있는 현상은 놀이를 통해서라도 위험을 감수하려는 성인들의 갈망을 이해하는 데 약간의 실마리를 제공한다.

내가 이 장을 쓰면서 작업하고 있는 소설의 주인공은 반성적 자기의식과 그 부재 사이의 어딘가에 매달려 있다. 갑작스런 자전거 사고로 머리를 다친 탓에 그녀의 서사적 연속성 ─ 연속적인 주체로서의 실존 자체 ─ 은 손상되어 있으며, 때로 그녀는 자신의 물리적 몸이 빠졌던 강바닥을 따라 흘러다니고 때로는 시공간의 불가능한 균열을 지나 예컨대 15세기 중국이나 미래적인 지하세계에서 다시 떠오른다. 신기하게도 아무런 위험을 겪지 않고 말이다. 이 작업은 이미 전작들에 비해 훨씬 실험적이며 이것을 창작하는 경험은 아름답게도 몰입적이고 지속적인 열중에 속한다. 나는 이 작업을 무엇보다도 유동적인 글쓰기 과정과 신체활동을 통해 다다른 장난기 가득한 작품으로 생각한다.

몸이 어떻게 생산적인 원천으로서 작동하는지, 특히나 장난기 가득한 글쓰기가 어떻게 신체성physicality이라는 요소를 통해 —— 행동을 통해 —— 생성되는지 허스트베트와 이야기하며 나는 사이클링과 작성 중인 두편의 원고를 떠올렸다. 허스트베트는 아인슈타인을 인용했다. '어떤 식으로 일하는지를 질문받고 그는 이렇게 답했어요, "제가 하는 일에는 기호signs가 개입되지 않아요. 수학적인 것이든 언어적인 것이든 말이죠. 시각과 근육, 감정으로 일합니다." 그리곤 나중에 그게 일종의 공식으로 번역되죠. 창의력이 어떤 것인지 가장 잘 알려주는 말 중 하나라고 생각했어요, 저도 정말 그렇다고 생각하거든요. 무의식적인 곳에서 나오죠. 그런데 우리가 의식하는 건 느낌이에요. 그리고 (근육에 대한 것인) 리듬은, 아시겠지만 책을 쓸 때 이런 식으로 하게 되잖아요.' 허스트베트는 마치 춤을 추듯 잠시 음악적으로 몸을 움직인다. '저는 이런 리듬들이 과학적이거나 지성적인 작업에서도 중요하다고 생각해요.'

'또 흥미롭다고 생각하는 건, 뭘 쓰고 있는데 전혀 재미가 없다면 그건 아마 안 좋은 작품일 거란 점이에요.' 그녀의 고백이다. 그녀는 첫 소설을 썼던 경험을 이야기했는데, 그 소설에는 책의 나머지 부분과는 다른 시기로 설정되고 상당히 다른 목소리로 쓰인 걸도는 장 하나가 있었다. 스무해도 더 지난 일이지만, 그 부분을 쓰면서 겪은 크나큰 곤경은 여전히 생생하다. '쓰는 게 싫었어요. 그러니까 비참하고, 지긋지긋하고, 상처가 되고 아픈 경험이었어요. 제 삶에서 온 소재를 쓰고 있다고 생각했지만 말 그대로 제 자신의 삶은 아닌, 제가 갈 수 없는 어떤 곳이었고 저는 비참했죠. 남편에게 이렇게 말했어요. "끔찍해."' 결국 그녀는 그 부분을 버렸다.

그녀는 '틀렸다는 느낌'이 '일종의 감정적 진리에 관련된' 것이라고 말한다. '감정적 진리에 절대적 진리란 없어요. 글에 응답하는 자기 자신 속의 무언가가 맞다고 혹은 틀렸다고 느낄 뿐이죠.'[32]

이러한 아이디어는 내리 이어지고 꺾이고 하는 도로에서 다른 차들이 옆으로 지나가고, 주변 시야로 새가 드나들고, 상체는 앞으로 기울고 전신은 바람을 마주 안을 때, 페달을 밟고 몸을 숙이고 온전히 집중할 때 찾아오는, 일로부터의 자유에 대해 또다시 생각하게 만들었다. 제일 낮은 기어로도 힘이 전혀 안 걸릴 만큼 빠른 속도로 내리막을 달리는 것에 대해 생각하고 있었다. 다리는 하는 일 없이 원을 그린다. 어깨는 낮고 척추는 프레임과 평행을 이루고 있다. 이것은 용기인 것 같다, 고 생각한다. 거의 날아가는 것 같다.

●

프로이트, 신경과학, 신경정신분석학에 대한, 그러니까 정신/몸 문제에 대한 허스트베트의 지적 관심은 상당 부분이 그녀 스스로가 말을 듣지 않는 몸을 살아낸 경험에서 비롯된다. 그녀는 오랜 시간 편두통을 앓아왔다. 사람의 현실감각, 자아감각을 괴롭도록 뒤틀어놓을 수 있는 고통이었다. 게다가 2006년에 아버지가 사망한 후 그녀는 공개연설 중에 이상한 고통을 겪기 시작했다. 그녀의 몸이 떨리기 시작했다. 회고록이자 에세이이기도 한 『떨고 있는 여자』라는 책은 그런 경험의 결과물이다. '떨고 있는 여자는 동시에 나인 것도 같이, 내가 아닌 것도 같이 느껴졌다'고 그녀는 썼다. '턱 위로는 익숙한 나 자신이었다. 목 아래로는, 낯선 사람이 덜덜 떨고 있었다.'[33]

　허스트베트가 『떨고 있는 여자』의 배경으로 삼은 많은 이론 중 하나는 그녀가 일종의 공감각을 갖고 있을지도 모른다는 발상이었다. 그녀는 색이나 빛에 강렬한 감정적 반응을 경험한 일을 묘사하며 '나는 모든 것을 몸의 느낌이나 감각으로 번역하는 것 같다'고 썼다. 아버지의 말년을 반추하며 그녀는 병원에 다녀온 후 집으로 돌아가 어릴 적 쓰던 침대에 들었던 기억과 자신이 아버지로 변하는 분명한 감각을 느꼈던 기억을 회상했다. '아버지를 생각하며 거기 누워 있는데 콧구멍의 산소줄과 그 불편감이, 제대로 안 움직이는 쪽 다리 ── 몇년 전에 종양을 제거한 ── 의 묵직함이, 죄어든 폐부의 압박감이, 그리고 침대에서 스스로 일어날 수 없고 도움을 요청해야만 하리라는, 갑자기 밀려오는 무력감이 느껴졌다.' 궁금하다. 과도한 감정이입이라는 것도 있을까?[34]

　조기교육과 자연과학의 옹호자들인 프리드리히 프뢰벨과 루돌프 슈타이너가 그러하듯이 허스트베트 역시 몸이 놀이에 핵심적이라고 여긴다. 그것은 또한 글쓰기에서도 핵심적일 수 있다. 허스트베트의 소설은 몸에 사로잡혀 있다고 할 수도 있을 것이다. 예를 들어 『당신을 믿고 추락하던 밤』에서 젊은 학생 아이리스는 스스로 동의해 포즈를 취했지만 신예 예술사진작가가 찍은 자신의 사진에 당혹감을 느낀다. 스튜디오에서 촬영 중에 일종의 미끄러짐 같은, 무언가 이상한 일이 일어난 것이다. 마치 사진작가의 시선의 힘으로 아이리스가 발가벗겨진 것 같은. 그녀는 일종의 환각상태에 빠져든다. 자신의 사진이 전시장 한가운데 걸린 후 그녀는 이미지에 충격을 받는다. 작가에게 그것을 내려달라고 요청하지만 그는 거절한다. 사진 속의 인물은 아이리스이기도 하고 그렇지 않기도 하다. 갤러리 공간에 걸려 있는 이미지는 그녀의 것이기도 하고 그녀의 것이 아니기도 하다. 소설에서와 마찬가지로 미술에서 기획의 중심에 있는 장난기는 본질적으로 재현의 문제와 얽혀 있다. 허스트베트의 작업은 '나는 누구인가?'만이 아니라 '나는 어디에서 시작해 어디에서 끝나는가?' 또한 끈질기게 묻는다.

'어느 에세이에 오직 열려 있는 자아만이 즐거움을 느낄 수 있다고 쓴 적이 있어요. 실제로도 그렇다고 생각하고요. 하지만 열려 있는 자아는 깊이 상처받을 수도 있죠.' 자아가 탄력을 갖는다는 것이 어떤 의미인지 함께 생각하던 중 허스트베트는 잠시 멈추더니 위니콧의 말 중 제일 좋아하는 문장 하나를 읊조렸다. '"건강이란 멀쩡함을 향해 날아오르는 것이 아니다. 건강은 분열을 견뎌낸다."' 그녀가 웃었다. '이게 제일 아름다운 문장이라고 생각해요.'[35]

동의할 수밖에 없었다. 내게도 맞는 말로 들렸다.

●

놀이를 둘러싼 나 자신의 독해와 생각이 진행되는 동안 내 아들도 점점 자랐다. 학교에 다니기 시작했다. 수영을 배웠다. 집에서는 훨씬 많은 시간을 혼자 놀면서 보냈다. 우리가 작은 소녀 게임을 하는 일은 갈수록 줄었고 대신 아이는 혼자서 기운찬 역할놀이에 열중했다. 처음에 그런 놀이들은 신체활동을 요구했다. 한패로 삼은 가느다란 대나무 막대는 손가락 사이에서 민첩하게 돌아가는 일종의 지팡이이자 상상 속의 적을 겨누는 무기이기도 했다. 우리가 함께 사는 생활공간은 힘찬 발차기와 돌기, 착지가 끊임없이 이어지며 쿵후 영화를 떠오르게 하는 효과음이 흐르는 무대가 되었다. 죽음이 끼어들 자리가 아니었다. 이 재주 좋은 소년 배우는 시체 자

세에서 다시, 또다시 되살아났고 튼튼한 두 다리로 다시 한번 육탄
전을 치를 태세를 갖추었다.

●

허스트베트에게 그녀가 「프로이트의 놀이터」라는 에세이[36]에서 다
룬 프로이트에 대해, 유희충동Spieltrieb라는 개념에 대해 물었다.

　그녀는 '그건 프로이트가 현대 신경과학과 연결될 수 있는 좋
은 지점이에요'라고 했다. '물론 프로이트는 신경학자였죠. 그리
고 연구실에서 팔년을 지냈는데 장어에서 작은 뉴런들을 분리하
는 일을 했죠. 그는 과학자였고 과학적 희망을 결코 내려놓지 않았
어요. 그런데 충동Trieb이란 건 포유류에게 주위 환경이나 타자들을
향해 움직이는 충동들drives이 있는데 그게 인간 존재들에게는 굉장
히 복잡한 방식으로, 예를 들면 낮은 수준의 포유류보다 더 복합적
인 방식으로 부여될 수 있다는 발상이에요. 제임스 스트래치는 본
능instinct이라고 변변찮게 번역했지만 충동Trieb은 본능이 아니에요.
본능은 프로이트에게 따로 있죠. 그도 본능이 있다고 생각하긴 했
고, 어쨌거나 저도 그렇게 생각하지만 충동은 그와는 다른 것, 어떤
부추김이거든요. 물론 타고나는 거죠. 아기를 생각해봐요. 아이는
타인들에게, 그리고 또 사물들에 다가가서 조사하고 탐구하려는
어떤 충동들을 갖고 있잖아요.'[37]

허스트베트는 '지금은 신경과학 쪽에서 일하고 있는 물리학자 친구가 있어요'라며 말을 이었다. '그는 x와 x′라는 두 형제에 대한 꿈을 꾸는 사람이에요.'

허스트베트는 『떨고 있는 여자』에서 이 일화에 대해 썼다.[38] 물리학자는 복잡한 계산 하나를 풀기 위해 애써왔는데, 핵심이 되는 값에 x와 x′라는 이름을 붙였다. 어느날 밤, 그는 쌍둥이 형제에 관한 꿈을 꿨다. '꿈에서는 둘 다 인간이었지만 동시에 x와 x′라는 걸 알았다'고 했다. 잠에서 깬 그는 자신이 문제를 풀었음을 알았다. 곧장 일어나 써내려갔다.

허스트베트는 '하지만 이런 깊숙한 것들, 그러니까 무의식, 수면, 욕망, 충동, 놀이, 재미, 이런 것들은 전부 창의적 작업에 관계되고 그건 인간 경험의 모든 영역을 가로지른다는 사실을 이해하는 게 중요해요. 그게 핵심이죠'라고 덧붙였다.

과학에서는 상상력의 역할에 충분히 귀를 기울이지 않는다. 나는 '예술이나 인문학을 하는 우리를 곤란하게 하는 한가지는 아마도 우리가 하는 상상적인 작업은 이해할 수 없다는 관념일 거예요'라고 말을 꺼냈다.

허스트베트는 동의를 표했다. '상상적인 것은 여성화feminised되어 왔어요. 정말 위험한 일이죠. 이런 굉장히 몸적인 비유bodily metaphors를 받아들이게 된다면요. 이 점에 대해서는 (심지어 우리도 모르게 비유가 우리의 지각을 구성할 수 있다고 주장하는) 조지 레이코프와 마크 존슨[39]이 옳았다고 생각해요… 여성이 남성보다 부드러운 건 아니잖아요, 말도 안 되죠. 남자랑 여자를 만져보면 그러지는 않을…' 그녀는 자신의 팔뚝을 꼬집었다.

나는 미소를 지으며 '우리는 거의 같은 걸로 만들어져 있죠'라고 답했다.

허스트베트가 놀란 시늉을 하며 얼굴을 찡그려서 우리는 둘이서 웃었다.

'『페미니즘의 50가지 그림자』(2013)라는 책에 짧은 에세이를 하나 썼어요'[40]라며 그녀가 말을 계속했다. '거기서 전 코드가 있다고, 그러니까 남성적인 것과 여성적인 것이라는 코드가 있다고 말해요. 과학은 남성적이고 소설이나 예술은 여성적이고. 아시겠지만 갈수록 남자들은 소설을 많이 읽지 않죠. 제가『남자 없는 여름』(2011)에서 남자들은 소설을 읽을 때 표지에 남자 이름이 있는 걸 좋아한다고, 그렇다면 거기에 남성적인 무언가가 있을 거라 생각한다고 말하는 것처럼요.

우리가 상상력을 여성적인 것으로 코드화하고, 여성적feminine이라는 형용사 자체가 계속해서 모욕적인 형용사로 쓰이는 문화 속에서 살고 있다고 한다면, 저는 인간 존재가 곤란에 처해 있다고 생각해요. 상상력을 여성이라는 성별과 동일한 것으로 코드화해서는 안 되기 때문에 이건 정말로 중요해요. 여성이 소설을 쓰면 두 배로 여성화되죠. 과학자들에게 강연을 할 때면 여전히 그들은 대부분 남자인데, 제가 (과학의) 소재에 대해 말하고 있다는 사실만으로도 제가 남성화masculinised되는 걸 느껴요. 그렇다고 남자로 바뀌는 건 아니지만 더 진지한 이야기를 하는 것처럼 되는 거죠. 그러니까 문예창작에 대해 당신이 말하는 게 학계에서 진지하게 받아들여지지 않는 것처럼요. 마치…'

그녀는 눈살을 찌푸리며 마치 무언가를 쳐내버리려는 듯 손을 저었다. 그녀의 말문이 막힌 걸 본, 드문 순간이었다.

'많은 경우에는 심지어 의식되지도 않아요.' 마침내 그녀가 말했고 우리는 이렇게 암울한 상태로 논의를 마쳤다.[41]

●

허스트베트를 만나고 호주의 집으로 돌아온 후 몇달 동안 나는 인문학과 과학을 가로지르는 연구실천에서 놀이의 역할에 대해 점점 더 흥미를 느꼈다. 수학, 사회과학, 공학, 의학 등 다양한 영역의 경험 많은 연구자들에게 말을 걸기 시작했다. 그들의 일상적인 작업에서 놀이와 장난기의 역할을 더 알고 싶었다.

예를 들면 주된 취미가 볼룸댄스이며 무도장에서 움직이다가 풀린 복잡한 문제에 대해 설명해줄 수 있었던 물리학자를 만났다. 그들의 작업에 관련된 놀이와 장난기에 대한 질문에 학교 동료들이 어찌나 열정적으로 답했던지, 나는 깜짝 놀랐다. 내가 말을 건 연구자들 중 상당수가 놀이를 평생의 실천이자 그들이 연구를 할 때 하는 일의 고유한 일부로 인정했다.[42] 그들은 즐겁고 몰입적인 행동의 중요성, 그리고 한 동료가 '알지 못함에 대한 염려'라고 칭한 것을 다스릴 때 놀이가 맡는 역할의 중요성을 강조했다. 예술창작 분야의 동료들은 매우 거리낌 없이 자신들의 실천에서 불확실성과 위험의 역할을 강조하곤 했다. 소설가이자 학자인 한 동료는 '제가 하는 일 중 어떤 것에든 확실성이 있다고 느낀 적이 한번도 없어요'라고 말하기도 했다. 반면 과학지향적 영역에 있는 이들은 규칙과 그 부재의 균형을 맞출 필요성을 좀더 의식하면서 이야기했다. 확실성 대 불확실성에 대한 대화를 나누며 춤추는 물리학자는 '기술이 있다'고 설명했다. '그 기술이란 필수적인 목표방향 설정 (…) 그리고 반드시 계산할 필요는 없는 도박 사이의 균형을 맞추는 거죠.'

수학 교수는 '그저 직진하듯 무언가를 한다면 그다지 흥미롭지 않을 것'이라고 말했다. 그녀는 '연구문제에 대한 흥미로운 답이 나오지 않겠죠'라며 '그래서 전 우리가 하는 일에 언제나 놀이가 있다고 생각해요'라고 덧붙였다. 놀이에 대한 질문에 내게 돌아온, 아마도 가장 놀라운 대답은 의학연구를 하는 동료에게서 나왔는데, 그는 이렇게 말했다. '핵심적이라고 생각해요. 어느 정도는 잠이나 꿈, 독서랑 마찬가지로요. 놀이는 뉴런들을 이리저리 흔들어요. 굉장히 흥미로운 일이죠. 당신이 하는 일은 당신이 아주 잘 통

제하지 못하는 뇌속 어딘가에서 나온다는 사실로부터 벗어날 수는 없다는 거니까요.'

위의 동료들과 계속해서 이런 대화를 나눈다. 곧잘, 돌아오는 대답들에 고무되어 더 많은 질문을 하게 된다.

●

다시 2014년 초, 뉴욕에서의 시간이 끝나갈 무렵, 도시의 청색경보 국면은 잦아들었지만 기온은 여전히 살을 에어낼 듯 낮았다. 뉴스 채널들은 '극한의 기상사건'이라는 표현 — 그들은 이 문구를 무한반복하는 게 즐거운 듯했다 — 을 꺼내들었다. 공교롭게도 같은 주간에 내가 사는 동네인 퍼스 역시 긴급상황에 처했다. 퍼스 힐즈의 많은 구역에서 사람들이 대피했고, 내 휴대전화는 자동 긴급경보로 계속해서 진동했다 — '생명과 집에 위협이 있을 수 있습니다. 상황이 계속해서 변하고 있습니다. 구역을 벗어나거나 적극적으로 집을 지킬 대비를 해 여러분과 여러분의 가족을 보호해야 합니다.' 서호주는 한여름이었고 주도를 둘러싼 산들에 대규모 화재가 발생했다. 아들 롤런드는 동부 해안에 사는 제 아버지에게 가 있어서 안전했지만 루이스와 내가 뉴욕의 빙판길을 걸으며 미끄러지지 않으려 애쓰는 동안 퍼스 구릉지대의 내가 사는 동네에서는 쉰여섯채의 집이 전소했다. 몇주 전 이삿짐 운송업체의 도움을 받아 롤런드와 내가 이사 나온, 내가 그의 아버지와 십사년을 함께 했던 그 집은 지난달에 팔려 입주를 기다리고 있었다. 불길이 다가왔을 때 그 집은 텅 빈 채 서 있었다. 우리로서는 다행스럽게도 바람이 반대 방향으로 불었고 건물은 무사했다. 아들의 초등학교 가까이에 살던, 우리와 아는 사이인 가족들은 그다지 운이 좋지 못했다. 그들은 모든 가진 것을 잃었다.

집으로 돌아가기 위해 차를 불러 베드퍼드 스타이베선트에서 JFK공항을 가면서 세계에서 가장 인구가 많은 도시들 중 하나인 그곳의 교외가 스쳐지나가는 것을 바라보았다. 다닥다닥 붙어선 새로 고친 집들, 쇠락한 아파트 단지들과 굳게 닫힌 버려진 빌딩들이 점차 퀸의 경공업지구와 상업지구에 길을 양보했다. 새것과 낡은 것이 공존해 있어서 텅 빈 중고차 매장, 밝게 빛나는 간판, 아무도 없는 운동장들, 그래피티로 뒤덮인 담장들이 회색, 검정색, 물빠진 갈색, 은색 따위가 뒤섞인 무늬를 이루었다. 택시의 뒤창으로는 모든 것이 겨울색으로 보였고 나는 빛의 장난*이라는 표현을 생각했다.

며칠 전 허스트베트는 '저는 놀이가 세계를 정돈하는sorting out 한 방법이라고 생각해요'라고 말했었다.[43]

'정돈하다'라는 말로, 실험과 놀라움을 통해, 그리고 경계를 밀

---

*the play of light. 수면 등에 비친 빛이 움직이면서 무늬가 생기는 것을 가리키는 표현이다.

어붙이고 확장하는 것을 통해, 놀이는 우리에게 세상사를 이해하는 법을 가르쳐 준다는 것을 말하고 싶었으리라 짐작해본다. 세상사와 더불어 살아가는 법 역시 놀이가 가르쳐준다고 생각한다. 놀이는 한계를 시험하는 것과, 우리 앞에 놓인 것만으로 어떻게든 해보는 것 모두를 받쳐준다. 그것은 안과 밖 사이의, 고정된 것과 가변적인 것 사이의, 자아와 타자 사이의 경계를 무너뜨린다. 그리고 아마도 놀이가 어린 시절에 끝나버린다면 복잡하고 끊임없이 변하는 어른의 세계, 빛 그리고 어둠의 세계, 춥고 또 더운 세계에서 살아남는 능력에 부정적인 영향을 주고 말 것이다.

허스트베트가 들려준, 그녀가 뉴욕병원에서 가르쳤던 한 소녀의 이야기를 종종 다시 생각한다.

'방치와 강간 경험이 있는 소녀를 맡았었어요. 그게, 이야기가 길어요. 그 아이는 정말 뻣뻣했어요. 비유를 이해하지 못했죠. 제가 미처 알지 못하는, 이런 경우에 대한 작업이 있긴 할 거예요. 하지만 이 뻣뻣함은 저에겐 놀이를 할 수 없다는 것과 연관이 있어 보였어요. 언젠가 그 아이가 줄넘기하는 법을 배운 적이 없다고 말하기도 했고요. 당연히 "꽤 재미있을 거야"라고 말했죠. 줄넘기 이야기를 했어요. 끝내 익히지는 못했죠. 그리고 끝내 수영하는 법도 익히지 못했어요. 하나의 결합체, 그러니까 그 아이의 몸-정신을 상상력이 전혀 없는, 뻣뻣하고 비유를 모르는, 결국 상처받은 존재로 만든 게 이런 일련의 방치였다고 생각해요. 아시다시피 열두살, 열

세 살 먹고 그걸 회복하는 건 무지하게 힘들죠.'[44]

　이 소녀는 극단적인 경우다. 이제는 그녀가 노는 법을 배웠을지 모르겠다. 그녀의 이야기는 제일 먼저 보살핌care의 중요성을 떠올리게 한다. 하지만 우리 자신과 서로에게 놀이의 기회를 제공하는 것이 얼마나 중요한지를 증명하고 있기도 하다. 어릴 때엔 우리 대부분에게 의문의 여지없이 그러한 기회가 허락된다. 어른으로서 우리는 물어야 한다. 왜 우리 자신에게는 놀이를 허용하면 안 되는가? 왜 전생애 동안 진정으로, 그리고 온전히 가능한 것으로 삼으면 안 되는가?

제3장

일

어떻게 스스로를 팔지 않고
일할 수 있는가?

보수적인 학계에서 살아남은 철학자
낸시 홈스트롬과 함께

낸시 홈스트롬

———◦—◦———

미국 러트거스대학교 철학과 명예교수이자 『뉴폴리틱스』*New Politics* 의 공동편집인. 그녀의 세대에서는 흔치 않은 철학과의 여성 교수로서 보수적인 학계 분위기에 맞서 성공적으로 자신의 경력을 쌓았다. 맑스 의 영향을 받은 사회주의 페미니스트이자 평생에 걸쳐 페미니즘 운동 에 힘쓴 활동가로서 많은 여성 철학자들에게 영감과 용기를 주었다. 자유, 소외, 이성, 인간/여성의 본성에 관한 핵심적인 정치철학 논문 들을 썼고 사회주의 페미니즘의 대표 저작인 『사회주의 페미니즘』*The Socialist Feminist Project*을 엮었다. 『자본주의 찬반: 페미니즘적 논의』 *Capitalism, For and Against: A Feminist Debate*의 공저자이기도 하다.

열세살이었을 때 해마다 열리는 마을축제의 노동자들이 놀이기구와 놀거리 밴을 설치하고 있는 동네 야외행사장으로 모험을 떠난 적이 있다. 보통은 먼지가 날리던 주차장이 여러날 이어진 비와 끊임없이 오간 육중한 차량들로 인해 한겨울 진창으로 변해 있었다. 더보쇼의 개막까지는 아직 며칠이 남아 있었지만 새로 온 사람들은 이미 그곳을 임시숙소촌으로 바꾸고 있었다. 한쪽 끝에는 거대한 기계식 놀이기구가 세워졌고 기술자들은 떠들썩하게 발전기를 만졌다. 점등식 간판은 본체에 연결하기 전인데도 요란스러웠다. 다른 쪽 끝에는 자그마한 놀거리 골목이 모습을 갖추고 있었다. 천막을 걷어올린 밴들은 곧 아이들이 색색의 공을 던져댈 여러줄의 어릿광대 머리들을 드러내고 있었다. 구식 공기소총을 줄지어 세워둔 사격장들에는 거대한 동물박제 모양을 한 화려한 색의 상품들이 고리에 걸려 있었다.

나는 제일 좋은 청바지와 티셔츠를 입고 움직이기 편한 신발을 신었다. 아르바이트 일자리를 찾아보겠다는 새로 세운 계획의 각오와 쑥스러움이 뒤섞인 기분을 하고 있었다. 이야기 속에서는 사람들이 집을 나와 서커스단에 들어가곤 한다는 걸 알고 있었다. 축제하는 사람들 밑에서 일하는 것에 흥미를 느낀 이유도 그런 일이 나에게도 가능할지 살펴보려는 목적 때문이 아니었을까 생각해본다. 시골 노동계급 마을에 사는 내 기준에서도 험한 말씨를 썼지만, 공연단원들에게는 거칠지는 몰라도 식지 않는 유쾌함이 있었다. 나는 그들에게서, 그들이 제대로, 적어도 자신들이 놓인 조건 하에서는 가능한 한 제대로 해내리라는 각오를 느꼈다.

처음에 말을 붙인 몇명은 고개를 저었지만 다른 가판대로, 또다른 가판대로 나를 안내해주었고 아주 오래지 않아 감자칩과 꼬치, 캔음료와 커다란 솜사탕 덩이를 파는 밴들 중 하나에서 일을 구할 수 있었다. 밴의 주인은 젊은 남매였다. 줄스와 스키니는 임시숙소촌 곳곳에 사촌과 이모, 친구가 있었다. 줄스는 이가 깨져 있었고 얼굴에는 작은 상처자국들이 있었지만 웃는 게 시원했다. 스키니는 단단함이라곤 모르는 것처럼 사지를 흐느적거리며 다녔다. 그는 삼류 불량배 같은 태도를 하고 있었고 나는 가능하면 어떻게든 그의 누나와 상대하자고 다짐했다.

이것이 나의 첫번째 공식적인 일자리였고, 불법이었다. 주법이 요구하는 14년 9개월령에 한참 못 미쳤다. 나이를 묻길래 한살을 올려 거짓말을 했다. 배정된 근무는 하루 열시간이었고 내가 일한 밴은 덥고 답답했다. 나흘간 비가 많이 내렸다. 우리와 마주한 골목 은 질척한 개울로 변했지만 여전히 사람들이 왔고 내가 주문을 받 고 잔돈을 내어주는 동안 스키니나 줄스는 뜨거운 음식을 다루었 다. 어느 오후, 인파가 잦아든 틈에 우리는 카운터에 기대어 수다를 떨었다. 스키니는 내게 초대형 핫도그를 누가 빨리 먹는지 시합하 자고 했다. 당시에 나는 채식주의자였다. 하지만 막대기에 꽂힌 다 진 고기 한덩이 먹기에 걸린 5달러는 내가 한시간 동안 버는 돈의 두배가 넘었다. 스키니의 유치한 또라이짓이 어째선지 내게 불을 붙이기도 했다. 스키니는 등을 맞대고 서야 한다고 했다. 커다란 핫 도그를 받아들자 고약한 냄새가 났지만 이미 하루 하고도 반나절 을 그 냄새를 맡으며 일한 참이었고 어느 정도 면역이 되었다는 느 낌이었다. 각자 돌아서서 셋을 센 뒤 나는 소시지를 물어뜯었다. 솔 직히 말하자면 거의 씹을 필요도 없을 만큼 부드럽고 기름졌다. 축 축한 옷 같은 맛이었다. 삼키고는 한입, 또 한입을 베어물었다. 다 해치웠을 땐 내가 더 빨랐다는 확신이 들었다. 잼싸게 돌아서니 스 키니가 그냥 가만히 서서 손목으로 기름이 뚝뚝 떨어지는 핫도그 를 들고 있었다. 손도 대지 않은 채.

'이 개새끼야!' 내가 말했다.

그는 우스워 죽을 지경인 것 같았다. 그는 분명 골초였다. 경련과

발작이 잦아들며 몸을 들썩이고 기침을 하더니 다시 음이 높고 반쯤 숨이 넘어간 듯한 웃음소리를 연달아냈다. 나는 따라서 웃을 수밖에 없었다, 적어도 조금은 말이다. 내 자존심이 거기에 달려 있었다.

'한시간 동안 그거 안 들고 있으면 5달러는 구경도 못할 줄 알어.' 그가 말했다.

나중에 줄스는 조금 더 동정심을 보였다.

'스키니한테 당했다며? 조심하는 게 좋을 거야, 걔 완전 재수없거든.'

그후로 대가족 전원이 나를 조금은 더 친근하게 대했던 걸 보면 그 장난질에 그럭저럭 잘 대처하기는 했던 모양이다. 하지만 끝내 스키니의 돈은 색깔조차 구경하지 못했다.

며칠이 지나고 더보쇼가 끝나 내 일도 끝났다. 작별인사를 하려니 조금 슬펐다. 축제하는 이들의 커다란 공연장이 즐거웠다. 놀거리 골목 밴들과 거기 몰려드는 사람들의 요란한 바보스러움에는 무언가가 있었다. 우리 모두가 일종의 꿈속에서, 남들보다 한발 앞서가는 게임이 단순하고 속이 다 시원하다싶을 만큼 솔직한 지하세계에서 살게 해주었다. 마지막 날이 끝나고 검노랑색 봉투에 든 돈을 받아 집을 향해 걸으며 줄스와 스키니와 그 가족들에 대해 생각했다. 약간은, 그들이 내게 다음 마을로 함께 가자고 말하지 않아서 서운했다.

일이라는 어른들의 세상으로 가서는 어린 시절로 되돌아오지 않고 싶어서, 먹고 살 길을 스스로 찾는다는 자부심을 한껏 즐기고 싶어서, 주머니 속에서 짤랑거리는 돈을 느끼며 그걸 내가 정정당당히 벌었고 언제 어디에 쓸지를 정하는 건 오롯이 내 일이라고 생각하고 싶어서 몸 한구석이 벌써 근질근질했다. 낯선 이들과 섞여지내며 그들에게서 존중이라고 할 수 있을 무언가를 약간은 얻어낸 것이 자랑스럽기도 했다. 유능하고 강단진 기분이었다. 신이 나서 일의 세계를 향한 다음 여정을 가만히 기다릴 수가 없었다.

솜사탕 장사를 처음이자 마지막으로 경험하고 서른해가 넘게 지났다. 이제 나는 일을 철학적으로 성찰하고 있다. 우리는 왜 일을 하는가. 그것은 우리에게 어떤 도움을 주는가. 그것을 위해 하지 않을 것은 무엇인가를. 그리고 열셋이라는 이른 나이에 맛본 것이 지금 와서는 더더욱 장밋빛으로, 딴세상 일로 보인다는 것을. 이후의 학생시절에 나는 공장 노동자, 바텐더, 웨이트리스, 서점 점원 등의 갖가지 시간제나 단기 일자리를 거쳐야 했다. 이윽고 나는 시간강사가, 나중에는 기술전문대학 교사가, 마지막으로는 대학강사가 되었고 이 장을 쓰는 동안까지 버티고 버티다 믿는 구석도 없이 사직했다. 성급한 결정이었을까, 오래 끌어온 일이었을까. 둘 다였다.

●

노동력이 상품이라는 생각, 즉 우리가 노동할 능력을 '소유'own하
고 있으며 따라서 그것을 '판매'sell하는 것도 우리 손에 달린 일이
라는 생각은 시장주도경제구조 속에서 태어난 이들에게는 자명해
보일 수 있다. 하지만 미국의 철학자 낸시 홈스트롬은 우리가 이
런 전제를 면밀히 살펴보아야 한다고 강력히 주장해왔다. 사실 그
녀는 노동력을 상품이라고 부르는 것 자체가 '본질적으로 법적 허
구'[1]라고 주장한다. 이게 무슨 뜻일까? 그녀는 근래에 낸 공저서
『자본주의 찬반: 페미니즘적 논의』(2011)에서 비록 자기 자신밖에
는 가진 것이 없다고 하더라도, 자유시장경제학에서는 누구나 무
언가를 소유하고 있다는 생각이 공통적으로 견지된다고 설명한
다.[2] 그렇다면 당신이 당신의 노동력을 소유하고 있다는 생각은 이
데올로기적 전제인 셈이다. 자본주의에 깔려 있는 두번째 전제는,
그녀의 주장에 따르면 노동에 기반한 합의가 두 '상품소유자'—
구매자와 판매자—사이의 자발적인 교환이라는 생각이다. 하지
만 노동력은 신체적, 정신적 에너지, 능력과 잠재력 등으로 구성되
기에 이 에너지와 잠재력이 속해 있는 노동자와 분리될 수 없다는
점에서 다른 상품들과는 다르다. '나의 노동/노동력이 가는 곳이
라면 어디든 나 또한 가야 한다'는 것, '그것에 일어나는 일은 무엇
이든 나에게 일어난다'는 것을 홈스트롬은 강조한다.[3] 노동과 관련

해 소유에 대한 전제들은 단순한 문제가 아니라는 것이 그녀의 요점이다. 자본주의 하에서 어떻게 하면 여성이 최상의 방식으로 일에 참여할 수 있을지의 문제를 면밀히 들여다보기 시작하면, 사람의 노동력을 누가 소유하고 있는가의 문제는 철학적으로도 정치적으로도 점점 더 복잡해진다.

●

내가 태어난 1970년에는 페미니즘에 거는 여성들의 희망이 드높았다. 내가 다닌 주립 남녀공학 고등학교의 교사진에는 좋은 교육을 받은, 열정적이고 박식한 여성들도 있었다. 다리 제모를 거부했고 우리들에게 동시대 페미니즘 미술의 최첨단—주디 시카고, 신디 셔먼, 트레이시 모팻—을 소개한 미술 교사가 있었다. 보수적인 차림새를 했고 절대 직접적으로 표명하지는 않았지만 조용히, 기말고사에 나올 소설들의 절반은 반드시 여성 작가가 쓴 것이고 그 중 많은 수가 호주인이도록 하는 영어 교사가 있었다. 우리 소녀들은 무엇이든 할 수 있다고, 당시에는 그렇게들 독려받았다. 우리는 X세대였고 대범함과 새로움의 감각을 안고 세상에 나왔다. 더이상 결혼과 사회생활 사이에서 선택할 필요가 없을 것이었다. 더이상 출산의 노예가 아닐 것이었다. 더이상 남자애가 전화할 때까지 집에서 기다리기만 할 필요는 없을 것이었다. 섹스와 피임 교육을 받았다. 수학이나 과학 같은 영역에 여성이 부재한다는 것에 대한 교육을 받았고 대세를 거스르라고 격려받았다. 진취성에 대한 교육을 받았다. 미술교사는 '자, 얘들아, 위험을 무릅쓰고 덤비는 거야!' 하고 말했다. 그래서 우리는 그녀를 좋아했다. 남자아이들은 그녀의 다리털을 보고는 '완전 레즈'Bloody lezzo라고 했다. 나는 '그래서?' 하고 쏘아붙였다. '그래서?'라고는 했지만 당시의 나는 종교의식처럼 때를 맞춰 다리털을 밀었고 그걸 꽤 자랑스러워했다. 하지만 여성해방을 향한, 그리고 그걸 둘러싼 열기에 사로잡혀 있었다. 어쩌면 정말로 무엇이든 할 수 있을 거야, 하고 생각했다. 그런데 언제, 어떻게, 무엇을?

어머니는 '원한다고 무조건 다 할 수 있는 건 아냐' 하고 비꼬았다.

나는 '할 수 있어'라며 열다섯의 허세를 부렸다.

'생각으론 할 수 있겠지, 그래도 정말로는 못해.'

'할 수 있어, 할 거야!' 대거리를 했다.

●

낸시 홈스트롬이 『자본주의 찬반: 페미니즘적 논의』에 실은 작업은 매혹적이다. 이 책의 중심 논제는 '자본주의는 여성에게 좋은 것이어 왔는가?'이다. 양자토론의 전통을 좇아 홈스트롬과 공저자 앤 E 커드는 각자 여성의 이익에 특별히 주목하며 이상으로서의 자본주의와 현존하는 체제로서의 자본주의를 모두 검토한다. 앞 순서로 글을 실은 커드는 자본주의가 여성들에게 좋은 것이었다고 주장한다. 그녀의 주장은, 자본주의가 교육이 더욱 널리 행해지게 했고 우리가 유급노동을 할 수 있게 도와주었으며 삶의 질을 높였다는 것이다. 체제의 일부 실패는 인정하면서, 커드는 자본주의의 한 이상적 형태 — 여성과 소수자 들이 정치체제 속에서 심각한 금융시장 과잉을 감시하고 그에 대응해 더 큰 대표성을 갖는 형태, 그녀가 명명하기로, 계몽된 자본주의 — 를 제시한다. 커드는 그런 이상이 페미니스트들이 지향할 수 있는 것이자 지향해야 하는 것이라고 주장한다.[4] 하지만 반대측인 낸시 홈스트롬의 글이 내가 보기에는 훨씬 더 설득력있는 논증이다. 홈스트롬은 지난 몇세기 동안 일부 여성들이 상당한 이득을 보았다고 인정하면서도 이는 체제로서의 자본주의보다는 산업화 덕분이라고 주장한다. 나아가 그 혜택은 철저하게 불균등했다. 자본주의는 대체로 여성에게 좋지 않다는 것이 그녀의 주장이다. 그녀는 '여성들은 세계의 빈곤인구 쪽에 치우쳐 있다'고 지적하는데, 우리는 우리의 출산 및 양육 역할로 인해 자본주의 체제로부터 해를 입은 쪽에 속해 있기도 하다. 나아가 페미니즘은 '자본주의 문화를 지배하는 쪽'과는 '매우 다른 가치와 해석'을 강조한다.[5] 홈스트롬의 글이 전개될수록 그 중심에 놓인 격정 또한 급진적으로 펼쳐진다. 이것은 소집령이다. 자본주의는 문화의 조직에 필수적이지 않으며 유일한 길도 아니라고 그녀는 주장한다. '모든 것에 가격표가 있고 아무것에도 가치가 없는 체제를 거부할 때가 되었다'는 뜨거운 결론을 내리며, 홈스트롬은 우리가 목숨을 내어놓고 자본주의를 받아들이고 있다고 경고한다.[6]

그런데 대안은 무엇인가? 홈스트롬의 주장은 나의 독서를 새로운 영토 — 정치철학이라는 복잡한 영역 — 로 이끌었다. 여기에서는 진정한 인간해방에 관한, 위계질서와 자립에 관한 질문과 더불어 체제들과 그 효과들에 관한 질문에 대해서도 물론 깊이 생각해야 한다. 검토해보아야 할 단순한 전제들 또한 있다. 빈곤의 원인이 무엇인가, 행복의 원천은 무엇인가 등등. 의미있고 유용하며 착취하지 않는 노동이란 어떤 것인가를 둘러싼 질문들이 정치철학의 중심에 있다.

●

더 나아가기 전에, 조금 뒤로 돌아가보고자한다. 그리고 여성들에게, 여성들과 일의 관계에 일어났던 나의 가족 내 세대 간 변화를 예로 들어 생각해보려 한다. 외할머니 도로시는 호주여성에게 투표권이 부여되기 딱 한해 전이었던 1901년에 태어났다. 그녀는 제1차 세계대전의 그늘에서 성장해 학업을 마친 후 속기사 사무실에 보조로 취업했고 십이년간 그 일을 했다. 도로시는 남들이 다 알만큼 철자법에 능했고 이제 막 읽기, 쓰기를 배우던 어머니에게 넌

지콤피타(Nunjikonpita, 남호주의 작은 시골 마을 이름) 같은 단어를 받아쓰게 하곤 했다. 할머니는 서른두살까지 자신의 어머니와 함께 살다가 제1차 세계대전 참전군인 출신 회사원이었던 할아버지와 결혼했다. 그들은 애들레이드 힐스로 이사해 살았고 십년간 아이 넷을 얻었다. 도로시는 가사노동을 홀로 도맡았고 넷째를 낳은 직후였던 제2차 세계대전의 불황기를 집안일로 눈코 뜰 새 없이 보냈다. 그녀는 장작화로로 요리하고 물을 끓였으며 손으로 빨래를 하고 일종의 아이스박스를 냉장고로 썼다. 집 밖에서는 지역 봉사활동 ─ 적십자, 모자협회, 성공회 어머니연합, 애들레이드 어린이병원 봉사자모임 ─ 에 공을 들였다. 그녀는 종종 그런 모임들의 총무이거나 회계담당자이거나 대표였다. 도로시는 운전은 한번도 안 해봤고 80대까지도 테니스와 카드놀이를 즐긴, 사교적이고 정력적인 여성이었다. 그녀가 적어도 겉으로는 당대의 모범적인 ─ 다산하는, 믿음직한, 근면한, 그리고 공동체를 위하는 ─ 여성시민상이었음을 이제는 안다. 할머니의 시대에는 가정과 가사가 국가적 기획이었다.

도로시의 막내, 내 어머니 젠은 18세였던 1956년에 고등학교를 마쳤고 애들레이드 어린이병원에서 간호사 훈련을 받았다. 그녀가 훈련을 받던 시기에는 간호사 노조의 존재감이 크지 않았다. 젠은 주 6일을 일했으며 간호사 숙소에서 살았는데 매일 밤 열시면 수간호사가 문을 걸어잠그는 곳이었다. 그녀는 기독교 교회의 윤리와 위계질서가 삶을 쥐고 흔들던 시절을 떠올린다. 근무시간을 빼면 사회생활을 위한 시간은 거의 없었다. 추가로 조산사 훈련을 받은 후 그녀는 다른 주로 이사했고 뉴사우스웨일스에서는 간호사 노조가 더 강력함을 알게 되었다. 1960년대 시드니의 간호사 임금과 노동조건은 남호주에 비해 훨씬 나았고 뉴사우스웨일스 해안 중부의 시골병원에서 일자리를 구한 젠은 더이상 밤에도 구치소로 변하지 않는 간호사 숙소를 만났다. 어머니는 내게 이것이 모든 것을 바꾸어놓았다면서 종종 늦게까지, 때로는 밤새 숙소에 들어가지 않았다고 신나 하며 말했다. 그즈음 그녀는 아버지를 만나 결혼했고 그와의 사이에 아이 셋을 갖는다. 부모가 된 후엔 물론 일의 선택지가 심하게 제한되었다. 당시 뉴사우스웨일스의 시골에서 공공보육 서비스는 널리 제공되지 않았을뿐더러 장려되지도 않았다. 따라서 젠은 대개 임시직이거나 단기직인 시간제 일들을 했다. 게다가 아버지는 공무원으로 일하며 자주 전근을 신청했기 때문에 어머니는 무슨 일을 하고 있었든간에 가족이 다음 동네로 이사를 갈 때마다 기존의 지역 일자리에서 사직하곤 했다.

내가 고등학교에 다닐 때까지도 젠은 지역보육센터 관리자로서 간호사 자격증을 활용했다. 그때그때 예약을 받는 수시보육센터이자 지역군인회의 보조금에 많이 기대고 있는 불안정한 기관이었다. 아버지의 직장에는 한번도 들어가보지 않았던 것과 달리 어머니의 직장엔 자주 찾아갔던 기억이 난다. 0세부터 6세까지 모두 받는 시끄럽고 혼란스러운 곳이었다. 가운데 방에는 그림 그리는 아이들과 노는 아이들, 갖가지로 소리를 지르거나 웃거나 비명을 지르거나 점심밥을 손으로 주물러 으깨거나 더 달라고 보채는 아이들이 있었다. 시간 맞춰 아이들을 데려다주거나 데리고 가려는 부모들이 종일 오갔다. 건물 한쪽 끝에는 침대들이 놓인 방이 있어 언제나 작은 아이들 몇명은 거기서 자고 있었는데 마치 기적처럼 큰 방의 소음과 혼돈이 그 방은 뚫고 들어오지 못했다. 어머니의 다양한 동료들은 내가 만나본 가장 따뜻하고 유능한 여성들에 속한다. 그중 하나는 유달리 키가 크고 말랐다. 다른 한명은 왜소증을 앓았다. 또 한명은 말을 멈추는 일이 없어 보였다, 들숨을 쉴 때조차 말이다. 그들 하나하나는 방에 있는 모든 아이의 이름과 좋아하는 것, 특별히 불안해하는 것 혹은 수법을 다 아는 것 같아 보였다. 심지어 오분 전에 처음 나타난 아이라도 그랬다. 걸음마쟁이와 미취학아동 들의 소음과 정신없는 신체활동 틈바구니에서 직원들은 일사불란한 팀을 이루어 힘들일 일도 아니라는 듯이 그 방을 온전히 통제했다. 그 어떤 사고나 투정도 그들을 당황케 할 수 없었다. 십대였던 나는 작은 아이들에게는 눈곱만큼도 관심이 없었다. 그들을 거의 언제나 시끄럽고 지저분하고 비합리적이고 때로는 완전히 이질적인 존재라고 여겼다. 어머니의 일을 따르고 싶은 욕망은 전혀 없었다. 하지만 그때도 어머니의 일터에는 흔치 않은 종류의 아름다움이 있어 보였다. 나는 소우주 —— 혼돈 앞에서 끊임없이 제 모습을 바꾸는, 하지만 어떻게든 단호한 자신감을 언제나 유지하는 공동체 — 로서의 그곳을 존경했다.

나는 어머니의 막내인데, 내가 대학에 다니기 시작할 때쯤에 그녀의 유능한 동료들은 모두 일을 잃었다. 수시보육센터는 소방안전기준을 충족하지 못해 폐쇄되었고 당시에 그 마을에는 새로 장비를 갖추거나 시설을 적절히 개축하는 데에 필요한 돈을 댈 수 있는 사람이 없었다. 그곳을 중요하게 여기던 지역 여성들이 대책마련을 위해 힘을 모았으나 허사였다. 1990년대 초 56세의 나이로 어머니는 실직했고 구직에 몇년을 투자했지만 또다시 간간이 임시로 하는 보모 일 외에는 찾을 수 없었다. 그녀는 일찍 은퇴했다.

●

'불안정성'precarity은 뉴욕 첼시로 낸시 홈스트롬을 찾아가 나눈 대화에서 가장 기억에 남는 단어다. 불안정성과 사촌지간인 단어 precarious(〔'불안정한' '위태로운' 등의 뜻을 가짐〕는 라틴어의 precārios에서 유래했는데, 원래는 '간청하거나 기도하여 얻은'이라는 뜻이다.[7] 처음에 영어에서는 '간청하여 얻은'의 초점이 약간 바뀌어 '타인의 호의로 갖게 된'이라는 뜻의 법률용어로 쓰였다. 이것이 호의는 철회될 수 있다는 생각을 끌어들였기에 형용사 '불안정한'은 '우연이나 변덕에 달린'이라는 뜻으로 쓰이다가 18세기에는 '위험한'이라는 뜻으로 사용되었다.[8] 슬프게도, '불안정한'은 여성과 노동에 대해 지금 필요한 모든 해설에서 여전히 중요한 용어다.

노동이라는 주제에서 홈스트롬이 검토하는 핵심 질문들 중 하나는 '개인들은 자기 자신을 소유하고 있는가. 그리고 그것은 정확히 어떤 의미인가?'이다.[9] 이것은 자본주의 아래에서 노동자가 갖는 취약성의 핵심에 다가가는 질문이자 나로서는 특히 흥미로운 질문이다. 일에 대한 홈스트롬의 관심은 대학원생 시절 처음으로 그녀의 관심을 끌었던 철학의 한 영역인 정신/몸mind/body 문제를 둘러싼 논의들에 상당히 기초하고 있다. 정신과 몸의 관계에 대한 질문은 철학을 사로잡아온 핵심적인 질문이며, 과학의 새로운 진보들은 종종 답보다는 더 많은 질문거리를 준다. 몸은 어디서 끝나고 정신은 어디서 시작하는가? 혹은 그 반대는? 이것은 굉장히 철학적인 질문이지만 또한 정치적인 질문이기도 하다.

이런 문제들을 정치학으로 가져가면 홈스트롬의 핵심 문제 중 하나는 '나의 노동이나 노동력이 곧 내가 아니라면 나는 누구인가?'가 된다. 노동력, 노동할 능력labour power은 각 사람person의 떼려야 뗄 수 없는 일부이지만 그 사람과 동일하지는 않다.* 노동력을 인격person과 분리해 취급할 수 있다는 생각은 단지 개념적인 연습이 아니다. 이런 생각은 존재the being와 몸the body의 존재론적인 분리

---

* 이곳의 논의에서 '사람'과 '인격'은 영어의 person이라는 같은 단어이며, '인격'은 사람의 됨됨이가 아니라 사람임 자체, 혹은 '사람을 사람이게 하는 성격'을 뜻한다.

를 수반하는데, 이는 그것이 존재의 본성 문제, 즉 노동자란 대체 누구인가 하는 문제로 이어진다는 뜻이다. 인격과 분리된 것으로서 노동력이라는 개념은 몸/정신을 가치절하하거나 말 그대로 비인격화한다. 그리하여 자본 없는 노동자, 즉 생계로 삼고 판매할 수 있는 것이라고는 오직 자신의 노동밖에 없는 이들에게는 철학적이자 체제에 대한 수많은 문제들을 가져온다.

『자본주의 찬반: 페미니즘적 논의』에서의 홈스트롬의 주장들을 더 면밀히 살피기 전에, 이 책에서 홈스트롬의 대결 상대가 전개하는 논지를 좀더 자세히 보기로 하자. 앤 E 커드는 자본주의가 여성에게 좋은 영향력을 행사해왔다고 할 수 있는 데까지 논증한다. 그녀는 '맑스는 자본주의를, 생산수단의 사적 소유가 그 핵심이자 결정적 특징인 경제체제를 뜻하는 말로 썼다'고 말한 뒤 맑스의 자본주의 정의를 조작적 정의이자 규범적 이상으로 다룰 때 발생하는 여러 문제를 개관한다. 그녀의 견해에 따르면 첫번째 문제는 맑스가 현실에 존재한 적이 없는 체제를 기술했다는 점이다. 현실에서는 정도차는 있더라도, 모든 소위 자본주의 국가에서 생산능력에 대한 세금 부과, 규제, 노골적인 공적 소유가 사적 소유를 제한하거나 그에 개입하고 있다는 것이 그녀의 주장이다. 물론 대학들은 이런 종류의 정부 개입의 예시다. 호주에서 대학은 대체로 국가 소유의 직장이다. 이에 더해 커드는 맑스가 끊임없이 언급하는 '계급 간의 첨예한 구분', 즉 자본 소유자와 나머지 사람들 사이의 구분은 '더이상 유효하지 않다'고 단정한다.[10] 나는 이 점에 동의할 수 없다. 작가이자 경제학자인 토마 피케티 역시 그럴 것이다. 그는 커드와 홈스트롬의 책보다 삼년 뒤에 출간된 베스트셀러 『21세기 자본』(2014)에서 지난 오십년간 자본을 소유하거나 통제하는 이들과 그렇지 않은 이들 사이의 구분선을 대강의 경계로 하여 소득불평등이 놀라우리만치 급격하게 심화되었음을 증명하는 통계를 제시한다.[11] 예를 들어 피케티는 1977년에서 2007년까지 삼십년 동안 미국 국민소득 성장분의 60퍼센트가 상위 1퍼센트 고소득자에게 갔다고 말한다.[12] 그런 상황을 설명하는 데에 '계급'class이라는 말을 사용하는 것이 더이상 그리 일반적이지는 않지만, 맑스가 고심했던 법칙이 여전히 굳게 자리를 지키고 있다는 점은 분명해 보인다. 소수만이 유의미한 자본 ─ '유의미하다'는 것은 생계를 제공하기에 충분한 것을 뜻한다 ─ 을 소유한다. 대부분은 소유하고 있지 않다. 커드에 의하면 여성은 모든 사회에서 여전히 남성에게 지배당하고 있지만, 전체적으로 보자면 특히 서구 민주주의 사회에서 지난 두세기 동안 여성들과 소녀들의 삶에서 벌어진 크나큰 긍정적 변화들 ─ 널리 확산된 문해력, 노동하고 투표할 권리, 자유로이 결혼할 권리 등과 같은 ─ 은 '아이디어들을 기술에서 마케팅으로, 도덕성에서 정치로 길러내는 배양기'로 작동하는 자본주의의 역량에 따른 성과이다.[13] 하지만 이렇게 연관짓는 것은, 감히 말하건대, 위험하고 근거가 빈약하다. 연관성이 반드시 인과성을 의미하지는 않으며, 이러한 발전을 자본주의의 공으로 돌리는 커드의 주장은 주의해서 논의할 필요가 있다.

이러한 논의에 대한 커드와 홈스트롬, 두 사람의 접근에서 가장 중요한 차이들 중 하나는 자본주의의 네가지 결정적 조건 ― '자본의 사적 소유, 탈중앙집권적인 공개시장, 자유임금노동이라는 조건들, 그리고 비차별의무라는 제약 ― 에 관한 몇몇 핵심 용어를 이해하는 방식이 서로 대조적이라는 점이다. 커드와 같은 자본주의 옹호론자들은 우리 모두가 최소한 무언가 ― 즉 우리 자신 ― 를 소유하고 있다고 주장하며 이러한 자기소유를 자유의 토대로 여긴다. 이와는 대조적으로 홈스트롬은 합당한 정도의 회의적 태도를 취하며 '소유'ownership와 '자유'freedom라는 말들을 파고든다.

●

더보쇼에서의 일이 끝나고 얼마되지 않아 맥도널드와 KFC에서 한두번 끔찍한 근무표에 오른 후에 한 지역 슈퍼마켓에서 십대 시절 꿈의 일자리를 찾았다. 그곳에서 목요일 밤과 토요일 오전에 '계산대 아가씨' ― 내가 아는 한 달리 주어진 이름은 없었다 ― 로 일했는데 처음에는 열악한 길거리 음식점에서 일하는 것에 비해 이렇게나 훨씬 나을 수 있다는 사실을 믿을 수가 없었다. 단골들을 꽤 잘 알게 되었고 카트에 담아온 물건들을 보며 그들 각자의 생활사를 상상하고 몽상하는 것이 즐거웠다. 목요일 밤마다 문 닫기 십분 전에 와서는 강아지 먹이와 즉석면, 병으로 된 코카콜라로 카트를 채우는 사람이 있었다. 나는 엄청난 양의 생 파슬리를 먹으며 아이들을 먹일 토스트에 맥아를 뿌려주는 건강광의 딸이었다. 미스터 목요일 밤의 장바구니는 내 흥미를 끌었다.

한번은 '개가 엄청 많으신가봐요!' 하고 말을 걸었는데 돌아온 것은 그저 쿵쿵대는 소리뿐이었다.

미스터 목요일 밤은 내게 서비스 산업의 여성 노동자로서 내 몸의 역할에 관한 가르침을 주었고 나는 그 교훈을 잊어본 적이 없다. 그는 상당한 체중문제가 있었다. 걸음을 내딛고 숨을 쉴 때마다 각고의 노력이 들었다. 그를 응대하는 데엔 시간이 걸렸다. 계산대 앞에 서면 미스터 목요일 밤은 물건들을 처리하는 동안 나를 위아래로 훑었고 내가 우리 둘 사이의 거리를 예민하게 신경쓰게 될 때까지 계속해서 내 다리와 가슴을 쳐다봤다. 나는 열다섯이었다. 그는 언제나 똑같은 킹지 반바지와 파란색의 본즈 러닝셔츠를 입고 있었다. 나는 규정에 따라 유니폼——깃이 있는 흰색 블라우스와 짧은 검정색 치마——을 입었다. 카운터라 할 만한 것 없이 그냥 작은 선반만 있었다. 봉투에 담은 물건은 앞에 있는 카트에 넣었다. 그러므로 우리는 직접 서로를 마주하고 섰다. 그의 입은 기분 나쁘게 벌어져 있었다.

그는 '고맙다, 애야' 하고 말하곤 했다. 아니면 '고마워, 자기'.

미스터 목요일 밤 덕에 남성적 시선의 배후에 있는 노골적인 위협을 알게 되었다. 나를 향한 미스터 목요일 밤의 눈은 너는 나의 만족을 위해 여기 있는 거야라고 말했다. 일자리를 지키고 싶으면 그가 내민 손에 딱 맞는 잔돈을 공손하게 올려주고 좋은 밤 보내시라는 인사를 하며 내 말투를 신경 쓰는 것 외엔 도리가 없어 보였다.

이제는 상당히 숙고해본 무언가를 당시에 온전히 이해하지는 못했다. 직장을 포함해 공적인 장소에서 여성의 몸은 상대적인 표준으로 여겨지는 남성의 몸과는 달리 문제적이라는 것을 말이다. 여성으로 태어난 우리에게는, 우리가 자신의 노동을 판매할 때 달고 가는 특정한 자산목록이 이 교환의 성격 자체를 복잡하게 만든다.

●

낸시 홈스트롬의 사유는 자기소유의 문제를 통해 우리 여성들을 이 복잡한 엉킴의 중심부로 데려간다.[14] 실질적인 대안이 있다면, 다시 말해 다른 방식으로도 먹고 살 수 있다면 극소수의 사람들만이 자신의 노동력을 판매할 것이다. '하지만 먹고 살 수단들의 소유 및 통제 구조가 그들을 자유롭지 못하게 만든다 (…) 출구가 없다.'[15] 이렇게 말하는 홈스트롬의 주장은, 유의미한 자본수단이 없는 우리가 인간이라는 것이 의미하는 바로부터 우리를 소외하는 형태의 일을 하도록 강요받는다고 강조하는 맑스의 소외이론theory of alienation에 기대고 있다. 노동의무를 통해 노동자들은 그녀 자신의 삶을 지휘할 능력의 상당 부분을 잃어버린다. 우리 최상의 에너지와 수고는 오히려 다른 데로 돌려진다. 맑스는 소외된 노동alienated labour을 강요되고 비자발적인 것으로 묘사하는데, 여기에는 그럴 만한 이유가 있다. 직장은 그 소유자의 것이며 노동자들은 자신의 노동으로써 그 소유자들에게 힘을 ── 자신들에게 가해지는 힘을 ── 더해준다. 달리 말하자면 자본주의란 생산뿐만이 아니라 재생산 역시 포괄하는 폭넓은 체제이기 때문에 노동자들은 자본과 자신들 사이의 관계를 재생산한다. 즉 그들은 노동자로서 참여하면서 자기 자신의 소외를 만들어낸다.

홈스트롬은 노동이 소외되어도 삶의 다른 측면들까지 소외되지는 않을 수도 있지만 ── 예컨대 취미를 통해, 창작을 통해, 중요한 가족이나 친구 사이, 사회적 연결망의 유지를 통해 ── 그렇게 하기 위한 우리의 역량은 소외된 노동의 경험으로 인해 약화되고 줄어든다고 주장한다. 그녀가 말하기로 '더 중요한' 문제는 소외된 노동이 '일하는 사람들 스스로가 원하는 방식의 삶을 결정하고 수행할 수 있는 폭을, 이 독특한 인간적 능력을 축소한다'는 점이다. 맑스에 따르면 인간 본성에는 두가지 요소가 있으니 바로 자유freedom와 의식consciousness이다. '소외된 노동은 둘 중 어느 것도 충족하지 못한다'고 홈스트롬은 말한다.[16]

여성의 자기소유라는 문제는, 몇가지만 말해보자면 섹슈얼리티,

낙태, 아동의 권리 등에 대한 고도로 논쟁적인 신념들, 의견들, 추측들을 휘감고 있다. 질문거리는 넘쳐난다. 우리는 몸을 섹스를 위해 빌려주거나 대리모로 고용할 수 있어야 하는가? 성산업을 위한 인간 밀수가 만연한 가난한 나라들에서는 이런 질문으로 바뀔 것이다. 힘 있는 자들이 우리를 팔아치우는 것을 어떻게 멈추게 할까?

특히 성노동자들sex workers에 초점을 둔 한 논문에서 홈스트롬은 여성의 자유와 선택을 둘러싼 질문들을 조금 더 깊이 파고든다. '매춘부는 무엇을 판매하는 것인가?'[17] 스스로 던진 질문에 답하며 그녀는 오늘날의 일, 특히 여성에 의해 수행되는 일이 노동자가 일정 수준의 감정적 '서비스'를 드러내거나 보여줄 것을 요구하는 감정노동emotional labour과 얼마나 많이 결부되어 있는지 밝힌 사회학자 앨리 혹실드의 중요한 작업을 끌어온다.[18] 미스터 목요일 밤을 응대했던 나의 십대 시절 경험은 빙산의 일각일 뿐이다. 간호사와 보육노동자로서 내 어머니의 일, 내 할머니가 수십년간 고된 집안일과 지역 봉사활동을 통해 수행한 국민된 노동nationhood labour 또한 떠올리게 된다. 홈스트롬의 사유가 분명히 보여주듯 여성들에게 자유란 영원히 논란 속에 있는 개념이다. 성노동 논의에서 그녀는 모든 여성의 몸이 자본주의와 가부장제를 통해 대상화되고 상품화되는 방식을 생각해보라고 요구하지만 결코 행위와 선택이 단순히 자유롭거나 부자유스럽지 않다는 점도 강조한다. 오히려 '자유란 언제나 상대적인 것, 연속체 위에 있는 것, 맥락적인 것'이다. 하나의 행위나 선택은 다른 것들보다 더 자유로울 수 있다. 그것은 '선택지의 부족으로 인해 심각하게 자유롭지 못한' 것인 동시에 행위성과 힘의 표현일 수 있다. 성노동이라는 특정한 경우에 '성적 서비스가 그것을 제공하는 몸의 판매(나 대여)와 분리될 수 없다'는 것은 분명하다.[19] 나아가 홈스트롬이 주장하기로, '[감정과 몸을] 끊어내려는 엄청난 수고를 들여야만 섹스가 순전히 육체적인 것이될 수 있다.' 지위가 낮고 위험하며 육체적으로 고되지만 평화로운일자리들이 그런 효과를 남기는 일은 흔히 않은 데 반해 성노동자들, 특히 길거리의 성노동자들은 종종 외상후 스트레스 장애에 시달린다는 사실이 이를 분명히 말해준다는 것이다. 그녀가 쓰기로'몸이란 우리가 쾌락과 고통을 경험하는 곳이다. 실제로 그것은 감정의 본래적 장소이다.' 이러한 이유로 성노동을 소외의 궁극적인형태로 읽을 수 있다. 사실 홈스트롬은 이것을 일종의 한계 사례이자 자신의 핵심적인 철학적 논증 중 하나를 다시금 충분히 강조할수 있게 해주는 사례로 제시한다.

사람이 자기 자신을 팔아치우지 않으면서도 제 자아의 일부를판매할 수 있으며, 그렇게 하는 것이 지배보다는 자유의 실천이라는, 자본주의 이데올로기의 심장부에 있는 허구는 사람들이 다른 가치를 지키기 위해 저항하지 않는 사이에 모든 것의 상품화로 이어졌다. 이는 우리 삶의 가장 내밀한 영역들을 침범한다.[20]

홈스트롬의 글쓰기 전반을 가로지르는 주장은, 소외에 대한 맑스의 작업을 새로이 보아야 할 절박한 필요가 있으며 이는 정확히 자본주의가 이제 모든 것을 '기계 부속품'으로 바꾸어버린 방식 때문이라는 것이다. 홈스트롬에게 노동력이란 법적 허구로 남는다. 이 개념이 전체로서의 인격에서 노동할 수 있는 능력을 분리해버리고 이를 사물 취급하며 사람이 사고 팔 수 있다고 말하기 때문이다. 물론 실제로 우리는 그저 우리의 노동력일 뿐이지 않다. 하지만 자본주의적 장치는 많은 경우 우리가 그 이상의 실질적이고 의지적으로 능동적인 다른 많은 것이 되기를 점점 더 어렵게 만든다. 더욱이 자본주의의 놀라운 성장은 한계를 모르는 듯 보인다. '그것은 모든 것에 파고든다 (…) 우리의 몸, 공기, 물을 비롯한 자연의 모든 측면, 모든 것에.' 그러므로 많은 경우 우리가 우리 자신의 자유의 구체적인 형태들 —이를테면 스펙트럼 위에서 우리의 위치 —을 식별하기, 반대로 우리가 소외의 과정 속에 놓인 우리 자신의 구체적 역할에 맞서기란 점점 더 어려워진다.

●

2015년에 낸시 홈스트롬을 만나 일의 철학에 대해 이야기하면서 이 주제에 대한 그녀의 관심이 어린 시절로, 그리고 미국의 학자

헬 드레이퍼의 영향을 받아 처음으로 사회주의를 독해했던 시기로 거슬러올라감을 알게 되었다.

'제 아버지는 스웨덴에서 온 이민자 가족 출신이었어요'라며 홈스트롬은 이야기를 시작했다. '그의 아버지가 돌아가셨을 때 그는 두살이었죠. 그의 어머니는 하녀로 일해야 했어요. 아버지는 8학년 때 학교를 그만뒀어요. 누구나 가능하면 빨리 학교를 그만뒀으니까요. 노조 조직가이자 사회주의자였고 여러가지 일을 했는데 어느 모로 보나 그의 지적 능력에 차지 않는 일들이었고 경제적으로도 늘 굉장히 불안정했죠. 사무실이나 가게에서도 일했고 웨이터로도 일했어요.'

'어느 시기에 일하셨던 거죠?' 하고 물었다.

'음, 1912년에 태어나서 70년대 초에 돌아가셨어요. 쉰아홉이었으니 꽤 젊었죠. 그러니까 40년대, 50년대, 60년대 이야기네요. 마지막 직업은 어느 근사한 빌딩의 엘리베이터 기사였어요. 노조 조합원이었지만 당시엔 엉망인 노조였죠. 아무튼 불안정성 ― 선진국들에서 흔하다보니 지금에 와서 더 흔히 쓰는 말이긴 하지만 ― 이나 그에 따른 심리적 영향, 그러니까 자신감이나 자존감, 만족감의 부족, 이런 게 저에게 굉장히 강한 인상을 남겼어요.'

'맑스를 처음 읽으신 건 언제였는데요?'

'대학원생 때였던 것 같아요. 마침 그의 초기 저작들이 번역됐는데 굉장히 설득력있고 아주 인문주의적이었죠. 거기에 끌려서 더 어려운 것들, 후기 작업인 『자본』(1867)이나 그런 것들에 도전하게 됐고요.

그런데 감사하게도 일찌감치 읽었던 중요한 글이 하나있어요. 핼 드레이퍼의 「사회주의의 두가지 정신」(1966)이라는 글이에요.[21] 그는 40년대에 정치적 행동주의자였어요. 사회주의 역사의 숨은 경향이랄까요. 우선 소비에트 연방을 지지했던 사람들이 있죠, 저는 스탈린주의자들이라고 부르는데 그 사람들은 그게 사회주의라고 생각했어요. 마오주의자들, 트로츠키주의자들도 있었고. 거기에서 좀더 자유로운 사람들도 있었는데 그렇다고 사회민주주의자들이었던 건 아니에요. 반자본주의자들이었죠. 러시아나 중국은 사회주의 사회가 아니라고 믿었으니 혁명적 사회주의자들은 아니었지만, 민주주의를 믿는 반자본주의 사회주의자들이었던 거예요. 드레이퍼가 그런 경향에 속했는데 제3캠프 사회주의자들이라고 불렀죠. 그는 UC버클리에서 사서로 일하며 먹고 살았어요. 학자스럽고 깐깐하게 파고드는 타입이라 맑스주의 혁명론에 관한 두꺼운 책은 두어권 쓰고 말았지만 주제시평은 많이 썼죠. 그중 하나가 「사회주의의 두가지 정신」이에요. 이 글에서 그는 위로부터의 사회주의와 아래로부터의 사회주의라는 두가지 정신을 설명해요. 위로부터의 사회주의로는 소비에트 스타일이나 게릴라 군대가 있어요. 위로부터의 사회주의의 변종은 다양하지만 기본적으로는 공산주의적이거나 사회민주주의적인 것으로 보였을 거예요. 그는 사회민주주의도 그런 형태로 분류했는데, 그게, 그 사람들은 인민에게 좋은 것을 가져다줄 사회민주주의자 유형에 표를 주려고 했거든요. 그걸 위로부터의 사회주의의 일종으로 본 거죠. 서로 매우 다르지만 — 정말 달라요 — 여전히 위로부터의 사회주의라는 거예요. 그리고 다른 한편으로 아래로부터의 사회주의는, 아시겠지만, 혁명 후 초기의 러시아, 헝가리, 파리 코뮌 같이 노동자 평의회에서 스스로의 운명을 통제하려고 애썼던 노동인민대중이었어요. 오래 이어질 승리는 결국 이루지 못했지만, 모델인 거죠. 그리고 그는 맑스를 이 범주에 넣었어요.

저에겐 그게 엄청나게 설득력이 있었어요. 그리고 그걸 읽은 건 대학생 때였어요. 그러니까 읽어보기도 전부터 맑스를 그렇게 보는 성향을 갖고 있었던 거죠. 그리곤 물론 증거를 찾았는데, 그게 제가 맑스에게서 찾은 거예요. 드레이퍼를 읽어둔 게 행운이었죠.

페미니즘이나 반인종주의에서는 맑스나 맑스주의자들이 너무 성중립적이라고, 그저 노동계급 이야기만 한다는 많은 비판이 있었어요. 노동인구에 속하는 여성이나, 노동자가 아니며 가정에 속해 있지만 다른 방식으로 착취당하고 있는 여성들은 간과한다는 거지요. 여기에 굉장히 공감하긴 했지만 맑스에 대한 적절한 비판이라고 생각하진 않았어요. 그는 자본주의적 생산양식을 분석한 거니까요. 이에 대해 글을 한편 썼어요. 여성의 가사노동을 어떻게 이해해야 할 것인가에 대해 맑스주의 페미니스트들 사이에서 논쟁이 있었죠. 맑스주의의 착취 개념 그대로, 임금노동자들이 착취당하는 방식과 동일하게 여성이 착취당하고 있다고 이해해야 할까? 아니면 여성이 가족 내의 남성에 의해 착취되고 있다고 이해해야 할까? 이런 논쟁이 있었고 그에 대한 논문 한편을 썼죠.

맑스가 생산적productive이라고 말할 때 일반적인 의미에서 생산적인 것, 예를 들면 내가 자신을 위해서나 남을 위해서 식사를 생산하는 경우와 같은 뜻이 있어요. 하지만 자본주의 용어로 생산적이라 함은 잉여가치를 생산하는 걸 말하죠. 맞아요, 이런 의미에서 가정주부는 생산적이지 않은데, 그렇다고 해서 이게 많은 페미니스트들이 비난한 대로 성차별주의적인 게 되지는 않아요. 국가에 고용된 사람들도 잉여가치를 생산하지는 않거든요. "생산적"이라는 말에 넓은 의미도 있고 좁은 의미도 있는 거죠.

맑스에 대한 초기의 페미니즘적 비판은 부정확했다는 느낌이 있어요. 하지만 사회주의자들—스스로를 맑스주의자라고 부르든 그렇지 않든 간에—이 좀더 폭넓은 범위의 노동과 다양한 억압들에 주목해야 한다고 했던 그들의 요구는 옳았다고 생각해요. 노동자들은 인종, 젠더, 국적이 서로 다르잖아요. 이를테면 생산현장에서의 착취에 대해서만 이야기하는 노동자 계급투쟁은 너무 좁은 개념이에요. 저는 여성 노동자들은 이런 실수를 덜 한다고 생각해요. 그들은 보육이 필요하단 걸 알거든요. 건강보험이 필요하단 걸 알죠. 더 좋은 학교가 필요하단 걸 알고요. 그러니까 노동투쟁과 페미니즘의 통합, 그게 굉장히 중요하다고 봐요. 저는 이걸 사회주의 페미니즘이라고 부를 수 있다고 생각해요. 그리고 미국 같은 곳에서는 항상 인종을 계산에 넣어야 하죠.

맑스주의에 대한 제 생각은 페미니즘이나 인종을 고민하는 작가들의 글을 통해 확장되었다고 말할 수 있을 것 같아요. 처음 맑스의 작업을 접했을 때에 비해 그런 주제들을 맑스주의에 더 많이 통합해낼 수 있었어요. 맑스주의를 수정한 것이라고 하든 아니면 원래 거기 있던 걸 끄집어냈다고 하든 그건 상관없어요. 그런 건 해석의 문제죠.'

'맑스의 생각들이 이전에 비해 지금 더 중요하다고 생각하세요?'

'그렇다고 봐요, 생태학적 위기 때문에요. 그래요. 지구상의 모든 곳을 향해, 자연의 모든 측면을 향해 확장해 나아가는 체제로서의 자본주의 분석 말이에요. 멈출 수가 없어요. 『공산당 선언』(1848)에 그런 구절이 있을 거예요. "그것은 모든 곳의 모든 모퉁이에까지 다다른다".'

●

스물일곱살. 석사학위를 받고 몇년이 지난 후 나는 서호주에서 가장 큰 대학들 중 한곳에서 무기계약 교직을 제안받았다. 세계기준으로는 젊은 대학이었던 그곳은 응용과학, 특히 공학에 기울어져 있었다. 하지만 그런 대학들이 주로 그렇듯 1987년에 호주 고등교육을 바꾼 도킨스 개혁 때 기술연구소에서 대학으로 전환되었으며 이는 호평받고 있는 문예창작 프로그램을 비롯한 예술창작 프로그램의 조기 설립으로 이어졌다. 초기에는 기술자들과 컴퓨터과학 전공 학생들에게 에세이와 보고서 쓰기를 가르쳤다. 그들 중 많은 수는 언어와 문학에 이보다 더 무관심할 수가 없었다. 학부생들에게 소설을 강의할 수 있는 자리가 났을 때엔 흥겨워하며 일을 맡았다. 몇년이 지나고 나는 호주에서 가장 오래된 학부생 대상의 문예창작 중 하나를 운영하고 있었다. 고되고 바쁘며 굉장히 보람있는 일자리였다.

문예창작이 온갖 문화적 배경, 연령대, 사회경제적 환경에서 온 학생들의 상상 속 세상에 불어넣어주는 통찰들이 좋았다. 문예창작 강사가 종종 수준미달인데다 성공적이지 못한 작품을 읽는 건 사실이지만, 착상이 나쁜 경우를 마주치는 일은 거의 없었다. 문예창작을 하는 경우든 가르치는 경우든 그 기술이나 기교의 더 어려운 부분은 곁에 붙어서 하나의 작품을 끝까지 지켜보며 최대의 잠재력을 발휘할 수 있게 해주는 일이다. 나는 현장에서 가르치는 일을 좋아했고 처음에는 학부생으로서, 나중에는 우수학생이나 박사과정생으로서 많은 뛰어난 학생들이 날아오르는 것을 보았다. 하지만 시간이 갈수록 대학이 요구하는 에너지의 양이나 순전한 업무시간, 그리고 점차 시장주도적으로 변해가는 경영방식이 내게 타격을 주었다. 여러해 동안 나는 성실함을 자랑했지만 내가 동일시하던 직장의 집단적 기획은 무엇이 중요하고 무엇을 지켜야 하는지에 대한 나 자신의 이상과는 너무 동떨어지기 시작했다. 우리가 왜 일하는지, 일은 우리에게 무엇을 주는지, 그것을 위해 하지 말아야 할 것은 무엇인지와 같은 질문들에 사로잡혔다. 나는 철학 저작들을 더 깊이 읽기 시작했다.

흥미롭게도 일의 철학사는 노동윤리의 문제와 상당 부분 얽혀 있다. 유럽의 중세시대에는 일에 대한 접근에서 기독교 교리의 영향력이 극도로 강력했다.[22] 그런 틀 안에서 일은 아담과 이브가 에덴동산에서 추방된 결과로 이해되었다. 페미니즘 관점에서 생각해 볼 만한 흥미로운 역사인데, 일이란 저주이며 여성의 몸에 새겨져 있다는(혹은 그 때문에 내려졌다는) 것이다. 종교개혁 이후에는 어느 정도 사제직을 소명으로 간주하게 되어 (물론 여성은 대개 여기에서 배제된다) 일에 긍정적인 영향력이 있다는 관점이 생겨났다. 하지만 이러한 강조 역시 사회를 통제하는 교회의 역할과 권력 구조의 안정화에 대한 관심이 추동한 결과였다. 이러한 역사적 국면에서 일은 단순히 의무의 일종이 아니라 타인에 대한 봉사이기도 하다는 생각이 싹텄다. 오늘날의 세속적인 민주사회들에도 대체로 만연한 생각이다. 신앙과 일을 오랫동안 좋은 삶의 핵심으로 여긴 까닭은 이런 의미에서다.

『프로테스탄트 윤리와 자본주의 정신』(1905)에서 막스 베버는 칼

뱅주의적 노동윤리를 '제약 없는 모든 쾌락을 엄격히 삼가는 것'으로 본다.[23] 이와 유사하게 19세기에 저술활동을 한 토머스 칼라일의 '노동에는 영속하는 고귀함이, 심지어는 성스러움이' 있다는 유명한 선언도 있다.[24] 우리가 아직 이렇게 믿고 있는지 궁금하다. 고백건대 흥미롭게도 나는 무신론자이지만, 나 자신이 일에 접근하는 태도 역시 여전히 이런 생각에 상당히 붙들려 있음을 인정한다.

1883년에 『게으를 권리』라는 논집을 쓴 뽈 라파르그는 교회가 일에 덧씌운 — 그가 이름 붙이기로 — '성스러운 광배'를 폐기해야 한다고 강력히 주장했지만,[25] 내 경우와 같은 노동계급가족에게 게으름은 권리도 아니고 절대 그렇게 할 수도 없다. 우리에겐 축적된 자본이 없다. 일하지 않는다면 비참한 빈곤 속에서 살게 될 것이다.

이런 사실은 우리가 택한 일터의 문화적 실천들이 우리의 윤리와 상충할 때, 그리고 동료들이나 일선 관리자들의 결정이 우리가 소중히 여기는 어떤 원칙들을 무시할 때 우리를 특히 곤란한 곳으로 끌고 간다. 일을 위해서 하지는 않을 것이라는 문제는 첫 대학 교직생활의 마지막 몇해 동안 내 앞에 거대한 모습을 드러냈다. 여러해 동안 나는 갈수록 늘어나는 임시직 교원들을 위해 더 낫고 정당한 노동조건을 주장했지만 공감을 얻지 못했다. 많은 이들이 그랬듯 점진적인 강의 대형화와 등록금 상승에 맞서 할 수 있는 일들을 했다. 주기적으로 작은 사건들이 벌어졌다. 내 강좌와 함께 운영되었으며 굉장히 성공적인 주력 프로그램이었던 한 강좌는 갑자기 폐강 위협을 받았는데, 그 결과가 가져올 충격이 제대로 고려되지 않았음이 분명히 드러난 뒤에야 겨우 폐강을 면했다. 경영진은 내가 관리하고 있던 대학원생 영역과 관련해 제출한 윤리적으로 복잡한 권고 여러개를 반려했고, 그런 윤리적 고려사항들을 참조하지 않은 듯 보이는 이유로 입장을 번복했다. 그리고는 내가 사직하기 열두달 전, 의심스럽게도 경영직에 있는 이들만 빼고 전 대학의 교원들이 자기 자리에 다시 지원해야 했던 무자비하고 비생산적인 '비우고 채우기'spill and fill 작업으로 인해 오래 함께한 나의 학과 동료들 절반이 일자리를 잃었다. 일자리를 잃은 동료들의 상당수가 강의 위주('서비스 위주'라고 읽히는)로 일하는 여성들이었다는 사실은 잊을 수 없다. 특정 기관을 끔찍하게 그리려는 것이 아니다. 사실 전세계의 수많은 학자들은 지난 십년간 전례없이 노골적으로 변한 공교육 정책의 시장주도적인 경제학으로 인해 사직했거나 조기은퇴 혹은 쥐어짜낸 정리해고에 내몰렸다.

대학에서의 직장생활은 해마다 찾아오는 더보쇼의 초대형 핫도그 가판대에서 일하는 것과는 전혀 달랐고 지식노동이라 불릴 만한 것으로 구성되어 있었다. 하지만 다른 종류의 일에 비해 딱히 착취나 잘못된 일처리, 배임으로부터 더 안전하지는 않았다. 대학의 경우가 다른 점은 많은 직원들이 지식, 교육, 그리고 공공선 개념에 대한 신념을 깊이 간직하고 있다는 것, 그리고 그것을 남들에게 전하는 데에 열정을 갖고 있다는 것이다. 학계 일자리를 구하고 유지하는 경쟁이 굉장히 심하다는 사실과 함께 이 특이할 정도의 내적 동기를 생각해보면 이 형국이 어떤 의미인지 알 수 있을 것이다. 오늘날 대학의 직장문화는 집단적인 선의지와 경쟁이라는 기묘한 조합에 엄청나게 기대고 있다. 표준적인 교육과 연구 그리고 연례 업무량 평가에서 세심하게 측정되고 조정되는 행정업무에 더해, 교원들은 측정되는 것 이상의 온갖 과업 ─추천서 쓰기, 직군별 협회나 다른 외부단체에의 기여, 학술대회 조직 및 참석, 다른 기관 조사 및 평가, 정책자문, 그리고 언론을 위한 최근 논의 및 발전 분석─을 맡고 있다. 2013년에 영국에서 실시된 한 조사는 당시 학자들의 대다수가 이러한 책무를 다하기 위해 주당 55시간에서 70시간을 일했음을 보여준다.[26] 이런 종류의 노동 수요에 거의 스무해를 헌신하고 나니, 기관에 속한 것들과 내 고유의 '자산목록'을 구별해내는 일이 어렵게 느껴졌다. 여기를 걸어나서면 내 삶의 나머지 국면에 무엇이 남아 있을까, 하고 생각했다.

대학 경영진이 점점 더 강경한 경제적 합리주의 세계관을 향해 나아갈수록 나는 아침에 일어나서 매일같이 잘못된 방식으로 일을 처리하고 있다는 느낌을 주는 기관을 대표하는 것이 점점 힘들어졌다. 잘못된 일에 연루되어 있다는 기분만큼 자긍심과 노동의 의미를 갉아먹는 것은 없다. '성스러운 광배'가 기울었고, 점차 내가 걸어나갈 수 있다는 사실을 깨닫게 되었다. 얄궂게도 나는 그 마지막 몇년간 발표된 어떠한 정리해고 계획에도 자격미달이었다. 내 업무실적이 너무 강력했기 때문이다. '비우고 채우기' 작업에서도 나는 성공적으로 자리를 지켰는데 지금 와서는 이 점이 내게 죄책 감을 준다. 밀려난 전 동료들 중 누구에게든 갈 수 있었을 자리를 쥐고 있던 셈이니 말이다. 그런데 그런 일들이 일어난 후에도 나는 어떻게 버틸 수 있었을까? 스스로에게 물었다. 그리고 또다시, 내 가 나갈 수 있을까? 정말로? 당시에 아들은 아직 종일반에 들어가 지 않았고 아이 아버지와의 관계는 파경을 향하는 중이었다. 곧 사 라질 관계였다. 이는 결정을 내리는 데에 추가적인 재정부담을 얹 어주었지만, 어떻게 할 것인가 하는 문제의 대부분은 내게 윤리의 문제였던 것 같다.

●

낭만주의자들에게 일이란 신과의 관계에서가 아니라 자기 자신에 게 의미가 있어야 했다. '진정한'authentic 자아란 스스로 형성한 자 아라는 생각, 오늘날의 문화에도 여전히 깊게 뿌리박고 있는 신화 가 이때부터 보이기 시작한다. 이제야 나는 다시 한번, 내가 직장생 활에 접근하는 방식에서 오랫동안 이 생각이 담당해온 중요한 역 할을 알게 되었다. 직장에서 능률을 내는 데에 실패한다면 자아형 성이라는 기획도 실패라는 느낌이 있는 것이다.

후기산업주의라는 맥락 속에서 의미있고 성공적이며 소외되지 않는 노동이 어느 정도나 가능한가 하는 문제는 복잡하다. 심지어 도시연구자인 리처드 플로리다가—그가 추산하기로 선진국 인구의 30퍼센트 가량 되며 상당한 수준의 자기결정과 만족감이 수반되는 일을 하는—창작계급으로 분류한 그룹의 성원들 역시도 다른 모두에 비해 덜 불안정할 것도 더 잘 보상 받을 것도 없이 자본과의 복잡한 관계 속에 놓여 있다.[27]

이러한 윤리문제의 복잡성을 다시금 생각하며 낸시 홈스트롬의 글을 계속해서 읽었고, 케이시 윅스의 『우리는 왜 이렇게 오래, 열심히 일하는가?』(2011)를 비롯해 그녀가 인용하는 다른 여성들의 작업들을 보게 되었다. 윅스의 이런 구절은 나를 무장해제했다. '우리는 왜 그렇게 오랫동안 열심히 일하는가? 여기서 기이한 일은, 우리가 일하라는 요구를 받는다는 점이나 일을 추구하는 데에 그토록 많은 시간과 에너지를 바치도록 기대받는다는 점이 아니다. 오히려 이런 상태에 대한 좀더 적극적인 저항이 없다는 점이다.'[28] 나중에 윅스는 '우리는 종종—결혼관계와 마찬가지로—고용관계를 사회적 제도가 아니라 특별한 관계로서 경험하고 상상한다' 고 쓴다.[29] 실제로는 전혀 그렇지 않다는 것이 그녀의 주장이다.

낸시 홈스트롬은 자본주의가 진정한 인간해방을 위한 잠재력을 생성하면서도 체계적인 장벽을 세운다고 말한다. 그녀가 쓰기로 자본주의는 인간의 역사에서 한때 진보적인 추진력이었지만 더

이상은 아니다. 홈스트롬에게 '물질적 불평등 (…) 은 또한 권력과 자유와 안녕의 불평등'이다.[30] 의미있는 일은 우리를 고양하고 참여케 하지만 부정적인 직장문화는 우리의 신체적·정신적·정서적 안녕을 엉망으로 만들 수 있다고 그녀는 주장한다.

미국의 학자 로렌 벌랜트는 『잔인한 낙관주의』(2011)에서 어떻게 우리가 좋은 삶이라고 부르는 것에 '정서적 애착'을 갖게 되는지 보여준다. 심지어 그런 좋음의 창조를 위한 조건이 더이상 유지될 수 없을 때에조차도 말이다.[31] 잔인한 낙관주의는 왜 그렇게 많은 사람들이, 심지어는 이 체제 — 직장, 기관 — 가 자신을 심각하게 망치려 할 때에도 그에 저항하지 않고 '자신들이 익숙해진 애착을 갖는 체제의 물결을 타기'로 선택하는지를 알 수 있게 해준다.[32] 이 책의 다른 곳에서 다루고 있는 작가 마리나 워너는 영국의 빵점짜리 고등교육체제를 평가하면서 벌랜트를 적용한다. 그녀는 '이번이 마지막이리라는 희망을 품으면서 또하나의 정책 변경에 동의하는 그 동료는 잔인한 낙관주의에 시달리고 있다'고 경고한다.[33] 워너와 마찬가지로 오랫동안 나는, 어쩌면 교육을 통해 변화를 일으킬 수 있으리라고 제 편할 대로 생각했다. 하지만 그녀처럼 나의 충심은 정신의 삶을 향한 것이었지 갈수록 이윤과 경쟁을 토대로 삼는 공교육의 접근에 관한 것이 아니었다.

2013년 말 나는 낙관주의를 잃었다. 자격이 되는 모든 휴가를 한데 묶어 신청했고 노동의 문제에 달리 접근하는 법을 스스로 상상하기 위한 시도의 과정을 시작했다.

●

홈스트롬의 글 「이론으로서의, 그리고 현실로서의 자본주의에 반대하며」가 담고 있는 중요한 역사적 교훈들 중 하나는, 철학자들이 처음으로 '사유재산권' 개념을 논의하기 시작하던 17세기 영국으로 우리를 데려간다. 당시는 구식 봉건주의가 — 이후 자본주의로 만개하게 될 — 초기 단계의 산업혁명에 길을 내어주고 있던 때로, 이것이 계급 간에 새로운 긴장을 낳고 있었다. 지금껏 대대로 평범한 사람들이 권리를 가져온 공유지, 공동용지의 소멸이 노예제라는 쟁점과 함께 핵심문제가 되었다. 홈스트롬은 중도파와 급진파가 군주제주의자들에 맞서 단결했으나, 반군주제주의자들에 속하면서도 철학적 입장차가 분명했던 한 집단을 묘사한다. 가장 급진적인 그룹들 가운데 개간파The Diggers 혹은 진정한 수평파The Levellers로 알려진 일군이 있었는데, 이들은 보편적인 남성 참정권을 지지했다. 개간파는 누구도 다른 이의 노동을 소유할 권리가 없다고 믿었다. 그들의 선언문은 '고용되지도 고용하지도 말라'고 선포했다.[34] 그들은 사유재산으로의 토지 인클로저가 그러한 소유권을 갖지 못한 모두를 하인과 노예로 만들었다고 주장했다. 그리고 땅을 사고 파는 이들은 '억압이나 살인이나 절도를 통해' 소유권을

가졌으므로 사유재산은 도덕적 정당성이 없다고 주장했다.[35]

영국의 침략과 식민화 이후 겨우 이백삼십년이 지난 호주의 관점에서 이 철학을 읽으며, 나는 사유재산권에 대한 스스로 관심이 적어도 철학적으로는 개간파의 것과 매우 잘 맞아든다는 사실을 깨달았다. 홈스트롬의 개간파 선언 논의를 읽음으로써 자본주의 아래 노동의 맥락에서 재산소유권과 자기소유를 연결짓는 것이 정말로 마음에 와닿았다. 한 서평가가 쓴 대로, 홈스트롬의 작업이 갖고 있는 중요한 강점 중 하나는 '우리가 너무나 자주 이미 결정났다고 상상하는 주제들에 대한 실질적이고 탄탄한 논의'이다.[36] 어째서 그것들을 결정난 것으로 남겨두려 하는가? 홈스트롬은 이렇게 묻는 듯하다. 그러게 말이다, 어째서.

호주에서 주권은 미결정상태로 남아 있으며 나를 비롯한 많은 호주인들은 이 점을 분명히 알고 있다. 어떤 이들은 이것이 여전한 쟁점임을 인정하지 못하지만, 국경과 망명신청자들에 대한 이들의 신경질적인 행동이 시사하는 바가 있다. 개간파는 '모두가 자유롭고 공통되게 함께 일하고 함께 먹게 될 때까지 영국은 자유로운 땅이 아닐 것이다'라고 선언했다.[37] 21세기의 세속적 민주사회에서 살아가는 많은 이들은 스스로 자유롭다고 생각한다. 하지만 타인이 살아 있는 존재가 됨으로써 우리에게 보장된 시간과 땅으로부터('고용되지도 하지도 말라') 우리 중 누구든지 배제할 권리를 가진 나라에서 '자유'란 말을 사용하기에는 여전히 구린 데가 있다.

●

낸시 홈스트롬과 직접 만나 나눈 대화는 이런 수많은 주제를 상세히 다루었지만 우리의 논의는 불안정성을 살아낸 경험으로 되돌아가면서 의미심장하게 끝을 맞았다. 이 책을 쓰며 인터뷰한 여성 사상가들 중에서 홈스트롬은 내가 '대문자 P를 쓰는' 철학 — 학자 제인 듀런은 서양 전통에서 여성 철학자들의 역사를 다룬 책에서 이렇게 표현했다 — 이라고 부르는, 오래도록 여성은 '문자 그대로도 비유적으로도 매장'당해온 학계에서 성공적으로 학문적 경력을 쌓은 유일한 사람이다.[38] 우리가 만나기 한해 전이던 은퇴 때까지, 홈스트롬은 러트거스대학 뉴어크캠퍼스에서 몇년간 철학과 학과장을 맡았다. 자신이 왜, 어떻게 철학과 소속의 사회주의 페미니스트가 되었는지, 그리고 왜 그 이름을 지키는 것이 중요하다고 여겼는지 이야기를 나누던 중 그녀는 경력을 쌓아오며 마주해야만 했던 몇가지 불확실성을 털어놓았다.

홈스트롬은 미시건대학교에서 정신/몸에 대한 박사학위 논문을 썼고 위스콘신대학교에서 자리를 제안받아 이를 수락했다. '저는 분석철학, 형이상학, 정신철학을 전공했어요'라며 그녀는 이야기를 시작했다. 하지만 위스콘신에 있는 동안 홈스트롬은 철학적 초점을 점차 정치적인 것에 맞췄다. 그녀는 민권운동, 베트남전 반대

운동 그리고 페미니즘과 관계를 맺었다. '그제야 이런 것들을 철학적으로 생각하기 시작'했다는 것이다. 그녀는 철학과에서는 윤리학을 공부한 바 없다. '당시에 윤리학은 매우 좁았어요. 기껏해야 자유주의적이었을 테고, 아마 더 보수적이었을 거예요. 흥미가 가지 않았죠.'

홈스트롬이 정치학 특히 마르스크주의, 여성학, 사회학에 대한 자신의 새로운 관심사들에 좀더 다가선 학술적 작업들을 출간하기 시작하자, 자신의 철학적 지식이라는 렌즈를 통해서였음에도 위스콘신에서는 이를 문제시 했다. '제가 채용된 이유와는 굉장히 다른 것들을 몇편 썼어요. 엄청 많은 양은 아니었지만 종신재직권을 받지 못했죠. 노조도 없었어요. 그래서 떠나게 됐죠.'

홈스트롬이 내게 이 이야기를 하는 동안, 며칠 전 뉴욕에 있는 큰 서점의 철학분야 중앙 진열대 앞에서 깨달은 사실이 떠올랐다. 진열돼 있던 철학 신간 서른두권을 살펴봤는데 저자가 여성이거나 여성 철학자의 작업에 초점을 둔 책이 하나도 없었다. 진열대의 잔상이 또한번 나를 불안하고 슬프게 했다. 홈스트롬의 고양이가 자리에서 일어나 기지개를 켰고 그녀의 이야기는 이어졌다.

'하지만 그때 러트거스대학교 뉴어크캠퍼스에서 꽤 좋은 자리를 얻었죠.' 일은 잘 풀렸다. 종신재직권 지원 시기가 오고 반려되기 전까지는 말이다. 홈스트롬은 이번에는 노조에 소속돼 있었고, 자신의 경력사항을 같은 시기에 종신재직권을 받은 동료들의 것과 비교해본 후 공식적으로 불만을 제기하기로 했다. '오년을 이어졌어요. 이년간은 계속 강의를 했지만, 삼년 동안은 실직상태였죠.'

그러는 동안 홈스트롬의 외동아이가 태어났는데 불만처리기간과 실직기간의 시기가 겹쳤다. 그녀는 마흔둘이었다. 임시직을 구했는데 하나는 하와이대학교의 육개월짜리 자리였고 또하나는 집에서 세시간을 통근해야 하는 펜실베이니아였다. 결코 쉽지 않았다. 불만처리과정은 너무 길고 복잡했다. 그녀는 복직의 희망을 잃었다. 그녀는 직종을 완전히 바꾸기로 결심하고 사회복지 강좌에 응시했다.

그녀는 이 시기를 이렇게 회상했다. '전 교수였어요. 그러니 엄마는 아니었죠. 그러다 한순간에 엄마가 되었고, 더이상 교수는 아니었어요. 그 상황이 둘 다 할 수는 없다는 생각을 강화했어요. 엄마가 된다는 건 여러모로 멋진 일이었어요. 제가 낳기로 한 거였고요. 하지만 엄마가 되었다는 사실은 제가 더이상 교수가 아니라는 느낌을 강화했죠.'

'아니면 학계로 돌아갈 수 없을 거라는 느낌을 말이죠.'

'맞아요, 정확히요. 그게 정말 힘들었어요. 딸이 우울하고 직업도 없는 저를 보며 자라게 하고 싶지 않았거든요.'

나 스스로도 충분히 잘 이해할 수 있는 두려움이었다.

'그러고 났더니'라고 말하며 홈스트롬은 미소를 지었다. '특히 철학에 대해, 하지만 학계에 대해서도 일종의 애증관계를 갖게 되

었어요.'

'그래요. 당연한 일이죠.'

딸이 세살이 되었을 때 홈스트롬은 러트거스에서 자리를 되찾았다. 마침내 홈스트롬이 같은 시기에 종신재직권을 받은 동료들만큼이나 탄탄한 근거를 갖고 있음이 입증된 것이다. 승진심사위원회에서 그녀를 붙들고 늘어진 것이 잘못이었다. 그녀는 갑자기 다시 교수가 되었고 나중에는 학과장이 되었다. 놀라울 것도 없이, 그럼에도 그녀의 애증은 결코 가시지 않았다. 줄곧 스스로 철학에 어울리지 않는 사람, 교수직에 어울리지 않는 사람이라고 느꼈다.[39]

●

낸시 홈스트롬을 만나고 몇달 지나지 않아 정치철학의 정신에 고무되어 십칠년간 일한 직장에 사표를 냈다. 그리고 아마도 당시 대학의 이상하리만치 비인간적인 운영방식에 맞게, 나는 공식적인 답장도, 내가 그 기관에서 쏟아부은 노동의 가치에 대한 사의표명도 전혀 받지 못했다. 몇주 후 적당한 날짜에 급여지급이 중단되었다. 케이시 윅스가 옳았다고 생각했다. 충의와 공동의 목적이라는 환상 아래에서 나는 일을 사랑했고 열심히 했지만, 거기에 애쓰는 동안 내 인생의 거의 오분의 일이 지나가버렸지만 일과 나의 관계는 결코 특별하지 않았다. 지금 와서 돌아보자면 그 십칠년의 경험은 무언가 환상처럼 느껴진다. 마치 십대 때의 공연장처럼 평행우주에서 있었던 일인 양.

마흔다섯살의 도약 이후 알게 된 바는, 자유란 정말이지 가진 수를 모두 짜내어서라도 도달해야 할 상태라는 점이다. 처음 몇달 동안에는 재정적으로 불확실한 미래와 그것이 내 아들 ― 당시에는 거의 알지도 못하는 도시에서 도움 없이 돌보고 있던 ― 에게 미칠 수 있는 영향이 신경쓰여 자주 밤중에 깨곤 했다. 좋은 날에는, 심지어는 잔고가 줄어들고 있음을, 그리고 체제 '바깥에' 있다는 것에는 시곗바늘 돌아가는 소리가 들리는 듯한 측면이 있음을 알고 있으면서도, 눈에 띄게 기분이 좋았다. 숨쉬고 사색하고 존재할 시간과 공간이 있었다. 내 행동을 후회하지 않았다. 대개는 내 방식대로 이 책을 쓰는 일에 집중했다. 어쩌면 이건 자본주의 **바깥**에서의 기획이었을까? 글쎄, 그렇기도 하고 아니기도 하다. 책이라는 형태로 ― 당신이 (화면으로든 종이로든) 보고 있는 그 사물로 ― 변형하는 어느 과정에서 이것 또한 잉여가치의 한 형태가 된다. 맑스를 경유하는 홈스트룀이 옳다. 바깥에 있는 것이라고는 **아무것도 없을** 수도 있다.

어쩌면 2015년에 내가 그랬듯 '일에서 빠져나오는' 것의 진짜 자유와 아름다움은, 그것이 내가 누구인지를 이루어줄 모든 중요한 것들로부터 떼어낸 '자산 및 우선순위 목록'과는 별개의 무언가로서 나 자신을 생각할 수 있게 해준다는 점이었을 것이다. 그럼에도 그 질문은 여전히 나를 압박했다. 나의 노동이 곧 내가 아니라면 나는 누구인가? 그것을 사색할 시간과 공간이 주어졌지만 나로서는 여전히 답은 알지 못한다. 하지만 그러한 질문을 가능하게 한 사유를 쌓아준 낸시 홈스트롬에게, 그리고 맑스를 비롯한 다른 이들에게 고마운 마음이다.

정치경제학이라는 장에서의 독서는 더 넓은 경제적 장과의 관계 속에서 나 자신의 위치를 적절히 생각해볼 요긴한 기회를 제공해주었다. 내가 마주하는 선택들이 본질적으로 제한되어 있음을 분명히 볼 수 있고 돈 이외의 무엇이 일에서 성취감과 목적의식을 느낄 수 있게 해줄 것인가 하는 진짜 문제에 대해 솔직해질 수 있는 기회, 내 일상의 수많은 측면에서 시장의 침략에 맞서 방벽을 세우는 일의 어려움에 대처할 수 있도록 적어도 지적으로는 적절히 무장할 수 있는 기회 말이다. 이 모든 것의 결과로 나에게는 엄청나게 긍정적인 것으로 밝혀진 도약을 해냈고 더 나은 균형감과 통제감을 얻었다.

●

내가 읽은 낸시 홈스트롬 작업의 가장 도발적인 측면은 자본주의 체제가 토대로 삼고 있는 철학적 원칙들이라는 더 큰 그림에 대한 질문으로 이어지는 것 같다. 이것은 우리가 개인으로서 우리 자신의 환경을 어떻게 고민할 것인가 혹은 우리 자신이 일의 현실들에 다가갈 길을 어떻게 마련할 것인가 하는 질문들을 넘어선다. 개간 파들이 잘 알고 있었듯 사람의 노동을 판매한다는 것 자체가 사적 재산소유권이라는 관념과 철학적으로 분리할 수 없으니 말이다. 자본주의의 ─ 따라서 사적소유관념 일체의 ─ 실현가능한 대안 을 상상해야 하는 과제가 남는다. 내 생각에 이 점에서 낸시 홈스 트롬은 옳게 지적하고 있다. 이보다 절박한 과제는 딱히 없다. 인간 과는 다른 생명형태들을 포함해 우리 대다수는 부유하고 힘 있는 자들의 재산증식과 나머지 모두의 희생을 대가로 한 끝없는 확장 을 위해 설계된 체제에 지극히 취약하다.

'대안을 제시해야 하는 과제를 안고 있는 것은 나만이 아니다'라 고 홈스트롬은 쓰고 있다. '우리 모두가 최대한의 상상력을 발휘해 그러한 대안이 어떤 것일지 생각해내야 한다.'[40] 홈스트롬의 도전 이 보여주는 대담한 지성과 심오한 도덕적 절박함에서 나는 희망 을 찾는다. 우리의 집단적 미래에 대한 가장 큰 위협은 아마도 두 려움으로 인해 우리가 진정으로 다른 무언가를 가능케 할 만큼 충 분히 큰 꿈을 꾸지 않는 일일 것이다. 아마도 오직 그것만이 우리가 더 크고 더 급진적인 집단적 도약을 하지 못하게 막을 것이다.

제4장

두
려
움

여성은 두려움이라는
오랜 그늘에서 벗어날 수 있는가?

우리 시대의 철학자 줄리아 크리스떼바,
그리고 두려움과 맞서 싸운 사회활동가
로지 배티, 헬렌 캘디콧과 함께

줄리아 크리스떼바

후기구조주의를 대표하는 철학자. 불가리아에서 출생하고 성장한 뒤 프랑스로 건너가 자끄 데리다, 롤랑 바르뜨 등과 함께 문학·정신분석학·기호학 등 분야를 넘나드는 연구를 펼쳤다. 그 공로로 한나아렌트상을 받았으며 파리7대학 명예교수를 역임했고 씨몬드보부아르상의 제정에 힘을 쏟았다. 한때 그가 공산정권의 비밀정보원이었다는 논란이 있었으나 본인은 이를 "명예훼손"이라 일축했고 그녀의 이야기를 다룬 영화 「누가 줄리아 크리스떼바를 두려워하는가?」Who's Afraid of Julia Kristeva? 가 만들어지기도 했다. 대표 저작으로는 『사랑의 역사』Histoire d'amour 『공포의 권력』Pouvoirs de l'horreur 등이 있다.

로지 배티

가정폭력방지 운동가. 2014년 당시 열한살이던 아들 루크를 전 남편이 크리켓 방망이로 폭행해 살해한 비극적인 사건을 겪었다. 이후 배티는 가정폭력문제의 심각성을 일깨우는 캠페인을 벌이는 한편 아들의 이름으로 가정폭력방지를 위한 재단을 설립했다. 배티의 활동은 가정폭력을 대수롭지 않은 일로 여기던 호주인들의 생각을 바꿔놓았고 그녀는 공로를 인정받아 2015년 '올해의 호주인'으로 선정되었다. 저서로는 자신이 겪은 가정폭력을 증언한 『한 엄마의 이야기』A Mother's Story가 있다.

헬렌 캘디콧

세계적인 반핵운동가이자 소아과 의사. '사회적 책임을 다하는 의사회'와 '핵폐기를 위한 여성행동'을 창립하여 각국의 정부와 핵산업에 맞섰다. 또한 의사로서 강연과 방송 등을 통해 방사능이 인체에 미치는 부정적인 영향을 소개하는 시민교육에 힘썼다. 1985년에는 노벨평화상 후보로 지명됐으며 스미소니언연구소에서는 그녀를 20세기 가장 영향력 있는 여성 중 한명으로 선정했다. 헬렌캘디콧재단을 설립해 '핵없는 행성' 프로젝트를 추진하고 있으며 저서로는 『원자력은 아니다』Nuclear Power is Not the Answer 『당신이 지구를 사랑한다면』If You Love This Planet 등이 있다.

한번은 싱가포르 국립도서관의 장서를 살피다가 여성들의 시를 모아둔 서가를 발견했는데 거기에 인도의 페미니스트 카말라 다스의 책 한권이 있었다. 그녀의 시에서 한 구절에 매료되어 노트에다 '두려움은 여자의 장소다'라고 옮겨적었다. 기억하기로, 다스가 시를 쓴 전체적인 맥락에서 보자면 이 구절은 주장이 아니라 화자의 깨달음의 순간에 가까웠지만 나로서는 충격적인 생각이었기에 ── 아마도 부정확하게 ── 노트에 옮겨 적어두었다. 그리고는 몇년간 지니고 다녔다. 이제 되돌아가 이것을 토대 삼아 나의 위치를 재평가해보려 한다. 계획없이 도서관 책꽂이를 살피다보면 종종 그러듯이 제대로 된 출처를 적어두지 않았고, 뒤져보았지만 원전을 다시 찾아내지는 못했다. 하지만 이 구절은 여전히 내 곁에 있다. '두려움은 여자의 장소다.' 여전히 이를 부인하고 끝내는 떨쳐

버리고 싶어 때때로 마음속에서 뒤집어보곤 하지만 그러다 스스로에게 묻게 된다. '그런가? 그런데… 그런 거지?'

●

어느 성별이건 간에 인간에게 두려움은 언제나 현전한다고, 실제로 우리 모두에게 공통된다고 말할 수 있을 것이다. 한 예로 고전적인 철학에서 자주 이야기되는 철학자 미셸 드 몽떼뉴의 일화가 있다. 그는 끊임없는 죽음의 두려움 속에서 여러해를 살았다. 그의 두려움은 삼십대를 지나며 심해졌는데 이 시기에 그는 연이어 친지를 떠나보내야 했다. 속을 터놓고 지냈던 가장 가까운 친구 에띠엔 드 라보에티가 1563년에 흑사병으로 죽었고 몽떼뉴는 끝내 이 상실에서 온전히 회복하지 못했다고 한다. 에띠엔이 죽은 후에는 담석증으로 인한 아버지의 죽음과 끔찍한 사고로 남동생의 죽음이 이어졌다. 두려움이 우리의 합리성을 갉아먹는다는, '어떤 감정도 이보다 더 서슴없이 우리의 판단력을 제자리에서 끌어내리지는 않는다'는 몽떼뉴의 말은 옳았다.[1] 죽음에 대해 더 많이 생각할수록 더 두려워졌다. 몽떼뉴는 갈수록 죽음을 덜 이성적으로 대하게 되었다. 그러던 어느날 그는 말을 타고 나들이를 가던 중 임사체험을 한다. 말을 타고 가던 다른 사람과의 충돌을 가까스로 피하다 말에서 떨어진 그는 머리를 부딪히고는 정신을 잃었다. 구경꾼들은 그가 의식을 되찾으며 보인 행동 — 가슴을 쥐어뜯고 피를 토하는 — 이 얼마나 극적이었는지 이야기했지만 그 자신의 기억은 더 고요했다. 구름 위를 흐르며 즐거움이 고양된 상태 속에서 떠다녔다는 이야기를 했다. 시간이 지나 기운을 되찾자 그는 자신이 스스로의 가장 끔찍한 공포를 받아들일 수 있게 되었음을 깨달았다. 다른 이들에게 '그걸로 괴로워하지 말라'고 조언하기도 했다.[2] 더 통제하려 들수록 실제로는 통제력이 줄어든다고 생각했던 것이다. 우리에게는 통제를 포기하고 자신을 더 잘 이해하려는 노력이 필요하다.

통제의 포기에 관한 몽떼뉴의 이 조언은 물론 지혜에서 나왔다. 하지만 죽음에 대한 몽떼뉴의 두려움이 무의미하지는 않았다고 해도 맥락 속에서 볼 필요가 있다는 생각이 든다. 몽떼뉴는 16세기 프랑스 지배계급의 일원이었다. 지식인이었고 잘 교육받은 남성이었으며 막대한 국유지의 상속자였고 언제나 헌신적인 아내나 수많은 하인, 고용인을 부리고 있었다. 농지를 운영하는 한편 지역정계의 자리도 갖고 있었다. 달리 말하자면 그는 통제의 경험이 많은 사람이었다.

여성과 어린이들의 경우, 직접적인 생활환경에 대한 통제권이 현저하게 부족하므로 두려움에 대한 우리의 경험은 종종 복잡한 문제다. 더욱이 우리 문화에서 유통되는 두려움에 대한 지배적 서사는 자주 우리 여성들을 분명히 겨냥해 만들어지는 듯 보인다. 그것들은 우리를 상대적으로 무력한 곳에 묶어두는 역할을 할 수 있다. 2017년에 소셜미디어에서 힘을 얻은 #미투 운동이 이를 어느 정도 보여준다. 여성들은 종종 상당히 합리적인 이유로 죽음뿐만 아니라 온 생애에 걸쳐 괴롭힘, 위협, 신체적 폭력, 강간을 두려워한다. 1980년대에 나온 여러 이론적 연구들은 범죄에 대한 여성들의 두려움이 과장되어 있다고 말했지만[3] 좀더 최근의 연구는 성적 폭력이라는 현실이 여성 '으로 산다는 것'의 핵심 요소임을 인정하는 경향을 보이고 있다.[4] 상당한 비율의 강간, 가정폭력, 성적 괴롭힘 사건이 여전히 전혀 신고되지 않고 있다는 사실을 고려해, 이제 범죄에 대한 여성들의 두려움은 우리가 마주하는 위험에 놀랍도록 잘 부합한다고 널리 받아들여진다. 호주의 최근 통계에 따르면 매주 한명 이상의 여성이 현재의 파트너 혹은 전 파트너의 손에 죽는다.[5] 여성 세명 중 한명은 15세 이후 신체적 폭력을 경험한 적이 있다. 다섯명 중 한명은 성폭력을 경험한 적이 있다. 소녀들은 소년들에 비해 두배나 성적 폭력 아래 놓이기 쉽다.[6] 이에 더해 우리는 많은 경우 상당히 합리적인 이유로 대상화에서 신체적 폭력 사이의 무언가를 두려워하며 공공장소에서 취약함을 느낀다. 예를 들어 많은 여성들은 공공장소의 성별화된 구성으로 인해 도시에서의 야외 여가활동에 참여하지 못하곤 한다. 그런 식의 구성은 우리로 하여금 공공장소를 남성은 언제든 자유로이 접근가능하지만 여성은 특수한 조건 하에서만, 혹은 비난이나 위험이라는 요소와 함께하면서만 접근가능한 곳으로 읽게 만든다. 이런 식으로 두려움의 지리학은 우리에게 야외 공공장소에서 편히 있지 말라고 가르쳐왔고 우리는 그에 맞게 움직임을 제한하며 종종 좀더 편안한 느낌을 주는 사적인 영역이나 가정의 영역에서 꼼짝 않곤 한다.

몽떼뉴의 이야기가 잘 보여주듯이 두려움의 흥미로운 점은 그것의 구성과 그것이 우리에게 얼마나 심각한 영향을 주는지에 관해서 우리가 얼마나 공모할 수 있는가이다. 심지어 우리에게 미치는 그 부정적 영향이 예상되고 강력한 제도들와 보수적인 문화적 실천들 — 정부, 결혼, 미용 산업 — 조차 우리를 손에 쥐고서 이윤을 얻는다는 게 뻔히 보일 때에도 마찬가지다. 그렇다면 어떻게 두려움의 오랜 그늘에서 벗어날 것인가? 몽떼뉴의 조언을 받아들여 우리 자신을 보다 잘 이해함으로써 두려움 또한 더 잘 이해한다면 충분할까? 아니면 우리 모두 용기를 내어 그 이상을 해내서, 그늘에서 벗어나 목소리를 높여서, 저 망할 집을 통째로 무너뜨려야 할까?

이 장에서 나는 특히 여성, 두려움 그리고 폭력에 관심을 둘 것이다. 두려움은 여성의 장소인가? 그렇지는 않을 거라고 생각하지만 또한 그렇기도 할 것이다.

●

'산다는 것은 변화의 상태 속에 있는 것, 다양한 힘들에게 포위당해 있는 것이다.'[7] 철학연구자 노엘 맥아피는 영향력 있는 프랑스 철학자 줄리아 크리스떼바의 사유를 논하며 이렇게 쓴다. 나는 열아홉살에 처음으로 크리스떼바의 글을 읽게 되었다. 문제의 글에는 그리스도가 십자가형을 받는 동안 동정녀 마리아가 겪은 괴로움에 대한 한 성가에서 따온 「스타바트 마테르」라는 제목이 붙어 있었다.[8] '어머니 서 있네, 슬픔에 잠겨'Stabat mater dolorosa라는 가사로 시작하는 성가다. 그 글에서 크리스떼바가 그리는 모성적인 것의 초상을 여전히 생생하게 기억하고 있다. 출산, 노동, 어머니가 됨을 통해 어머니와 아기의 경계가 흐려지며 다시는 완전히 재확립되지 않는다고 주장하는 그녀는 어린아이였던 아들과의 경험을 이렇게 서술한다. '내 아들. 그가 내 목에서 춤추고, 내 머리칼 속에서 떠다니고, 부드러운 어깨를 찾아 좌우로 고개를 돌리고, 가슴에서 미끄러지고 (…) 마침내 제 꿈속에서 내 배꼽으로부터 날아오르는 동안 나는 그를 안전하게, 안정적으로 품고 다니기 위해 두 발을 땅에 단단히 심는다'[9] 이 글을 읽은 당시로서는 어머니가 되려면 거의 스무해를 더 살아야 했다. 하지만 크리스떼바의 글에서 나는 내가 내 어머니의 몸과 맺고 있는 깊은 관계뿐만 아니라 항상 새어흐르고 있는 나 자신의 여성신체까지도 알아챘다.

크리스떼바는 우리가 주체성subjectivity이라고 부르는 것에 변함없는 관심을 가졌다. 그녀와 동시대인들은 일찍이 종래의 '자아'self 이해에 대한 대안으로서 '주체성' 개념을 옹호했다. 이는 '자아'라

는 용어가 역사적으로 사용되고 이해되어온 방식 때문이다. '자아'
는 온전히 의식하고 있으며 이성과 지성의 인도를 받아 자율적으
로 행위할 수 있는 존재를 상정한다. 그러한 자아는 자신의 주인이
며 다른 누구에게도 종속되지 않는다. '주체성' 개념은 이런 관념
을 거꾸로 뒤집는다. 이 말을 사용하는 이들은 서구전통이 우리가
어떻게 존재하게 되며 우리가 누구인지를 완전히 오해해왔다고 믿
는다. 주체성의 경험은 우리를 형성하는 다양한 현상들 ─ 문화,
맥락, 관계, 언어 ─ 로부터 차단되어 있지 않다. 오히려 우리는 그
런 현상들에 종속되어 있다. 결코 온전히 파악할 수 없는 방식으로,
그러한 겹겹의 관계들로부터 우리는 생겨나며, 그 생겨남의 과정
은 우리가 살아 있는 한 계속된다. 그럼에도 크리스떼바에게 주체
란 자신의 생물학적 성격과 결코 단절될 수 없다. 몸은 언제나 현
전한다. 주체가 그로부터 떨어져나와 흘러가는 것은 불가능하다.

모성적인 것에 대한 크리스떼바의 글은 우리가 모성적 주체를
이해하는 방식을 급진적으로 새로 쓴 것이며 여전히 그러하다. 이
글은 때로는 한개, 때로는 두개의 단을 둔 형식으로 제시되어 있어
서 그것을 읽는 경험 자체가 불연속적이다. 마치 독자의 주목을 끌
기 위해 한쪽 단이 다른 한쪽의 단과 경쟁하면서 글이 내부에서 해
체되기라도 하는 듯하다. 크리스떼바는 이따금 왼쪽 단을 써서 임
신, 출산, 모유수유의 경험을 시적으로 성찰한다. 이 경험들 속에서
아기와 어머니는 서로의 안에 있고 서로에게 속하며 몸과 정신도

마찬가지여서 어떤 의미에서도 자율적이지 않다. 오른쪽 단에서는 좀더 건조한 방식으로 모성, 특히 언젠가는 죽는다는 두려움에 대처하는 수단으로서 동정녀 마리아의 모성적 사랑이라는 관념을 서구에서 관습적으로 재현해온 방식을 논의한다. 그녀가 주장하기로, 동정녀 어머니란 여성의 욕망을 승화하고 우리가 금욕하고 희생하고 견딜 것을 요구하는 지배적 모성 재현의 뿌리에 있는 환상이다. 스무살이 안된 젊은 여성으로서 이 글을 처음으로 읽고 이해하는 것은 오싹한 일이었으며, 이후로 나는 언제나 크리스떼바의 사유방식에 변함없는 관심과 존경을 갖고 있다.

두려움이라는 주제에 관한 크리스떼바의 핵심 작업은 1982년에 첫 영역본이 출간된 『공포의 권력』이라는 제목의 책이다.[10] 여기에서 크리스떼바는 부모가 표면에 피막이 형성된 우유를 갖다줄 때마다 늘 메스꺼움과 역겨움을 느꼈던 자신의 어린 시절 경험을 서술한다. 실제로 입술에 닿는 것은 말할 것도 없이, 단순히 보는 것만으로도 어린 줄리아는 현기증을 느꼈다. 크리스떼바는 이처럼 깊숙이 느껴지는, 신체적인 방식으로 우리가 역겨움을 느끼게 하는 힘을 가진 사물들에 대한 논의를 피, 고름, 대변, 구토, 인간의 시체 등에 대한 생각으로 확장한다. 이 추접한* 것들이 대체 어쨌길래?

---

* abject. 영어와 프랑스어에서 모두 같은 철자로 쓰이며 '비참한' '비천한' '버림받은' 등의 뜻을 가진 형용사다. '멀리'를 의미하는 라틴어 접두사 'ab-'과 '던져두다'를 의미하는 라틴어 동사 'jacere'의 결합으로 만들어져 거부하거나 버리는 일과 연

이것들은 우리에게 힘을 행사하는 듯하다. 그런데 어떻게 말인가?

그것들이 작동하는 방식으로 인해 우리가 공포에 질리기 때문이다. 크리스떼바는 추접한 것들이 자아와 타자 사이의, 혹은 우리가 받아들일 수 있다고 느끼는 것과 전혀 받아들일 수 없는 것 사이의 경계border를 대면케 한다고 생각한다. 그녀는 우유 피막의 '어떤 요소도 "나"는 원하지 않는다'고 쓴다. '"나"는 그것과 동화되고 싶지 않다. "나"는 그것을 추방한다.'[11] 두려움을 통해 우리가 강력히 거부하는 것을 추방한다는 이런 관념이 내가 뒤에서 충분히 설명할 개념인 '비체'abject에 대한 그녀의 영향력 있는 사유의 토대를 형성한다. 여성, 두려움, 폭력과 연관지어 이 아이디어에 대해 더욱 깊이 생각해보고 싶다.

●

크리스떼바의 논의로 되돌아가기 전에 가정폭력에 대한 작업으로 호주에서 널리 알려진 활동가 로지 배티의 이야기를 살펴보고자 한다. 배티는 '올해의 호주인'으로 선정된 바 있는 열정적인 운동

관된다. 크리스떼바의 철학을 다룰 때에는 주로 '비체'(卑體) '비체적'으로 번역하거나 '아브젝트'로 옮긴다. 이와 비교하여 살펴봐야 하는 용어는 '주체'(主體)로 옮긴 subject다. subject는 어원상 아래에(sub-) 놓인 것을 뜻한다. 명사로서는 흔히 행위자, 문장의 주어, 토대로서의 실체를 뜻하나 주체성 개념에 대한 이 장의 논의에서는 어떤 영향 아래에 있는 존재나 상황 등을 가리키는 용법과 연관된다.

가다. 외동아이가 죽은 이듬해였던 2015년, 그녀는 자서전『한 엄마의 이야기』를 출간했다.[12] 읽기 매우 힘든 책이지만 하루만에 완독하고 그녀가 아들 루크와 쌓았던 가까운 관계에 대해 이야기한 바로 그 단락들을 내가 이해한다고 느꼈다. 그들은 대부분의 시간을 2인 가구로 지냈다. 가족으로서는 작을 대로 작은 크기다. 또한 한때 배티의 파트너였으며 루크의 아버지인 그레그 앤더슨의 십년 혹은 그 이상에 걸쳐 서서히 진행된 죽음을 읽으면서도 깊은 비애감을 느꼈다. 앤더슨은 조현증을 앓았고, 쇠약해져가는 그의 건강에 대한 묘사는 같은 병과 싸우는 가까운 친구가 있었던 나 자신의 경험과 겹쳐졌다. 나의 친구 조 ― 그녀의 이야기는 나중에 좀더 자세히 다룰 것이다 ― 는 결코 내게 폭력적이지 않았지만 그녀의 쇠퇴는 모든 면에서 앤더슨의 것과 같았다. 시간이 흐르며 그레그 앤더슨은 가진 모든 것 ― 직업, 친구, 보금자리 그리고 끝내는 자신의 가족과 자신의 생명 ― 을 잃었다.

이에 더해 내 아버지의 알코올의존증이 가장 심각했던 몇년간의 어린 시절 경험이 배티의 이야기를 읽으며 스며들어왔다. 그녀가 자신의 집에서 위험을 느낀 일을 묘사할 때마다 매번 깊이 인정받는 느낌이 들었다. 배티의 아들 루크는 그녀가 자신의 아버지에게 여러번 폭력적으로 공격받는 것을 목격했고 심리학자와의 상담에서 한번은 이렇게 고백했다. '멈추려고 해봤어요. 엄마한테서 떼어내려고 해봤는데, 내가 너무 작았어요.'[13] 루크의 고통을, 그의 진술에 담겨 있는 부끄러움과 무력감을 알아보았다. 책을 읽다가 이 대목과 다른 여러 대목에서 『한 엄마의 이야기』를 내려놓을 수밖에 없었다. 가만히 앉아 있을 수가 없었다. 집 주변을 훌쩍거리며 빙빙 걸었다. 『한 엄마의 이야기』는 정말이지, 정말이지 슬프다. 하지만 매번, 정말로 더는 못 읽겠다고 생각한 후 나는 스스로를 다시 끌어앉혔다. 다시 책을 집어들고 계속 읽어나갔다.

베티는 점점 심각해지는 앤더슨의 감정적, 신체적 폭력을 가정법원에서 인정받고 법정명령으로 그가 그녀와 아들에게 접근하는 것을 제한하기 위해 반복적으로 시도했다. 하지만 그녀는 자신과 가족을 안전하게 지키려고 노력하면서 거의 스스로의 계책에만 온전히 기대야 했다. 앤더슨은 주기적으로 연락도 없이 그녀의 집에 나타났고 나중에는 아들이 매주 가는 경기장 가장자리에 서 있었다. 때로는 법정 명령을 명백히 어겼다. 배티는 앤더슨이 공공장소에서 공격하지는 않으리라고 믿었다. 그녀는 틀렸다.

어떤 면에서는 평범했던 2월의 어느 평일 오후, 다른 많은 가족들과 아이들 앞에서 앤더슨은 크리켓 훈련을 하고 있던 열한살의 루크에게 다가가 배트로 머리를 쳤다. 그리고는 칼을 꺼내 그를 찔러죽였다. 배티는 사건 당시 50미터 거리에 서 있었다. 그녀는 마침 등을 돌리고 있었다. 여덟살 먹은 어린 목격자가 크리켓 네트 쪽에서 달려오며 외쳤다. '아빠가 아이를 때렸어! 아빠가 아이를 때렸어!' 사건 직후 아수라장이 펼쳐졌다. 처음에 배티는 진상을 알지 못했다. 경찰이 도착하자 앤더슨이 이제 막 자기 아들을 죽인 그 칼을 휘두르며 그들에게 거칠게 다가갔다. 경찰관들이 그를 쏘았고 그날 밤 그는 병원에서 죽었다.[14]

●

배티의 자서전에서 가장 가슴 아픈 부분들 중 일부는 루크의 죽음보다 훨씬 앞서 그녀가 덤덤하게 자신에게 가해진 폭력을 묘사하는 대목들이다. 그것이 가슴 아픈 이유는 한편으로는 뒤표지의 광고문구 같은 것들이 암시하는 바를 통해 마지막에 루크와 로지에게 무슨 일이 일어날지 우리가 알고 있기 때문이다. 하지만 별개의 이유도 있다. 크리스떼바의 아이디어가 이를 이해하는 데에 다시 한번 도움을 줄 수 있을 것이다. 여러차례에 걸쳐 배티는, 상대적으로 정상적인 행동에서 갑자기 위협적인 폭력으로 돌아서지만 신체적 상해를 입히지는 못하는 앤더슨을 묘사한다. 루크가 보는 앞에서 그는 커다란 꽃병을 들어 로지를 겨냥하다 채 던지지 못하고 넘어진다. 또 한번은 그녀의 머리를 발로 차려고 하지만 미처 닿지 못하고 심하게 넘어진다. 그러면 로지는 크리스떼바가 상징적인 것the symbolic이라 부를 만한 것(이성, 논리, 혹은 지배적 현실) 너머에 있는 상상적 세계, 지하세계로 내던져져서는 그곳을 부유한다. 그녀가 상상한 걸까? 방금 무언가 일이 일어난 걸까? 이 모든 게 그녀 머릿속의 일일까?

크리스떼바는 비체화abjection란 무엇보다도 모호성ambiguity이라고 말한다. 이는 '쥐고 있던 것을 놓는다 해도 이것이 주체를 위협하던 것으로부터 근본적으로 주체를 끊어내주지는 않'기 때문이다. '반대로 비체화는 (주체가) 영속적인 위험 속에 있음을 자인한다.'15 따라서 배티와 같은 주체는 타자의 증오에 얽히거나 엮여 있는 것과 같다. 그녀는 자신의 공포로 인해 완전히 변해 있다. 그 공포 자체는 '액체성의 안개'이자 '환각적인, 유령 같은 미광'으로서, 접근할 수 없으면서도 친밀한 것이다.

크리스떼바의 비체화 개념은 영화와 문학의 공포 장르, 특히 여성의 몸이나 여성적인 것에 대한 다른 상징적 지시들이 그러한 서사들에서 공포의 장소가 되는 방식을 설명할 때 원용되어왔다. 과학소설에서 가장 자주 인용되는 사례 중 하나는 영화 「에일리언」(리들리 스콧 감독, 1979)인데, 여기에서는 강제임신, 신체절단, 에일리언의 카멜레온 같은 성격 등이 비체적인 어머니 신체와의 굉장히 불안한 조우로 독해될 수 있다. 영화이론가 바바라 크리드는 크리스떼바 독해를 통해, 역사적으로 여성성 자체가 괴물적인 것으로 구성되어왔다고 말한다. 크리드에 따르면 여성들은 끊임없이 "생물학적 기형"biological freaks으로 구성되었고 그 몸은 두렵고 위협적인 섹슈얼리티 형태를 재현해왔다.16 차이가 있기에 괴물 같다는 생각은 저 멀리 아리스토텔레스까지 거슬러올라간다. 그는 '여성은 문자 그대로 괴물 —— 착상 때의 습기 및 냉기 과다로 인해 여성으로 태어났을 뿐인 결함있고 망가진 남성'이라고 쓴 바 있다.[17] 크리스떼바의 아이디어는 더 멀리, 우리가 여성에 대한 남성들의 공포, 특히 어떤 것이든 현실적인 힘을 휘두를 수 있을지도 모를 여성에 대한 공포를 이해하는 것을 돕는 데까지 뻗어갈 수 있으리라 생각한다. 여성혐오 역시 크리스떼바의 비체화 개념을 통해 이해할 수 있다. 여성혐오자는 자신을 '나'이자 '저것이 아닌 것'으로 내세우기 위해 여성을 폭력적으로 거부한다. 여성과 모성적인 것을 향한 그의 '본능적인 반응'은 경계의 감지로 인한 깊은 패닉이다.

●

친밀한 범위에서의 폭력에 대한 두려움과, 거대하고 전지구적 규모의 폭력에 대한 두려움 사이에는 몇가지 흥미로운 비교점들이 있다. 둘 다 잠재적인 힘의 남용과 연관된다. 둘 다 크리스떼바의 용어로 흥미롭게 살펴볼 수 있다. 오늘날 비체에 관한 크리스떼바의 작업을 적용한 바를 두루 생각하다가 베테랑 평화운동가 헬렌 캘디콧의 이력을 떠올리기 시작했다. 캘디콧이 평범한 시민에서 겁없는 반핵활동가로 변신하게 된 데에 두려움이 어떤 역할을 했을지 궁금했다. 그녀의 일에서는 계속해서 두려움의 역할이 무엇이었을까? 로지 배티가 겨우 몇년째 외침의 여정 속에 있다면 캘디콧은 사십년 이상을 전업 활동가로 지내왔다. 그녀는 1970년대 초에 활발한 연설가가 되었는데, 그때 나는 아직 걸음마를 하고 있었다. 당시 애들레이드의 소아과 전문의이자 세 아이를 둔 기혼자였던 그녀는 반핵운동의 대변자로서 갈수록 바빠지는 일정을 달력에 더해 적었다. 그녀는 당시 호주의 반우라늄 운동에서 중대한 역할을 했으며 휘틀럼 정부가 프랑스를 태평양에서의 핵실험 문제로 헤이그 국제사법재판소에 기소하도록 설득할 때에도 핵심적인 인물이었다. 이 시기 호주의 반핵운동은 ─ 그 이후로 줄곧 정치활동가들이 간절히 재연하고 싶어하는 ─ 굉장히 성공적인 풀뿌리운동을 전개했다. 사십년이 넘게 지난 지금, 호주가 핵발전과 핵무기가 둘 다 없는 몇 안되는 선진국들 중 하나로 남아 있다는 사실은 1970년대에 캘디콧과 그 동료들이 해낸 일의 유산이다.

1980년대에 캘디콧은 전문의였던 남편을 따라 미국으로 갔고 본인 역시 좋은 직장을 구했다. 캘디콧은 보스턴 어린이병원의료센터에서 임상의로 일했고 하바드 의학전문대학원에서 소아과학을 강의했다. 여기서 그녀는 동료 의사들과 함께 핵무기의 의학적 함의, 핵무기 경쟁의 어리석음, 핵발전 산업의 급증하는 위험 등에 대해 말하고 그들을 설득하기 시작했다. 그녀는 전성기에 이만 삼천 명 가량의 의사 회원을 두었던 조직이자 후일 자매 조직이 될 '핵전쟁방지 국제 의사회 설립'에 핵심적 역할을 한 '사회적 책임을 다하는 의사회'의 대표가 되었다.

캘디콧은 연설에 진짜 재능이 있었고 냉전시기에 미국 전역에서 왕성하게 활동했다. 1980년부터 1984년까지 그녀는 전국의 대학과 집회에서 연설했고, 핵무기 확산을 멈추기 위한 캠페인으로 미국 텔레비전 뉴스와 토크쇼를 지배하다시피 해 당시 미국 대통령이었던 로널드 레이건만큼의 방송시간을 확보했다.[18]

흥미롭게도, 몽뗴뉴와 마찬가지로 헬렌 캘디콧은 인생의 상당 시간을 죽음에 대한 선명한 두려움을 겪으며 보냈다. 자서전 『열정적 삶』(1996)에서 그녀는 이 두려움의 뿌리를 부모님이 자신을 잠시 시설 보육사에게 맡겼던 어린아이 시절에 겪은 사건으로 거슬러올라가 찾는다.[19] 열을 동반한 심각한 감염이 생겼는데 마취를 받기 전 의사에게 억지로 제압당했던 강렬한 기억이 있다. 그녀는 이 이야기를 하며 '그의 손에 나 있던 털이 기억나요'라고 말했다.[20] 그녀는 부모님이 자신을 죽도록 내버려두고 갔다고 확신했다.

죽음에 대한 캘디콧의 두려움은 청소년기에 네빌 슈트의 소설 『해변에서』(1957)를 읽고 더욱 깊어졌다.[21] 슈트의 소설이 가진 진정한 공포 ― 그리고 교훈 ― 는 천천히 독자에게로 기어올라온다. 이 책에는 단기대전Short War이라는 이름으로 불리는, 삼십칠일간 이어진 전쟁이 있었다. 그 결과 북반구 전체의 통신이 두절된다. 주인공은 전쟁 생존자들로, 방사능 구름이 가는 곳마다 모든 것에 독을 뿌리며 남쪽을 향해 휩쓸고 내려오는 동안 호주에서 할 수 있는 최선을 다해 하루하루를 이어간다. 책 속의 인물들은 임박한 자신의 죽음뿐 아니라 자신이 아는 모든 사람과 모든 것의 서서히 다가오는 절멸을 마주해야만 한다.

캘디콧에게 자신의 고향이 그토록 공포스러운 — 그러면서도 전적으로 가능한 — 포스트아포칼립스 시나리오로 재현된 것은 매우 충격적이었다. 몇십년 후 그녀는 '방사능 낙진이 덮쳐오려 하자 멜버른 사람들이 자기 아이들에게 청산가리를 주는 이미지는 내게 평생 남아 있다'고 쓰게 될 것이었다.

첫번째로 만난 자리에서 캘디콧은 냉전시기를 반추하며 '겁에 질렸던 것 같아요'라고 말했다. '지금껏 언제나 겁에 질려 있었어요.'

●

선동가이자 활동가로서 배티와 캘디콧 사이의 핵심적인 차이점은 무기경쟁과 핵확산의 위험에 대한 캘디콧의 주장이 주로 미래의 가능성 — 앞으로의 사고, 분쟁, 군사적 침략사건 — 에 대한 두려움에 기반을 두고 있다는 것이다. 내 아들이 우리 아파트에 불이 날까봐 두려워하는 것 — 대피경보가 울릴 때면 매번 수면 위로 올라오는 두려움 — 과 마찬가지로 캘디콧의 두려움은 근거없는 것이 아니다. 사실 그것은 논리, 경험, 역사, 지식 그리고 개연성에 단단히 기반하고 있다. 이런 일이 일어날 수 있음을 우리는 보아왔다. 그것이 가능함을 우리는 알고 있다. 마찬가지로 히로시마와 나가 사키의 공포 이미지는 많은 이들에게 생생하게 남아 있다. 군산복합체 그리고 후쿠시마의 경우와 같은 사건들이 가져올 의학적·환경적 결과들에 대한 캘디콧의 폭넓은 연구는 일련의 묵직하고 충격적인 지식들을 생산했다.[22] 하지만 캘디콧의 예측과 경고는 상당 부분 사변적이기에 언제나 묵살될 위험을 안고 있다. 다른 한편 로지 배티는 있을 수 없을 정도로 이미 암울한 결과에 이르러버린 내밀한 두려움의 경험을 서술하고 있다. 그녀의 사명은 그것이 다른 이들에게도 일어나는 것을 막는 일이다.

다른 중요한 차이는 앞에서도 언급했듯 배티와 캘티콧이 사람들 앞에서 말하는 두려움이 서로 다른 규모의 것이라는 점이다. 배티는 우리의 친밀한 파트너들이 위협하거나 범한 개인적 폭력을 말한다. 캘디콧은 국가가 승인하는 더 큰 규모의 폭력을 말한다. 한쪽이 다른 한쪽에 비해 이해하고 흡수하기가 더 쉬워 보인다.

●

두려움은 강력한 동기부여가 될 수 있다. 헬렌 캘디콧의 가장 유명한 공개연설은 '폭격비행' 연설이라는 이름으로 알려져 있다. 여기에서 그녀가 공포라는 장르를, 그러니까 크리스떼바의 비체 개념을 효과적으로 이용한 방식을 주목할 만하다. 이 연설은 1980년대에 미국 곳곳의 대규모 청중들 앞에서 열렸다. 캘디콧이 청중에게 자신이 사는 도시로 날아오고 있는 미사일, 핵폭탄을 떨어뜨릴 미사일을 상상해보라고 말한 것이 시작이었다. 다음으로 그녀는 그럴 때 일어나게 될 일을 매우 상세하게 설명했다. 폭발음은 어떠할 것인가? 어느 정도의 반경에 있는 얼마나 많은 사람들이 즉각적으로 재가 되어버릴 것인가? 유해물질은 얼마나 멀리까지 퍼질 것인가? 생존자들의 몸에 남은 상처들은 어떤 모습, 어떤 느낌, 어떤 냄새일 것인가? 캘디콧은 정확하고 전문가다운 의료인의 언어를 사용해 이런 질문들에 대한 잠정적 답들을 자세히 열거했다. 방사성 화학물질이 동물과 인간의 몸에 남길 수 있는 영향은 어떤 것인가? 그런 화학물질들은 주변의 공기, 물, 토양에 어떤 영향을 얼마나 오랫동안 미칠 것인가? 이때 비체화가 만들어내는 이미지들은 우유 표면의 피막에 비할 바가 아니었다. 캘디콧의 '폭력비행' 연설은 굉장히 효과적이었지만 논란이 없었던 것은 아니다.[23] 그것은 종교, 도덕, 법을 넘어 의미체계의 경계에서, 죽음이 꾸려가는 장소에서 청중 구성원들을 대면했다. 사람들은 종종 눈물을 보이며 연단 위의 그녀를 뒤로 한 채 떠났다.

내가 캘디콧과 이야기를 나눈 2015년 늦봄, '폭격비행' 연설은 지난 일이 되었지만, 그녀는 종말론적 미래 전망은 여전히 두려운 주제라는 데에 주저 없이 동의했고 자신이 두려움을 이용한 것은 정당하고 필수적인 일이었다고 항변했다.

'두려움은 위험에 대한 전적으로 적절한 반응이에요. 황소에게

쫓기면 신장 바로 위에 있는 부신에서 아드레날린을 뿜어내죠. 혈압이 높아지고 혈당수치가 높아져서 필요하다면 도망치기 위해 6피트 높이의 담장도 뛰어넘을 수 있게 돼요. 두려움에 대한 이런 부신 반응 덕분에 우리가 생존할 수 있는 거죠.'[24]

나는 이렇게 답했다. '정치적 동기를 부여하는 사람으로서 선을 정하는 건 정말 끔찍이도 어려운 일일 거예요. 사람들을 움직이기 위해 정보를 널리 퍼뜨리려 애쓰시는데, 한편으로는 그런 사실들이 사람들을 겁에 질리게 하잖아요.'

나의 이런 사고방식이 캘디콧에게는 조금도 놀라울 것 없다는 듯 보였다. 그녀에게 핵미래의 위험은 여전히 현실적이고 긴급하다.

그녀는 거침없이 '사람들은 겁에 질려야 해요'라고 하며 자신의 전략에 대해 이렇게 말했다. '저는 삶을 바꾸려고 노력해요. (참석한 사람들이) 그냥 나가면서 "강의 재밌네, 과자 좀 줘봐" 이러고 말지 않도록요. 종종 사람들이 다가와서 이런 말을 해요. "삼십년 전에 콜게이트대학에서 강연하시는 걸 들었어요. 그래서 지금 『뉴욕타임즈』에서 일하고 있죠." 그런 이야길 듣고 또 들어요. 사람들의 삶이 바뀐다는 거죠. 그게 아니라면 왜 이 일을 하겠어요? 저는 치유하려고 노력하고, 치유는 교육을 통해서만 가능해요. 토머스 제퍼슨이 "정보를 제공받은 민주주의는 책임감 있는 방식으로 작동할 것이다"라고 한 것처럼요.'

머리로는 캘디콧의 전략을 이해할 수 있지만 나 스스로가 그런 연설을 꾸준히 할 수 있을지는 확신할 수 없다. 두려움을 이용하는 것이 언제 부메랑이 되어 돌아올지 생각해본다. 부메랑이 되어 돌아올 수도 있을까? 두려움이란 무엇보다도 강렬한 감정이다. 우리 안에서, 그리고 우리를 거치며 그것이 어떤 형태로 표현될지 예상하거나 통제하는 것은 반드시 쉽지만은 않다.

●

두려움에 관한 철학의 역사는 그 자체로 젠더 정치에 흥미로운 가르침을 제공한다. 예를 들어 토머스 홉스는 인간에게 두려움이 지극히 핵심적이라고 보았다. 홉스에 따르면 폭력적인 죽음은 우리 모두가 가장 두려워하는 것이다. 그러므로 두려움은 사회적으로나 개인에게나 강력한 결정요인이다. 그는 '위대하고 오래 이어진 사회는 모두 인간이 서로를 향해 갖는 상호적 선의지가 아니라 그들이 서로에게 갖는 상호적 두려움으로 구성되었다'고 썼다.[25] (국가원수나 군주와 같이) 우리에게 힘을 휘두르며 명령을 내리는 권위가 없다면 우리는 영원히 만인의 만인에 대한 전쟁 상태 속에서 살게 되리라는 것이 그의 주장이다. 그렇다면 두려움이란 전쟁의 주된 원인이면서 우리가 문명과 연결짓는 평화의 획득과 유지를 위한 주된 수단이기도 한 것이다. 홉스가 전인류를 가리켜 (사람을 뜻하지만 남성만을 뜻하기도 하는) man이라는 말을 쓴 것은 어찌 보면 그저 그가 17세기에 저술활동을 했다는 사실을 보여줄 뿐이다. 다른 한편 나에게는, 일반적인 용례에 더해 그가 그저 여성을 고려하지 않은 것으로 보인다. 폭력의 역할과 힘에 대한 그의 이해는 특히 시민사회의 질서유지에 관해서는 오직 남성들만이 중요하다는 전제 위에 구축되어 있다. 역설적이게도 바로 이 전제가 여성들이 폭력과 군사화에 관한 정치적 대화에 진입하는 것 자체를 어렵게 만든다. 헬렌 캘디콧이 경험한 공적 생활이 바로 그런 경우다. 그녀는 언론과 온라인에서 광범위하게 오랜 기간 조롱당했다. 좀더 최근에는 세간의 이목을 끌고 있는 영국의 칼럼니스트 조지 몬비오트가 체르노빌 원전사고의 사망자 수치에 대해 그녀가 인용한 정보가 잘못되었다며 『가디언』 지면에서 그녀의 평판을 깎아내렸다.[26] 헬렌은 텔레비전 생방송에 나가 스스로를 변호했고 『주간 녹색좌파』의 필진인 짐 그린을 비롯한 여러 환경·과학 기자들이 그녀를 지원했다.[27] 이러한 의견충돌은 과학자들 사이에서 저선량 이온화 방사선의 건강영향에 관한 좀더 확대된 논의를 일으켰지만 캘디콧의 수치 해석은 여전히 유효했다. 최근 몇년간 방송기자들이 캘디콧을 할머니 — 그녀는 이 말이 '상대방을 불리하게 만들기 위해 쓰는 이름표'라고 설명했다 — 로 소개함으로써 그녀의 전문성을 손쉽게 폄하해왔다는 점 또한 특기할 만하다. 로지 배티 역시 매우 뚜렷하고 거리낌없는 공격을 — 특히 호주 내 반대파의 전 수장이며, 배티가 아들의 이름으로 설립한 자선단체와 연관된 금전비리 혐의를 들어 그녀의 명예를 실추하려 했던 마크 레이섬으로부터 — 견뎌야 했다. 레이섬의 주장 역시 널리 의심받았지만 배티는 그로 인해 큰 곤란을 겪었다. 당시 그녀는 루크배티재단 페이스북 페이지에 '왜 누군가가 이렇게까지 나를 공격하고 싶어 하는지, 왜 사실도 아닌 일로 나를 비난하려고 드는지 이해해보려 애쓰며 힘든 며칠을 보냈습니다'라고 썼다. '기운 빠지게 만드네요… 모욕당한 기분입니다'라고. 이런 종류의 공격들에 비추어보면 목소리를 높이고 공개적으로 말하는 것이 많은 여성들에게 위험한 일로, 종종 감수하기가 주저되는 일로 여겨진다는 사실은 놀랍지 않다.

●

헬렌 캘디콧과 함께 뉴사우스웨일스 시골지역에 있는 그녀의 정원에 앉아 지배와 권력을 논의하는 사이, 우리의 대화는 성과 폭력의 연관성이라는 주제로 옮아갔다.

그녀는 '아주 어렸을 때 아빠한테 "남자들은 왜 땅을 정복하면 여자들을 강간하죠? 그럴 때 여자들은 어떻게 해야 하죠? 하고 물었던' 추억을 꺼냈다. '글쎄요, 지금이라면 왜 항공모함에서 비행기를 타고 사람을 죽이러 갈 때 남자들에게 포르노 영화를 보여주느냐고 묻겠죠. 이대로는 걱정스러운 게, 군대에서 공격적인 행동을 독려하기 위해 포르노그래피를 사용하는 이런 실천은 정치이론가 실라 제프리스가 최근에 쓴 글[28]에서 간략하게 정리했듯이 국제적으로 여러차례 기록되어 왔어요.' 캘디콧은 확고했다. '성과 폭력 사이엔 커다란 연관성이 있어요.'[29]

이것은 그녀가 좀더 상세히 글로 쓰고 싶은 주제이다.

그녀는 '캘리포니아에서 호르몬과 그것이 행동에 미치는 효과에 관한 작업을 하는 여성의 어떤 연구를 읽은 적이 있어요'라며 말을 이어갔다. '그녀는 연구실에서 충돌이 생기면 남자들은 자기 방으로 들어가 문을 세게 닫고는 씩씩댄다는 걸 발견했어요. 그러면 여자들은 다음날 아침에 나와서 자리를 치우고 커피를 내려서 화해를 끌어내고 상황을 정리하는 거죠. 그녀가 호르몬 검사를 해보니 충돌이 있을 때 남자들은 테스토스테론이 엄청나게 상승했지만 여자들은 옥시토신이 상승했어요. 옥시토신은 수유랑 관계가 있죠. 보살핌 호르몬인 거예요.'

집에 돌아와 이 주제에 관한 글들을 찾아 읽었다. 캘디콧이 말한 그 연구를 찾을 수는 없었지만 옥시토신 상승과 더 두드러지는 모성적 행동의 관계에 대한 실증적 연구들을 분명 찾을 수 있었다. 젠더와 폭력 분야에서 수행되고 있는 수많은 이론적 연구—물론 여기서 이 주제는 매우 복잡한 것이다—도 있었다.[30] 최근의 한 연구는 사회적 분쟁과 공격적 행동에 대한 호르몬 반응의 실질적인 성차를 확증하는 상당량의 문헌을 인용한다.[31] 통계적으로도 여성들보다는 남성들 사이에서 폭력사건 발생률이 높다는 점은 분명하다. 그렇지만 최근에 데브라 니호프가 발표한, 남성과 폭력에 대한 신경생물학적 연구를 살핀 글[32]은 뇌에는 실용적으로 '남성'이나 '여성'이라고 이름 붙일 수 있을 만한 부위들 — 이 부위들은 다양한 스트레스 요인들에 각기 다르게 반응한다 — 이 있기는 하지만 서로 다른 개인들은 '남성' 뇌와 '여성' 뇌 특성의 상이한 조합들로 구성된다는 흥미로운 결론을 내린다. 니호프는 성차에 근거해 뇌의 구성을 과도하게 단순화하는 시도에 경고를 보낸다. 그녀는 우리의 뇌가 모두 본질적으로 '간성적'intersex이라고 말한다. 남자들의 뇌가 그 자체로 폭력을 지향하도록 '정해져'hardweird 있다고 말하기에는 어폐가 있다. 환경적이거나 문화적인 영향들이 굉장히 중요하다는 것이다.

뒤뜰에서의 대화 도중에 캘디콧이 내게 물었다. '정말로, 대체 왜 전쟁을 찬양하는 걸까요? 왜 유럽에는 광장마다 말을 탄 남자 동상이 있는 걸까요? 역사상 "위대한" 사람들의 정말 많은 수가 살인자들이에요. 이게 대체 무슨 일일까요? 전 알 수가 없어요.'

잘 생각해보아야 할 문제다.

●

당황스럽겠지만 줄리아 크리스떼바의 『공포의 권력』은 서두가 공포에 관한 시적인 문장들로 이루어져 있다. 책은 이렇게 시작한다.

저 폭력적이고 음험한 존재의 반란 가운데 하나가 비체화 안에서 어렴풋이 모습을 드러낸다. 넘치는 안과 밖으로부터, 있을 수 있고 참을 수 있고 생각할 수 있는 것들의 세계에서 쫓겨나 퍼져 나오듯이. 지극히 가까이 있지만 동화될 수는 없다. 욕망을 청하고, 걱정하고, 매혹한다. 하지만 스스로 유혹당하게 두지는 않는다. 염려하며, 욕망은 비껴간다 ─ 역겨워하며, 거부한다.[33]

크리스떼바의 작업 전반은 정신분석학, 특히 지크문트 프로이트의 아이디어에 깊은 영향을 받았지만 내가 보기에 그녀는 주체성의 본성을 빠짐없이 사유한다는 점에서 프로이트보다 더 멀리 나아간다. 크리스떼바는 나로서는 프로이트가 이런 종류의 작업에 중요하게 여기거나 했을지조차 확신할 수 없는 감정이입의 능력을 가지고 있다. 크리스떼바는 언제나 스스로를 문제의 중심에 두고 상상한다. 비체 개념과 사유하는 주체에 대한 그것의 관계를 생각하며 그녀는 '내가 아닌 것'이라고 쓴다. '그것이 아닌 것. 하지만 아무것도 아니지도 않은 것. 내가 사물로 인식하지 못하는 "무언가". 그에 관해 의미심장하지 않은 것이라고는 없는, 나를 으스러 뜨리는 무의미의 무게.'[34] 크리스떼바가 우리 자신의 주체성을 재사유하여 타자들과 좀더 융화적이고 개방적으로 관계맺을 것을 가능케 하라고 우리에게 촉구하는 방식 덕분에 그녀의 생각에는 정치적인 가망이 있다. 우리들, 우리 각각은 내부와 외부 사이의 영구적인 놀이, 끝이 없고 아마도 끊임없이 놀라운 어떤 과정을 면밀히 살펴보아야 한다. 심지어는 우리에게 가장 공포스러운 그것을 마주한 때에도 ── 어쩌면, 특히 그럴 때일수록 ── 말이다.

●

이 장을 쓰던 중 경계와 비체화에 관한 뜻밖의 교훈을 경험했다. 붐비는 버스를 타고 이웃한 교외에서 집으로 돌아가는 길이었다. 스무명 남짓이 지켜보는 와중에 딴사람이 된 듯 했다. 한순간에 바뀌었고 갑작스레 원치 않게 사로잡혔으며 끔찍하게 어지러운 느낌도 함께였다.

금요일 저녁이었다. 아들 롤런드와 책을 한권씩 사려고 칼튼행 버스를 타고 우리가 제일 좋아하는 서점에 간 날이었다. 롤런드에게는 평소 집에서 독서를 잘한 것에 대한 보상이었다. 나는, 글쎄, 아마도 위안 삼아 그랬을 것이다. 취약해진 기분을 느끼고 있었다. 이리저리 둘러본 후 아들은 한 솔로 미니 피규어를 덤으로 주는 현란한 『레고 스타워즈』한권을 선택했다. 나는 리베카 솔닛의 신작 에세이집을 골랐다.

그주 일찍, 평소처럼 치과에 가서 국소마취를 받다가 작은 사건을 겪었다. 치과치료 자체는 문제가 없었지만 마취가 풀릴 때까지 충분히 기다리지 못했다. 진료 후 몇시간이 지나 집에서 늦은 점심을 차렸다. 껍질이 단단한 올리브 빵을 조금 구워 치즈와 토마토, 야채 샐러드 한줌을 얹어먹었다. 곧 학교에 롤런드를 데리러 갈 시간인 게 신경쓰여서 급하게, 정신없이 먹었다. 나중에 보니 아랫입술의 느낌이 이상했다. 집을 나서기 직전에 거울을 힐끔 보니 살짝 부어 있었다. 달리 할 일은 없었다. 자전거를 타고 혼잡한 간선도로를 내려가며 페달을 밟을 때 비로소 피가 나는 게 느껴졌다. 마취가 풀리는 동안의 옅은 얼얼함이 점차 생살의 욱신거림으로 바뀌고 있었다. 알고 보니 입이 심각하게 찢어져 부어 있었다. 아랫입술과 뺨을 씹었던 것이다. 몇시간 동안 부기가 심해졌다. 그 자리 전체가 따끔거리고 아팠다. 이튿날 아침이 되자 푸르고 붉은 멍자국이 선명해졌고 보기에나 스스로 느끼기에나 얼굴을 무자비하게 맞은 것 같았다.

　문제의 금요일 밤, 서점을 나선 롤런드와 나는 집까지 십분쯤 걸리는, 존스턴 거리를 따라 동쪽으로 돌아가는 207번 버스를 탔다. 나는 피로해서 진이 빠져 있었다. 얼굴은 욱신거렸다. 저녁 여섯시였고 버스는 거의 만원이었다. 우리는 옆면이 앞을 향한 자리에 앉았다. 노인과 장애인을 위한 몇 안 남은 자리였다. 종종 그렇듯이 버스에 다른 아이는 없었고 많은 승객들의 시선이 자기 책을 꺼내도 되냐고 묻는 롤런드에게로 향했다. 나는 고개를 끄덕였다. 그는 집에 가는 남은 길을 짧은 대화를 소리내어 말하거나 입으로 총소리를 흉내내는 상상게임과, 공중을 날아다니는 스타워즈 미니 피규어가 곁들여진 상상이야기 속에서 보냈다. 그 놀이서사의 폭력성이 살짝 거슬렸지만 혼자서도 잘 노는 그가 고마웠다. 머리를 뒤로 젖혀 창에 기대고 눈을 감았다.

눈을 뜨자 갑자기 내게서 시선을 거두는 나와 같은 통근객 여남은명의 다소 부자연스러운 몸짓이 보였다. 나는 아들과 내가 연속극 한 장면을 찍었단 걸 깨달았다. 아마도 그의 놀이가 사람들의 시선을 끌었을 테고, 이내 그들의 시선이 다친 내 얼굴을 향했을 것이다. 우리의 여건이 평가되고, 그에 대한 가설이 세워지고, 결론이 나왔을 것이다. 우리 바로 맞은편에 서 있던 60대 여성 한명이 나를 향해 이해한다는 듯한 미소를 건넸지만 그녀 자신이 정확히 무얼 이해한다고 생각했을지는 모를 일이다.

버스를 탄 사람들은 내가 술과 관련된 폭력의 위험이 매우 잦은 가정에서 자랐다는 사실을 알지 못했을 것이다. 맞은 사람은 대개 내가 아니었다. 어머니였다. 하지만 크리스떼바가 분명히 지적하듯, 이제 스스로 양육자가 된 내가 알고 있듯, 엄마와 아이의 구분은 가변적이다. 때로는 어디서 하나가 끝나고 다른 하나가 시작되는지 알기 어렵다. 저 동료 통근객들이 떼로 시선을 돌린 행동은 즉각 추락하는 기분을 불러일으켰다. 나는 스스로 연속성의 감각을 유지하려 애썼다. 기분 나쁘게 익숙한 세평들, 삼십년 전 내 어머니에게 내려졌던 판단들, 술집에서 들려오던 문장들. 여전히 지금도 그런 상황에 처해 있는 여성들을 향한 지적들이 마음속을 온통 떠다녔다. 그러게 그 여자가 입을 닫고 있었어야지. 아이를 위한다면 떠나지 못할 이유가 뭐야? 누군가는 그 여자 버릇을 고쳐놨어야 하니까. 그 여자가 자초한 거야, 그렇잖아? 그 여자가 좀 드세, 그런 타입이지. 왜 안 헤어지는 거야?

나는 그들이 생각하는 그런 사람은 아니었다. 하지만 또한 나는 정확히 그녀였다. 나는 매 맞는 여자의 유령이었다. 그녀는 내 안에 살아 있었다.

나는 등을 곧게 폈다. 멍하니 창밖을 바라봤다. 남은 길 내내 시선을 옮기지 않았다. 솔직히 말하자면 그저 아들과 내가 버스에서 내릴 때만을 기다렸다. 길이 이어지는 동안 나는 점점 더 기절할 것 같았고 점점 더 나 자신이 아닌 듯 했다. 지각이 차단되었다. 나는 땀을 흘리기 시작했다.

●

몇달이 지나 그 사건을 다시 생각해보니 여성주의 철학자 앤 카힐이 권력을 단지 처벌하는 힘, 권위적인 힘만이 아니라 미묘한, 설득적이고 창조적인 힘으로 설명한 것이 떠오른다. 권력이란 욕망과 정체성 수준에서 행위에 영향력을 미칠 수 있는 힘이며 그러므로 몸이 권력을 위한 특권적 장소가 되는 것은 놀라운 일이 아니라고

카힐은 말한다.[35]

　다른 면에서는 평범했던 버스 여행 중에 일어난 일에 대한 생각을 정리하기까지는 어느 정도 시간이 걸렸다. 무언가가 일어났다는 것, 사실은 여러가지가 일어났다는 것이 중요했다. 첫째로 나의 동료 승객들이 내 얼굴에 상처가 있음을 알아차렸고 그 대부분이 내가 자신들의 시선을 눈치채자 눈을 돌린 것. 둘째는 집에서의 폭력에 대한 내 어린 시절의 경험이 나에게 보이지 않지만 멍들고 찢어진 입술만큼이나 확실한 흔적을 남겼다는 것. 승객들과 그들의 회피에 대한 나 자신의 반응을 이끌어낸 것은 이런 '다른' 종류의 흔적이었다. 그 경험은 우연찮게도 내 얼굴의 상처와는 별개였지만 어쩌면 관련된 것일 수도 있었는데, 동료 통근객들이 나름대로 감행할 수 있었던 최선이 겨우 찰나의 동정 어린 미소였다는 생각에 오싹해졌다. 세번째로 일어난 일은, 오해받고 있을 수도 있다는 걸 알아차리고는 내가 내 몸의 '비체적 발화'에 공포감을 갖고서 반응한 것이다. 정신이 아득해지던 변형의 순간, 상처가 나를 대체해버린 것 같았다. 크리스떼바는 '그것은 지극히 가까이 있지만 동화될 수는 없다'고 썼다. 어린 시절의 가정폭력 경험이, 그것을 목격한지 거의 서른해 만에 어른이 된 내 얼굴을 찢고 나와 만개하기라도 한 듯한 기분이었다. 그것은 나를 대신해 말하고 있었다. 그리고 나는 그것에 의해 지워졌다.

　스스로나 남들에게 두렵지 않다고 말할 때 무슨 뜻으로 나는 그런 말을 하는 걸까? 사실 나는 오랫동안 친밀한 남성의 폭력과 소위 매 맞는 여자가 되는 것을, 모두가 알지만 누구도 입에 담지 않는 개인적인 공포를 가진 여자가 되는 것을 두려워해왔다. 그녀는, 이 여자는, 덫에 걸렸다. 그녀는 덫에 걸려 고통받고 나갈 길이라곤 없다. 게다가 그녀는 공공연히 모욕당한다. 심지어는 시선을 돌리는 것처럼 미묘한 무언가에도 수치심을 느낀다.

버스에서의 그 장면을 말로 묘사한 것이 부족해 보인대도 어쩔 수 없다. 그때를 생각하면 여전히 분노와 충격이 뒤섞여 치밀어오르고 절로 눈물이 흐르며 분열되는 느낌이 든다. 그 사건의 기억에서 나는 일인칭시점에 있지만 때로는 버스에 있던 타인들의 시선에 놓이기도 한다. 나 역시 다른 때에는 그들 중 하나였기 때문이다. 솔직히 말해 우리 중 누구라도 시선을 돌려보지 않았겠는가. 상처는 보기 괴롭다. 피와 고름과 멍, 상처란 시체를 향하는 몸짓이다. 우리 모두 언젠가 시체가 될 것이다. 피해자 — 바로 지금, 그녀에게 흔적을 남긴 그 위기의 한가운데에 있는 — 또한 보고 있기 힘들다. 이따금 버스에서의 경험을 돌이켜볼 때면 나는 나 자신도 아니고 타인도 아니다. 이따금 나는 붐비는 차량의 천정에 닿도록 공중에 떠서는 거기에 있으면서도 거기에 없다. 나의 취약함밖에는 남지 않는다. 그리고 그건, 이상하게도 아름답다.

『공포의 권력』에서 크리스떼바는 '아름다움의 파열 속에서 비체적인 것이 붕괴하는, "우리의 실존을 취소하는" 숭고한 지점'에 대해 쓴다. 이것이 내게 일어난 일과 조금은 비슷할까.

●

사실, 몸은 돌아왔다. 나는 고개를 숙였다. 어지러운 느낌이 계속됐다. 우리가 내릴 정류장에 다다랐고, 나는 아들의 손을 잡고 어찌어찌 뒷문으로 내렸다. 집에 가는 몇블록 내내 눈물이 흘렀다.

롤런드가 '엄마, 괜찮아?' 하고 물었다.

그렇게 묻는 것이 고마웠고 솔직히 답하고 싶었지만 그는 아직 너무 어렸다. 어디서부터 시작해야 할지 알 수 없었다. 나는 여전히 길 잃고 발가벗겨진, 진정되지 않은 그대로였다.

눈물을 닦으며 '그냥 얼굴이 아파서 그래'라고 했다. 이런 식으로 나는 또다시 침묵이 말할 수 없는 것을 대신하게 만들었다. 집을 향해 힘없이 걸었다.

다른 존재양식 ─ 나로 하여금 두려움과 폭력의 놀라운 지속을 보게 했던, 그늘에 묻혀 있는 대안적인 양식 ─ 으로 떨어지고 빠져든 느낌이 사라질 때까지는 며칠이 걸렸다. 이상하게도 나를 가장 겁먹게 했던 것은 소리없는 집단적 승인 ─ 내가 아들에게 아무 일도 없다고 재빨리 부정한 것을 포함해 ─ 이었다. 그것은 지금도 나를 겁먹게 한다.

나는 두렵지 않다고, 두려움은 나를 사로잡지 못한다고 다시 한번 내가 말할 때 그걸 진실로 받아들여야 하는 사람은 누구일까?

●

「두려움의 현상학」이라는 글에서 앤 카힐은 여성신체와 강간위협의 사회적 생산에 대해 이야기한다. 흥미롭게도 그녀는 강간당하거나 직접적으로 강간위협을 받은 적이 전혀 없는 여성들의 몸도 '강간문화의 진실과 가치를 표현하는 방식의 태도를 취하는 경향'이 있다고 말한다.[36] 뒤늦게 깨닫게 되는 이러한 지점은 로지 배티가 여러해 동안 스스로를 피해자로 인식하지 못했던 것이나 —— 그녀는 회고록에서 이 사실을 반추하고 인정한다 —— 내가 버스에 있던 사람들에게 되받아치지 못한 것, 그들의 집단적 수동성이 입히는 실제적, 잠재적 타격에 반격하거나 그 점을 적절히 지적하지 못한 이유를 어느 정도 설명해 준다.

여성신체의 사회적 생산은 로지 배티의 경험을 이해해보고자 할 때 유념해둘 만한 흥미로운 현상이다. 인생의 마지막 십년 동안 배티의 전 파트너 그레그 앤더슨의 자기 서사는 점점 분열되었다. 그는 서로 다른 여러가지 종교적 전통에 이끌렸다. 주기적으로 뉴사우스웨일스의 가톨릭 수도원에서 몇달씩 피정을 하면서도 하레 크리슈나교와 예수 그리스도 후기 성도 교회만큼이나 이질적인 전통들에도 상당한 시간을 바쳤다. 루크가 아직 아기였던 때의 어느날,

로지는 앤더슨이 침대에서 자고 있던 루크를 깨우더니 부엌 식탁에 쌓여 있던 책이며 서류 위에 위태롭게 놓아둔 흔들의자에 앉히는 걸 보고 그를 질책했다. 앤더슨은 조용해지더니 이내 크게 화를 냈다. 그는 '여자는 남자를 따르고, 남자는 신을 따른다'고 선언하며 '남자는 여자를 따르면 지옥에 간다'고 했다. 로지는 따지고 들었다. '뭐?'라고 응수했다. '무슨 뜻이야? 여자라서 나는 신과 직접 이어질 수 없다는 거야?'[37]

나중에 앤더슨의 공격성과 피해망상은 자기 아들이 엄마와 같은 침대에 누우려는 ─ 로지와 루크는 함께 자는 걸 마음 편해 했으므로, 사실 이는 자주 있는 일이었다 ─ 작은 기미만으로도 자극받을 수 있었다. 혹은 엄마가 아닌 여자가 아이를 돌봤다는 생각에 자극받을 수도 있었다. 면접교섭을 다녀간 한번은, 앤더슨은 로지에게 전화를 걸어 아이에게서 '불쾌한 냄새'를 맡았다며 전날 밤에 베이비시터 ─ 여자 ─ 가 루크를 돌봤는지 알아야겠다고 했다.

배티는 또한 앤더슨이 성에 관해 음침하고 공격적이었으며 종종 수치심과 얽혀 있었다고 말한다. 관습적인 의미에서는 공식적으로 커플이었던 적이 없었던 그들은 같이 산 적 또한 없었다. 둘 사이의 섹스는 앤더슨이 굉장히 비정기적으로 로지의 침실에 찾아온다는 특징이 있었다. 이 방문은 매우 은밀하고 갑작스러웠다. 로지는 잠에서 깼다가 이윽고 홀로 남겨져 실제로 무슨 일이 일어나기는 했는지 생각하곤 했다. 그랬던 초기에는 종종 그 관계의 본질에 혼란을 느꼈다. 하지만 시간이 갈수록 앤더슨은 마치 성적 친밀성에 대한 자기관점 — 신에 반하는 부적절하고 불결한 것이라는 — 을 재확인해주는 종교 소책자라도 찾아 읽은 것만 같았다. 성관계가 앤더슨에게는 우유 표면의 피막인 듯했다. 그것을 연상시키는 여성이라는 것 자체가 그에게 역겨움을 유발했고, 그의 반쯤 수도승 같은 고독으로의 도피는 무엇보다도 스스로의 욕망을 씻어내려는 시도로 보였다. 루크가 생기고 나자 로지와 앤더슨 사이의 성적 친밀성은 완전히 단절됐다.

크리스떼바는 정신분석학의 전통에 입각해 정신병적 인간을 평범한 논리나 질서잡힌 문화적 패러다임을 따를 줄 모르는 나르시스적 상태에 있는 사람으로 읽는다. 앤더슨의 자기 서사를 점점 깊숙이 자리잡아가는 여성에 대한 두려움과 증오로 읽어내기는 어렵지 않다. 로지 배티는 단지 그녀 자신인 것만이 아니다. 그녀는 다른 무언가 — 어머니로서의 동정녀 마리아와 괴물 같은 여성적인 것 양자의 상충하는 재현 — 의 대리자이다. 앤더슨은 그러한 것을 자신이 지배하고 통제해야만 한다고 느낀다. 보금자리와 안정적인 일상에 대한 자신의 기본적인 욕구조차 감당하지 못하면서 말이다.

2014년 2월, 한 11세 소년이 크리켓 연습을 하던 중 제 아버지의 손에 살해당했다는 소식을 처음 들었을 때, 그 사건이 기본적으로는 아이의 어머니를 향한 공격성의 발현임을 즉각적으로 이해할 수 있었다. 미처 그녀의 이름조차 알지 못한 때였지만 마음속 깊이 로지 배티의 일에 안타까움을 느꼈다. 내가 아는 여성들 사이에서 이런 반응은 드물지 않았다.

●

제25회 시카고 인문학축제의 한 공개 포럼에서 청중 한명이 초청 연사였던 줄리아 크리스떼바에게 미국 전역에서 주로 젊은 남성들에 의해 교내 총격 형태로 가해지는 종류의 폭력에 대한 정신분석학적 관점에서의 의견을 물었다.[38]

'굉장히 우려하고 있습니다'라며 말을 시작한 크리스떼바는 앞서 그 세션에서 많은 동료 정신분석가들이 동시대 정치에 충분히 참여하지 않는다고 비판하며 정신분석학이 언제나 정치나 문화와 연관되어 왔다는 주장을 설득력있게 펼친 참이었다. 그녀는 '아마 칸트의 근본악radical evil 개념은 익숙하실 겁니다'라며 말을 계속했다.

칸트의 개념은 아마 조금 설명이 필요할 것이다. 철학연구자 클라우디아 카드는 칸트에 따르면 '우리는 도덕법칙을 우리의 자기이익에 복속시킬 때 근본적으로 악해진다'고 말한다.[39] 하지만 칸트식 접근의 문제 중 하나는 그가 살인 같은 행위와 좀도둑질처럼 좀더 사소한, 여타의 부도덕한 행위의 차이를 적절히 판별하지 못한다는 것이다. 그의 작업은 근본악의 실재 근원을 너무 불가사의한 것으로 남겨두었다는 점에서 널리 비판받아왔다. 당연하게도 칸트가 말하듯 모든 것이 그렇게 완벽하게 논리적이고 합리적일 수는 없지 않을까? 철학자 한나 아렌트는 전체주의에 관한 책에서 칸트가 누락한 것을 포착한다. 그리고 여기가, 우리가 비체화와 공포에 대한 크리스떼바의 작업에 가까이 다가가게 되는 지점이다. 아렌트는 서양철학전통 전체를 통틀어 '우리는 "근본악"을 상상할 수 없다 (…) 그럼에도 압도적인 현실성을 갖고서 닥쳐오며 알고 있는 모든 기준을 망가뜨리는 현상을 이해하기 위해 우리가 기댈 곳은 사실 전혀 없다'고 주장한다.[40]

　시카고에서 받은 질문에 크리스떼바는 '한나 아렌트가 이 근본악 개념을 받아들였죠'라며 답을 이어갔다. '어떤 사람들이 다른 사람들의 생명을 앗아갈 때, 죽이는 것, 살해하는 것이 근본악이라고 말했습니다. 그 어떤 사람들은 어떻게 그런 상황에 이를 수 있었을까요? 많은 종교가 이것을 죄로 여기지만 어떤 때에는 다른 종교와 싸우기 위해 이를 이용하기도 합니다. 저희 심리학자들, 정신분석가들에게 이런 마음상태는 프로이트식으로 말하자면 우리가 두개의 정신적 요소, 두개의 본질적인 정신적 요소를 갖고 있다는 사실에서 기인합니다. 하나는 성적 요소, 즉 생식, 사랑, 성교, 애정이라는 의미에서의 자극이죠. 다른 하나는 폭력인데 이 폭력을 프로이트는 죽음소망death wish이라고 부릅니다. 청소년의 정체성이 잘 형성되고 믿음에의 욕구가 충족되면 죽음소망은 통합됩니다. 이런 거죠, "어떤 이상을 성취하기 위해 공격적으로 행동할 거야. 그리고 나의 이상이 내가 잔인해지는 걸 막아줄 거야. 사랑이라는 틀 안에서는 내 이상이 내가 다른 인간의 생명을 파괴하는 걸 막아줄 테니까." 하지만 심리적 장치가 이상적 소망을 충족하지 못하고, 우리가 조각조각으로 붕괴되어 일종의 해체를 보게 되는 상황이 있죠. "내가 누구인지 모르겠어" 같은 거요. 자아ego의 자리에 아무도 없는 거예요. 이런 걸 분열증적schizophrenic이거나 편집증paranoid적인 것으로 설명할 수 있습니다. 이건 정신병적 경험이고 텅 빈 공간 혹은 일종의 환각처럼 경험되는 폭력에 의해, 아니면 폭력 자체의 쾌감에 의해 자아가 파괴되고 압도되는 거예요. 그리고 이런 상황에서 사람들은 일종의 안개 상태가 되고, 그속에서 자신과 유사한 존재들을 죽일 수 있게 되는 거죠.'

크리스떼바는 종교적 극단주의의 영향을 받은 한 남성 청소년에게 몇명의 아프가니스탄 참전군인과 여러명의 유대인 어린이가 살해당한 프랑스 남부에서의 테러 사례를 언급하며 답을 마무리했다. 우리는 그런 청소년들에게 다가가야 하며 젊은 남성들이 스스로 피해자가 되는 것을 막기 위해 그들의 정체성이 붕괴하는 초기 신호를 포착할 수 있도록 가족이나 공동체와 협력해야 한다고 크리스떼바는 주장했다. 정치적 권력을 쥔 자들이 우리에게 공간을 내어주지 않으려 하더라도 그렇게 해야 한다는 것이 그녀의 주장이다. 우리는 집단적 두려움 속에서 움츠러들기보다는 인정어린 행동을 고수해야 한다.

●

퍼스 외곽의 언덕지대에 살던 때엔 매주 한번씩 30킬로미터짜리 서킷에 자전거를 타러 갔다. 힘든 오르막 여러개와 길고 수월한 직진 구간 몇개로 이루어진, 양이나 소를 기르는 방목장으로 둘러싸인 길이었다. 이따금 노면은 납작해진 여우 사체, 볕을 쬐는 커다란 뱀 같은 흥미로운 광경을 제공했다. 차는 거의 없었다. 나는 라이딩을 즐기면서도 그 코스의 두드러진 특징이라고 할 만한 어느 언덕 하나를 늘 의식했다.

새로 산 탄소섬유 프레임에 앉아 처음으로 우롤루의 리버턴길을 내려가며 페달을 밟던 때를 아직도 떠올릴 수 있다. 그런 경량 모델을 타는 데에 아직 완전히 익숙해지지 않은 때였다. 시속 50킬로미터 이상 올라가는, 날아가는 듯한 기분이 나게 해주는 종류의 자전거였다. 실제로 날아가지는 않지만 말이다. 언제나 똑같은 교통난이 당신을 맞이하는 평범한 길에서 바닥을 딛고 있을 것이다. 고르지 못한 노면과 토사, 속력을 내는 차량들, 사각지대, 예기치 못한 보행자나 떠돌이 동물들. 리버턴길 내리막은 약간 휘어 있어서 곧 나타날 것들을 정확히 볼 수 없었다. 호주의 투르 드 프랑스 챔피언 카델 에반스는 언젠가 사이클링이라는 운동은 고통이라고 말한 바 있지만 내리막이야말로 사이클링의 전부라고 말한 것으로도 알려져 있다. 로드사이클 선수는 일정 수준의 기술을 쌓아서 내리막 타는 법을 배운다. 자기 자전거를 알아야 하고 기어와 브레이크를 편안히 다룰 수 있어야 하며 언제, 어떻게 체중을 옮기거나 몸을 기울일지 알아야 한다. 다음으로는 두려움을 흘려보내는 일을 해야 한다. 나는 하지 못했다. 완전히는 말이다. 리버턴길의 내리막에 가는 것이나 내리막을 타는 것 자체를 한번이라도 겁내지 않아본 적은 없는 것 같다. 하지만 어느날 길을 내려오다가 나는 카말라 다스의 시 구절을 생각했다.

두려움, 꺼지라지, 하고 생각했다. 여성들에겐 용기가 필요하다. 우리에겐 출산을 견디기 위해 용기가 필요하다. 우리에겐 일터에서의 용기가 필요하다. 우리에겐 거리에 나가기 위해 용기가 필요하다. 때로 우리는 밤에 우리 침대에 눕기 위해 용기가 필요하다. 나는 리버턴길의 언덕을 절대 최고속도로 내려가기로 결심했다. 놀랍게도 나는 해냈다. 그리고는 느낌을 좇는 법을 배웠다. 나는 제대로 날았다. 시간이 흘러 리버턴길 언덕을 내달리는 것은 내 곁에 머물기 시작한 쾌감의 감각이 되었다. 하루 중 언제, 어디서라도 눈을 감고 날아오르는 느낌과 자유의 느낌을 떠올리고 그로부터 힘을 얻을 수 있음을 알게 되었다. 지금도 나는 그해에 오랜 파트너를 떠나고 내 삶의 여러 영역에 긍정적인 변화의 씨앗을 뿌릴 용기를 얻을 수 있었던 건 전부 리버턴길의 내리막에 대한 태도변화 덕분이라고 믿고 있다.

●

줄리아 크리스떼바가 자신의 이론을 임상에 적용한 바에 대해 말하는 한 후기 저작에 아름다운 대목이 있다.[41] 그녀는 정신분석가로서 아직 언어에 이르지 못한 뽈이라는 이름의 소년과 함께 하고 있다. 그는 벌써 말문이 트였어야 하지만 어떤 이유에서인지 아직이다. 크리스떼바는 그에게 노래하는 법부터 가르침으로써 말하기를 지도한다. 노래라는 상상의 영역과 말할 때 내는 소리 사이의 연관성에는, 크리스떼바가 우리 인간을 무엇보다도 **말하는 주체** speaking subjects로 범주화하는 방식에 아름답게 들어맞는 무언가가 있다. 나는 크리스떼바가 아이에 맞추어 몸을 낮게 숙이고는 아직 상징적이거나 언어적인 것이 아닌 소리를 내는 걸 볼 수 있다. 그녀는 비언어적인 것 — 소리, 멜로디, 리듬 — 을 이용하고 있다. 아이의 몸/정신은 어떻게 해서인지 이 음악적 발성 — 상상적(혹은 크리스떼바의 용어로 '기호적') 뿌리 — 목소리의 결, 노래의 감정적 공간을 이해하고, 점점 반응하기 시작한다. 크리스떼바와 뽈은 함께 노래를 만들고, 그는 자기 자신의 목소리에서 쾌감을 얻는 법을 배운다. 마치 그녀가 노래함으로써 그의 용기를 불러내고 이를 통해 그를 더욱 온전히 존재의 가능성으로 이끄는 듯하다.

2015년 1월, 올해의 호주인상 시상식에서 로지 배티는 상을 받으려 일어서며 어떤 깨달음에 충격을 받았다. 후보자 명단에 오른 다른 뛰어난 시민들 ― 더 '생산적'인 신경과학자, 잘 알려진 여배우, 그리고 입양운동가 ― 과는 다른 느낌이었다. 걸어나가며 왜 자신이 거기 오게 되었는지 정확히 떠올렸다. 생각도 할 수 없는 일이 일어난 것이다. 단상 앞에 선 순간 선명하게 이를 느꼈고 슬픔에 휩싸였다. 말도 제대로 못할 지경이었다. 그 일을 곱씹으며 그녀는 나중에 이렇게 적었다. '제가 이 트로피를 들고 박수를 받으며 여기 서 있는 단 하나의 이유는, 제가 사람을 움츠러들게 만드는 종류의 비극을 견뎌냈다는 점 때문입니다.'[42] 그날 앞에 있던 관중들을, 자신의 목소리와 영상을 전국에 송출하는 언론들을 의식하며, 그녀는 말을 가로막는 눈물과 싸우며 입을 열어 이야기했다.

80세가 된 헬렌 캘디콧의 경우, 자신이 보고 있는 동안 전지구적 군비축소가 충분히 진전되지 않았다는 사실에 실망감을 느낀다. 사회적 책임을 다하는 의사회의 대표로 있었고 전지구적 핵무기 경쟁을 멈추자는 진정하고 영원한 동의가 가능해 보였던 시기를 언급하며 그녀는 '거의 다 갔었죠' 하고 말했다.[43] 하지만 내가 이 글을 쓰고 있는 지금, 중국과 미국, 미국과 북한 사이의 군사적 긴장은 여전히 심각하다. 널리 관측되는 도널드 트럼프 대통령의 나르시시즘이 갖고 있는, 심각한 충돌을 일으킬 잠재력을 두려워하는 것도 타당한 일이다. 그러는 동안에도 캘디콧은 계속해서 외치고 있다. 우리가 만나기 전 주에는 남호주 핵연료주기왕립위원회에 전문가 증언을 제출했다. 몇달 사이에 샌프란시스코, 베를린, 세인트루이스, 오클랜드에서 강연을 할 예정이었다.

헬렌 캘디콧과 이야기를 나누며, 자신을 폄하하고 깎아내리려는 찬핵세력의 반복된 시도에도 불구하고 오랜 기간 공적 영역에서의 외침에 헌신해온 활동의 이면에 있는 그녀의 추진력과 정력에 경외감을 느꼈다. 우리 문화에서 남성들의 말과 여성들의 말이 서로 다른 방식으로 받아들여지는 것을 두고 마리나 워너가 한 말이 떠올랐다. 전자가 자신감을 갖고 자신의 생각을 말하려는 성향은 매우 자주 존경과 함께 받아들여지지만, 후자가 그럴 경우엔 지나치게 떽떽대는 것으로, 혹은 수다스러운 성격으로 취급된다. 그럼에도 어떤 여성들은 감사하게도 공적인 삶에서 진지하게 받아들여지는 것을 끈질기게 쟁취해낼 것이다. 캘디콧이 그중 한 사람이다.

이 점을, 특히 그녀가 사십오년 세월을 헌신한 것을 생각하며 캘디콧에게 자신이 용기 있는 여성이라고 생각하는지 물었다.

'다른 사람들은 제가 용기있다고 말하죠.'

'용감하다고 느끼지 않으세요?'

'네. 한번도 용감하다고 느껴본 적 없어요, 한번도요.'

그녀는 미국에서 강연 후에 종종 마주했던 흔한 상황 한가지를 묘사했다. 끝나고 나면 사람들이 그녀 주변에 모여 떠오르는 생각이나 전략들을 이야기한다는 것이다.

'때때로 어떤 남자가 무언가 말하면 저는 "좋은 생각이네요. 출마하셔야겠어요."라고 말하죠. 그러면 그 사람은 어깨에 힘을 넣고 "그래야겠네"라고 해요. 하지만 비슷한 상황에서 어떤 여성에게 그렇게 말하면 말 그대로 두발쯤 뒷걸음질하며 이렇게 말하는 거예요. "누구요? 저요?"'

나는 이렇게 답했다. '그거 흥미롭네요. 일을 할 때나 뭐라도 할 때 정말로 뒷걸음질할 필요가 없다는 걸 이제야 알겠어요.'

'그런데 왜 뒷걸음질을 쳐야 한다고 생각했을까요? 그래요, 분명한 문제죠.'

'맞는 말씀이에요.'

그녀가 '아시겠어요?' 하고 물었다.

'글쎄요, 아마도 그냥 자신감이 부족한 거겠죠'라며 나는 머뭇거렸다. '부분적으로는 제가 자신감 부족을 실제로 문화적으로 구성된 것으로 읽기보다는 제 안에 있는 유약함weakness으로 읽는다는 게 문제인 것 같아요.'

'당신 안의 유약함이에요. 맞아요.'

'하지만 학습된 태도이기도 하잖아요.'

'자신감이 왜 부족할까요? 왜 스스로를 자신있게 여기지 않죠?"

그땐 그녀의 질문에 답할 수 없었다. 돌이켜보면 내가 노골적이거나 암묵적인 남성 위협은 물론, 얕보이거나 조롱받는 것에 대한 두려움 때문에 너무 나서는 건 아닐까 싶어 걸음걸음마다 조심해온 걸까 생각한다.

●

헬렌 캘디콧을 만나기 위한 준비의 일환으로 했던 활동 중 하나는, 그녀가 자기 웹사이트의 '자원' 섹션에서 추천하는 간단한 교육활동 설명서를 따라해보는 것이었다. 「트라이던트 핵무장 잠수함 시위」라는 제목이 붙어 있는 이 활동을 하려면 손으로 대강 그린 그림 스물네장을 인쇄해야 한다. 그림 자체는 귀여우리만치 간단하다. 하얀 배경에, 남근 모양임을 부정할 수 없을 검은색 미사일 8기. 각각은 탄두 하나씩을 형상화한 것이다. 내가 한 것처럼 스물네장을 인쇄해 방을 빙 두르거나 빈 복도를 따라 테이프로 붙이면 트라이던트 잠수함 한대에 실리는 탄두 192개를 시각적으로 형상화한 이미지를 갖게 된다.

이 활동을 추천한다. 이것은 군산복합체의 엄청난 규모와 어리석음을 충격적이고 놀랍게 형상화한다. 미국 해군은 이런 식으로 무장한 잠수함 14기를 소유하고 있으며, 같은 등급의 4기가 영국 소유이다. 이 검은 탄두 중 하나만 해도 히로시마에 떨어진 폭탄보다 수백배 강력하다. 그것들을 당신이 마주한 벽을 따라 길게 걸어두고 몇분만 앉아서 바라보라. 그저 그 수 자체를 보라.

캘디콧의 집을 나온 후 멜버른으로 돌아오는 긴 여정 동안 내 사무실 벽에 붙여둔 트라이던트의 탄두 192기의 이미지가 떠올랐다.

「트라이던트 핵무장 잠수함 시위」(2007. 7)
출처: www.helencaldicott.com

한줄, 한줄 줄지어선 굵고 검은 남근들. 정말로 그 모든 잠수함이 매일 매순간 장전하고 대기해 있단 말인가? 시늉만 하는 것일 테지. 머리에 발길질을 해도 절대 닿지는 않았던 것처럼. 그렇지?

●

20세기 중반의 독일 철학자 마르틴 하이데거에 따르면 사람은 두려움 속에서, 그리고 두려움으로 인해 제 가능성의 모든 전망을 잃을 수 있다. 그는 '두려움의 시간성temporality of fear은 기다리면서 현재화하는 망각이다'라고 쓴다.[45] 두려움에 대한 둘의 접근방식과 경험은 서로 다르지만 헬렌 캘디콧과 로지 배티에게서 내가 공통적으로 얻은 중요한 교훈 하나는, 긍정적인 변화는 앞으로 나아가고 정치에 참여할 더 많은 여성을 절실히 요구한다는 점이다.

　2004년에 쓴 폭력, 여성, 두려움에 대한 글에서 사회학자 캐리 요다니스는 국제범죄피해자조사의 실증자료와 UN의 통계를 함께 들어 '개인적 차원에서 남성이 폭력을 사용하고 여성이 폭력을 경험하는 것을 멈추려면 사회적 차원에서 젠더 불평등 구조가 바뀌어야만 한다'는 주장을 뒷받침한다.[46] 이것은 페미니스트 논자들이 적어도 한세기 동안 지지해온 이론이다. 요다니스의 글은 여성이 더 높은 교육적, 직업적, 정치적 지위를 누리는 국가들이 폭력사건 또한 더 적은 국가임을 실증적으로 증명한다. 혹은 달리 말하자면,

여성이 시민사회에 더욱 온전히 참여할수록 두려움과 폭력은 줄어든다는 사실을 말이다.

하이데거는 시간성에 방점을 찍으면서 현명하게도 두려움의 현재성을 강조한다. 두려움이 가장 주된 정조 혹은 감정이 된다면 우리는 현재 우리가 받아들이는 위협에 과도한 주의를 기울이게 된다는 주장이다. 그렇다면 두려움은 우리의 전적인 존재방식이 되어 그 어떤 대안적인 미래도 적절히 형성하지 못하게 하며 동시에 우리가 과거로부터 유의미한 것은 아무것도 배우지 못하게 만든다. 달리 말하자면 우리가 너무 확실히 두려워하는 세계는 결코 편안할 수 없다. 두려움은 복잡하며 매우 인간적인 본능이라는 것, 하지만 절대로 그것이 우리 자리를 차지하도록 용납해서는 안 된다는 것이 나의 결론이다.

●

줄리아 크리스떼바는 프랑스의 가장 유명한 공적 지식인 중 한명으로 남아 있다. 그녀는 자주 텔레비전에 등장하고 있으며 유럽에서나 국제적으로나 종종 연사로 초청받고 있다. 그녀의 기획은 끊임없이 사유와 섹슈얼리티가 어떻게 얽혀 있는지 설명하고자 했다. 이런 의미에서 크리스떼바는 주체가 언제나 사회적인 것 속에 잠겨 있다고 이해한다. **말하는 주체**로서 그녀는 언제나 정치적이었다. 모성적인 것과 비체에 관한 크리스떼바의 작업은 많은 페미니스트를 비롯해 여러 사상가들에게 영향을 미쳤다. 내게 그녀는 타고나기를 희망을 품는 사상가로 남아 있다. 그녀가 생산해온 작업은 많은 부분이 무한한 비체화infinite abjection, 견딜 수 없다시피 한 것the barely tolerable, 생각할 수 없는 것the unthinkable의 어두운 심연에서 솟아났지만, 흥미롭게도 내게 남은 것은 희망을 품는 태도이다. 크리스떼바 철학의 방향성은 어떤 면에서는 하이데거 추종자들의 철학과는 정확히 반대다. 동화될 수 없는 것으로부터 그녀는 타자에게 열려 있는 정치적 의식을 유효하게 생산해냈다. 크리스떼바의 사유는 우리가 공포의 힘을 깨달을 수 있도록, 그리고 이 깨달음을 통해 우리가 최악의 두려움으로부터 도피하기보다는 그에 맞설 수 있도록 도와준다. 지금 우리를 마주하고 있는 세계에 바로 이것이 필요하다는 사실은 헬렌 캘디콧이나 로지 배티와 같은 여성들의 강력한 공적 활동을 통해 분명히 드러난다.

제5장

경이

남성중심사회는 어떻게
여성의 배움을 억압했는가?

호기심 넘치는 신화학자
마리나 워너와 함께

마리나 워너

—·|·—

소설가이자 역사가, 신화학자. 여성의 예술과 글쓰기에 관심이 많다. 페미니즘과 신화를 연결한 저술활동으로 널리 이름을 알렸다. 2014년에는 영리달성만을 지향하는 대학 경영을 날카롭게 비판하며 에섹스대학교의 문학·영화·연극학부 교수직에서 스스로 사임해 화제가 되었다. 2017년에는 1820년에 설립된 영국왕립문학학회 최초의 여성 회장으로 선출되었으며 현재 런던대학교 버벡칼리지의 영어와 문예창작 교수이다. 대표 저작으로는 『판타스마고리아』Fantasmagoria 『매혹의 형태들』Forms of Enchantment 등이 있다.

어렸을 때 자연이 그대로 남아 있고 센 바람이 부는 호주 중동부 연안의 해변과 만나는 태평양은 나와 내 가족의 세계에서 최고의 에너지였다. 해변은 넓고 길었다. 한순간도 쉬지 않고 밀려와 부서지고 멀어지기를 반복하는 파도는 시시각각 변덕을 부렸다. 우리 가족은 매일같이 아버지의 폭스바겐 스테이션 웨건에서 쏟아져나와 모두가 금세 바다의 공기와 탁 트인 시야로 스스로를 채우거나 어딘가 부풀어올랐다. 부모님과 언니는 걷기를 좋아했다. 오빠와 내가 해안가를 이리저리 다니며 모래로 복잡한 참호와 성을 쌓거나 물가를 따라 서로 쫓아다니는 동안 그들의 모습은 저 멀리에서 희미해지곤 했다. 당시에는 텔레비전이나 인터넷이 없는 집에 살았고 우리의 어린 시절 이야기세계는 예측할 수 없는 것들 — 바람을 피할 곳을 찾기 위한 분투, 썰물, 폭풍 — 과 맞부딪히게 된 사람이나 동물들의 환상적이고 용감무쌍한 모험담으로 가득했다.

　아직은 어린 시절의 꿈나라를 빠져나오는 중이었던 오빠와 나에게, 대양은 경이*의 원천이자 두려움의 원천이었다. 먼저 물에 떠 있는 법을, 나중에는 물속에서 헤엄치는 법을 배웠다. 물은 몇번이고 우리의 몸을 아래로 끌어당기려 들었고 우리를 집어삼켰다가 성에 차면 비로소 위로 던져올려주었다. 우리는 혼쭐이 나서 처참한 꼴로 풀려나 숨을 몰아쉬었다. 우리식으로 말하자면 바다는 우리를 '빨랫감 취급' 해서 이 드넓은 세상에서 우리가 얼마나 작고 얼마나 보잘것 없는지 거듭 상기하게 했다. 날이 좋을 때면 파도는 개선행진이라도 시켜주듯 우리를 띄워놓고 실어나르며 속도감을 선사했다. 무서우면서도 감탄스러웠다. 뭇 생명과 보물들을 가져다주고 내어주는 것이 바다였다. 우리는 크고 작은, 낯설거나 익숙한 흥미로운 것들──옷가지, 신발, 곱게 닳은 유리, 조개껍데기, 나무토막──을 모으는 수집가가 되었다. 소금기로 엉망이 된 팔다리, 행복에 겨워하는 젖은 강아지와 함께 가족용 스테이션 웨건을 가득 채워 타고 바다는 집까지 함께 왔다.

　우리가 사랑해마지않던 바다 건너 어딘가에 '이 너머의 모든 세

---

* wonder. 경이감, 경이감을 불러일으키는 사물이나 사건 등을 뜻하는 명사이면서 '궁금해하다' '놀라워하다' 등을 의미하는 동사이기도 한 이 단어를 본문에서는 명사로 쓰인 경우 '경이'로, 동사로 쓰인 경우 '경이로워하다' '궁금해하다' 등으로 옮겼다.

계'가 있다는 사실을 그 나이에도 알았다. 널따란 수평선을 바라보며 내가 아직 발견하지 못했거나 나를 아직 발견하지 못한 그 모든 것을 궁금해했다. 유치원에 다니기 시작하면서는 지역의 방 세개짜리 학교 — 그곳에서는 모든 아이와 가족들이 서로를 알았다 — 에서의 배움을 즐기게 되었다. 하지만 어째선지 나는 안다는 것을 거대한 저 너머와 연결지었다. 우리 학교를 올드바해변과 갈라놓는 것은 히스 관목들이 점점이 자라는 기다랗고 횡한 국유지밖에는 없었다. 점심시간에 길을 나서 (엄격히 금지되는 행위다) 운동장 아래의 모랫길을 서둘러 가면 금세 바다에 도착했다. 광활하고 텅 빈 푸른 수평선을 마주하며 나는 궁금해했다.

●

궁금해한다는 것은 경이로워한다는 것이다. 그것은 앎이나 앎의 가능성 자체에 스스럼없이 놀라워하는 존재의 가능성을 허락해 준다. 특히 어린이들은 이를 주체하지 못하는 듯하다. 1924년에 실험적인 교육기관이었던 몰팅하우스학교의 아이들은 물었다. '왜 눈은 두개인데 두개로 보이지 않죠? 왜 여자는 수염이 없어요? 왜 낮에는 별을 볼 수 없죠?' 거의 한세기가 지나 나는 내 아들이 내게 묻는 유사한 질문의 목록을 기록하고 있다. 그중에는 그가 여섯살이던 어느 가을 아침, 오트밀 시리얼과 우유를 먹다 던진 '왜 사는

걸까?'라는 질문과 같이 단순하면서 도발적인 것도 있다.[1]

　어떤 이들은 이것저것에 대해 다른 이들보다 더 많이 궁금해하는 경향이 있는 듯하다. 그중에서도 또 더 적은 수만이 궁금해하기라는 과업을 목적에 반하는 결과가 나올 만큼 진지하게 수행한다. 영국의 작가이자 연구자인 마리나 워너는 틀림없이 후자의 전형일 것이다. 호기심을 주제로 한 글에서 그녀는 이렇게 말한다. '앨리스는 토끼굴 아래로 굴러떨어진다. 하지만 그런 후 그녀는 적극적으로, 주위에서 일어나고 있는 일들에 대해 알고자 한다.'[2] 알다시피 특히 여성들은 떨어지는 경향이, 더 정확히 말하면 추락한 것으로 분류되는 경향이 있다. 젠더는 우리가 아는 경이에서 특정한 역할을 수행한다. 뒤에서 논의하겠지만 예컨대 루이스 캐럴이 주인공인 앨리스를 소녀로 정한 것은 우연이 아니다. 하지만 우선 나의 질문 몇가지를 분명히 적어보자. 궁금해한다는 것은 무엇을 뜻하는가? 어떻게 해서 무언가가 우리에게 경이로운 것이 되는가? 그리고 경이에 대한 감각은 스스로를 바꾸는 우리의 능력에 핵심적인가?

　이 시대의 사상가 중에서 마리나 워너만큼 경이에 호기심을 갖는 이는 흔치 않다. 처음으로 접한 그녀의 글은 그 자체로 호기심의 집합체였다. 어린 시절 장난감들 — 특히 어린아이의 상상력에 불을 붙이고 생기를 불어넣으면서도 우리가 부여한 상상적 서사가 생동감을 잃는 순간 우리의 필멸성을 상기시켜 깊은 실망감을 주기도 하는 장난감들의 능력 —— 에 관한 샤를 보들레르의 글을 언급하며 시작하는 「낡은 장난감 상자로부터」라는 제목이 달린 글이다.[3] 보들레르는 자신의 어린 시절 놀잇감들을 두고 이렇게 묻는다. '그런데 영혼은 어디에 있는가?' 정말로 어디 있지. 워너는 자신의 글에서 그에 공명한다. 여기서 어린이 도서 『피노키오』나 『헝겊토끼의 눈물』에 대한 그녀의 논평은 믿는 체하기의 문제question of make-believe 전체에 대한 좀더 복잡한 논의에서 이해를 돕는 서문 역할을 한다. 그 글은 학자로서 워너가 가진 연구역량과 예술적인 산문을 쓰는 능력을 잘 드러내 보이기도 하지만 나는 그녀의 글을 읽으며 상상력의 본성에 대한 한 동료 여행자의 뿌리 깊은 관심을 확인했다. 「낡은 장난감 상자로부터」에서 워너는 많은 것을 발견한다. 그런 것들(아이디어들, 사물들, 사물들에 대한 아이디어들)을 주워담아 우리 앞에 늘어놓고 거기에 잠재된 색 전부가 가능성의 미광을 발하고 반짝일 때까지 빛에 비춰 보인다.

「낡은 장난감 상자로부터」를 읽는 경험은 내게 고전주의와 대중문화, 저널리즘, 역사, 회고, 문학비평, 소설의 집합체인 마리나 워너의 작업세계 전체를 더 폭넓고 온전하게 읽는 여정을 시작하게 했다. 그녀는 지금까지 스무권 이상의 단독저서와 수많은 논문, 기사, 비평 등을 발표했다. 그녀의 작업을 읽는 내내 앎을 향한 잘 준비된 연구자의 탐구를 진정으로 경탄할 줄 아는 능력과 결합하는 그녀의 기질에 흥미가 동했다. 자신의 글에서 언급한 몰팅하우스

학교 아이들의 질문과 마찬가지로 워너의 질문은 마음을 누그러뜨리고 흥미를 일으킨다. '실수로 호기심을 가질 수도 있을까?' 그녀가 붙들고 있는 주제는 믿는 체하기라는 논제 주변을 끈질기게 맴돈다. 그녀는 '환상적은 것은 왜, 어떻게, 계속해서 우리 안에 떠오르는가?'를, 그리고 '경탄스러우면서도 진실인, 이야기와 믿음이 우리를 위해서, 또한 우리에게 무엇을 할 수 있는가?'를 고민한다.

●

2014년 영국의 여름, 세계를 반바퀴 돌아 런던 켄티시타운의 조용한 주택가 제일 안쪽에 있는 워너의 수수한 이층집에 이르렀다. 현관부터 L자로 뻗어 있는 그녀의 자그마한 영국식 정원에는 늦여름 꽃들이 매력적으로 뒤섞여 있었다. 초인종을 누르고 안에서 계단과 현관을 걸어오는 발소리가 들리기까지 몇분이 걸렸다. 주소를 잘못 봤나 하는 순간 워너가 문을 열었다. 그녀는 육십대 후반의 호리호리한 여성으로 맞이하는 모습에 기품이 있었다. 그녀는 나를 기다리고 있었다.

우리는 흥미로운 것들 — 대개는 미술품과 책 — 로 가득한 복도로 들어갔다. 현관문 바로 옆에 있는 길고 굵은 밧줄은 그저 사용하기에 너무 아름답다는 점만 빼면 19세기 범선을 떠오르게 했다. 그 작품은 긴 유리장 안에 놓여 있었다. 나중에 그것이 워너의 아들인 조각가 콘래드 쇼크로스의 연작 중 하나인「시간의 흐름에 대한 고찰」임을 알게 되었다.

위층의 부엌에서 워너는 우아한 잔 —— 그녀가 최근에 가게에서 발견한 것 —— 에 차를 담아 내어왔다. 우리는 차와 대학이라는 공간에서 문예창작을 강의한 공통의 경험에 대해 짧게 이야기를 나누었다. 그리고 논의를 —— 경이에 관한 대화를 —— 제대로 시작하기 위해 그녀가 나를 아까와는 다른 빼곡한 복도와 두번째 계단을 지나 서재로 안내했다. 탑처럼 쌓인 책으로 가득한 널찍한 방은 앞마당이 내려다보이는 작은 테라스와 이어져 있었다. 아름답고 마음이 편안해지는 곳이었다. 워너는 깊이 자리잡은 호기심과 지성을 말로 옮기기 시작했고 이는 그 폭넓은 지식과 함께 —— 그녀의 책을 읽을 때 종종 그랬던 것처럼 —— 다시 한번 내게 강한 인상을 남겼다. 햇살이 비치고 가벼운 바람이 불었다.

●

마리나 워너는 1946년에 런던에서 태어나 어린 시절의 초기를 이집트에서 보냈다. 그녀의 아버지는 그곳에서 서점을 운영했다. 어른이 된 후에는 아버지를 크레올〔식민지에 이주한 유럽인의 자손〕로 여기게 되었지만 어린 그녀에게 그와 그의 가족은 영국인 이상으로 영국적으로 보였다. 의심할 것도 없이 이는 카리브해 지역에서 농

장지주로 활약한 '제국 신하의 오랜 후손으로서' 영향받고 다듬어진 특징이다.[4] 워너의 어머니는 이탈리아인이자 가톨릭 교도였다. 워너는 이탈리아 여자는 '아름답고 관능적'이며 '남자와 아이들에 대한 의무'를 다하기로 정평이 나 있기에 영국집안이 이 결혼을 허락했다고 전한다.[5] 1950년대에 카이로는 아랍계 중동의 문화수도로 명성이 나 있었고 그 시절 그런 외국의 서점에서 보낸 어린 시절은 신화적이거나 진기한 것과 우연히 만나기에 최고로 이상적이었다. 가족이 벨기에를 거쳐 영국으로 돌아갈 준비를 하던 시기, 마리나는 애스커트의 가톨릭 기숙학교인 세인트마리아학교로 먼저 보내졌다. 나중에는 옥스포드의 레이디마거릿홀에서 프랑스어와 이탈리아어를 배웠고 아직 학생이던 때부터 글을 발표하기 시작했다. 1967년에 졸업한 그녀는 기자가 되어——스스로는 사람들을 대할 때 수줍음이 많아 언론 일은 힘들었다고 하지만——전쟁으로 풍비박산이 된 베트남에서 영향력 있는 기사 여러편을 송고했다. 힘들기는 했지만 여전히 그녀는 이 직업을 먼저 택한 덕에 관찰자로서 세계에 나아가려는 평생의 관심에 불이 붙었다고 생각한다.

마리나 워너가 일찍부터 깊이 품은 젠더에 대한 관심에서 영감을 얻은 초기 주요저작들은 상징적인 여성 주인공들과 그들을 둘러싼 신화나 컬트에 초점을 두었다. 아직 이십대이던 때에 출간한 첫 전기는 19세기 말의 중국여제 서태후 전기(『용의 여제』, 1972)였다.[6] 다음으로 동정녀 마리아의 문화적 전기(『여자로서는 유일하게』, 1976)[7]와 잔다르크에 관한 폭넓은 작업(『잔다르크: 여성 영웅주의의 이미지』, 1981)[8]이 뒤를 이었다. 워너는 자신의 초기 저작에 영향을 준 핵심 인물로 인류학자 셜리 아드너를 언급한다. 1960년에 처음 출간된 아드너의 작업[9]은 그야말로 수많은 민족지적 기록들이 여성의 경험을 완전히 배제해왔음을 보여주었다. 아마도 여성들은 남성 인류학자들과의 만남이 어려웠을 것이고 많은 경우에 그녀들의 지식과 의견은 처음부터 의미가 없다고 여겨져 연구되지도 않았던 탓이다. 여성과 어린이는 역사적 문화기록에서 구조적으로 부재하기에 아드너는 이들을 침묵당한 집단muted groups이라고 칭한다. 이것은 어린 워너의 가슴을 깊이 울렸고 그러한 목소리를 되찾는 것, 혹은 그녀의 방식으로 말하자면 '엿듣는' overhearing 것을 스스로의 임무로 삼았다.

'여성들의 목소리라는 이 발상에 굉장한 흥미를 느끼고 사로잡혔어요. 동화에서 여성적 관심이나 여성적 불안이 메아리쳐오는 것을 뭐랄까, 수신할 수 있다는 걸 알게 됐고요. 희망은 동화를 이끌어가는 매우 강력한 요소예요. 동화란 대개 억압된 개인들 혹은 억압된 집단들의 이야기죠. 그중 일부는 남성이지만 많은 수는 여성이에요. 그 이야기들은 풍부한 재치나 교활하고 명랑한 태도를 통해 열리는 탈출구의 이야기예요.'[10]

워너의 1994년 리스 강연 시리즈는 신화나 동화 속의 괴물적인 것the monstrous과, 괴물적인 것이 당대의 상상력을 사로잡은 방식들에 초점을 맞췄다. 이후 그녀는 신화와 신화학에 대한 관심을 확장해 두려움, 환영, 변신, 변형 등에 관한 책들을 썼다.[11] 2001년 9.11 테러 사건 발발의 여파 속에서는 『아라비안나이트』를 기리는 전문서 집필을 시작했고 2011년에 『낯선 마법』이라는 제목으로 출간했다.[12]

『아라비안나이트』의 배경은 널리 알려져 있듯이 습관적으로 자기 여자를 죽이는 술탄의 긴 후궁 목록에 이번에는 셰에라자드가 올라간다는 것이다. 셰에라자드는 여동생과 함께 자신의 남편을 현혹할 여러개의 이야기를 들려줄 플롯을 고안한다. 편마다 저녁에 시작해 새벽녘이면 가장 긴박한 대목에 이르도록 짜맞춘다. 그러므로 술탄은 다음에 일어날 일을 알고 싶은 욕망에 이번 아내를 죽이지 못하게 된다. '이 책과 셰에라자드라는 인물이 구사하는 기술은 술탄의 마음을 여는 기술이다. 그는 무지한 사람의 전형 — 이해할 수 없는 사람을 전부 죽여버리려는 무지하고 꽉 막힌, 포악한 남자 — 이다.'[13] 『럼퍼스』와의 인터뷰에서 이렇게 말한 바 있는 워너는 나와의 대화에서는 '그녀는 자신의 목숨을 구하기 위해 이야기를 하는 것'이라며 이렇게 덧붙였다. '그러니까 생존이라는 문제가 실제로 표면화되는 거죠.'[14]

억압과 희망에 관한 이 문제는 여성의 경이 경험에서 핵심적이므로 셰에라자드에 대해서는 뒤에서 다시 다룰 것이다.

●

'몇몇 사상가들은 경이를 제1의 정념이라고 하죠.'[15] 늦여름 켄티시타운의 은은한 빛을 받으며, 어떻게 하면 경이를 가장 잘 이해할 수 있을지에 관한 내 첫 질문들에 워너는 이렇게 답했다.

'신기하게 여긴다wonder는 것은 묻는다, 질문한다, 조사하고 싶다는 뜻이기도 하지만 이를테면 경외감과 놀라움으로 말문이 막히는 경우처럼 경이wonder에 찬다는 뜻이기도 하죠. 그러니까 두개의 극이 있는 거예요.

제가 보기엔 모든 미덕과 악덕에 대해서와 마찬가지로 여기에도 분명한 젠더적 함의가 있어요. 무엇이든지간에 양쪽으로 줄을 세울 수 있을 거예요. 페미니즘적 성과와 활동 덕분에 조금 바뀌긴 했지만 아시다시피 여전히 남자에게서는 단정적이고 자신감에 찬 발화가 여자에게서는 거슬리고 앙칼지고 과하게 화를 내는 게 되죠. 여자들이 하면 잡담이나 수다라고 해요. 남자에게는 달변이고, 뛰어나고, 자신감 있는 게 되고요.

그리고 호기심에 대해서도 완전히 똑같아요. 남자 쪽에서는 과학적인 미덕이지만 여자 쪽에서는 이브의 죄와 동일시되곤 하죠. 푸른수염의 마지막 아내에 얽힌 문제가 복잡해요. 그 동화는 연쇄살인범에 대한 거고 끝에 가면 그를 이긴 젊은 여성, 살해당하지 않고 살아남아 그를 끌어내리는 데에 성공한 마지막 아내에게 승리가 돌아가죠. 그런 의미에서 이건 『아라비안나이트』의 셰에라자드에 상응하는 거예요. 연쇄 여성살인범을 물리치는 여성 말이에요. 푸른수염 이야기에는 마지막 신부가 사기꾼이었다는 몇개의 다른 버전도 있는데 그런 시각이 거의 사라졌고, 그녀는 대개 오빠들에게 구출되는 수동적인 여주인공으로 등장해요. 널리 출판된 후로 이 동화는 여성이 남편을 거역하거나 호기심, 이브의 것과 같은 치명적인 호기심을 드러내면 안 된다는 도덕적 교훈이 됐어요. 피의 방으로 들어가는 열쇠를 사용하지 말라는 경고인 거죠.

교훈의 측면에서는 말하자면 이야기가 뒤집어진 거예요. 아마 20세기 초였던 것 같은데, 사회주의자였고 경탄스러울 만큼 대의를 옹호했던 월터 크레인은 삽화를 그리면서 열쇠를 사용하는 푸른수염의 아내 뒤에 사과를 먹는 이브를 넣었어요. 그러니까, 그조차도 그녀의 행동을 거역으로 본 거예요. 장난이라는 요소, 아이러니라는 요소도 있었겠죠. 하지만 어쨌거나 호기심은 전체적으로 고전들에서부터 쭉 여성의 약점으로 다루어졌어요. 플루타르크는 수다에 대한 글을 쓰고 이어서 호기심에 대한 것도 썼는데, 둘 다 여성의 악덕으로 분류했죠. 그는 고대 그리스 철학에다, 조물주의 일은 조물주의 일이기에 이 완벽한 체계를 너무 깊숙이 파고드는 것은 인간의 능력밖에 있을 뿐만 아니라 오만한 일이라는 흐름을 만들고자 했어요. 하지만 반대되는 경향도 있었어요. 사물의 본성에 대한 고전과학의 위대한 저작들에서 철학자들은 분명 우리가 품고 있는 신비를 이해하려고 노력해요.' 그녀는 잠시 말을 멈췄다.

'호기심에 대한 제 글을 읽어본 적 있으세요?'

●

있다.

'자신이 "점점 커져 세상에서 가장 큰 망원경 같이 되어가는" 것을 발견한 앨리스가 외쳤다. "신기볼수록!" Curiouser and curiouser! '[16] 그 글은 루이스 캐럴을 직접 인용하며 시작한다. '발은 저 아래로 까마득해지고 목은 천장에 닿을 때까지 길어진 그녀는 자그마한 황금열쇠로 이상한 나라로 가는 문을 열었다.'

「모순적인 호기심」이라는 제목이 붙은 이 글에서 워너는 호기심의 몇가지 핵심적 특징을 분류해내고 자세히 설명한다. 첫째는 호기심이 승인된 표준과, 차단되고 금기시되는 주제, 알려져 있는 경험의 파열을 수반한다는 것이다. 둘째는 행위성을 수반한다는 것으로, 바로 이 지점에서 그녀는 사람이 실수로 호기심을 가질 수 있는지 묻는다. 답은 그렇지 않다는 것이라고 워너는 주장한다. 호기심이 있는 사람은 행위성을 갖고 있다. 몇몇 가장 극적인 서사들은 질문들을 추동하며 그런 질문들의 중심에는 서사 행위자 — 호기심 많고 종종 고통스러워하는 중심인물 혹은 주체 — 가 있다. 그녀가 제시하는 세번째 핵심 지점은 호기심이 저항의 한 형태라는 것이다. 호기심 많은 인물은 관습, 제도, 가부장제 등에 의해 억눌리면 억눌릴수록 더 많은 호기심을 갖는 듯하다. 이 때문에 호기심은 예기치 못한, 완전한 변화를 야기하는 어떤 결과들을 만들어낼 수 있다. 그리고 아마 가장 흥미로울 마지막 특징으로, 워너는 호기심을 불러일으키는 경험의 핵심에는 수수께끼가 있다고 말한다. 아니라면 그럴 수 없다.

워너는 '물론 앨리스는 훌륭한 질문자죠'라며 이야기를 이어갔다. '그녀는 일종의 주저하는 질문자예요. 이상한 나라에 간 그녀는 계속해서 무슨 일이 일어나고 있는지 이해하지 못하고 굉장히 근본적인 질문들을 해대죠. 어른들은 설명하고 싶어하지 않잖아요. "그건 그거야"라거나, "그 뜻은 그 뜻이야"라거나.

앨리스는 작가나 탐구자 혹은 자신이 뭘 좀 안다고 전제하지 않는 종류의 인물이죠.'

나는 '그녀가 어린 소녀라는 건 흥미롭네요. 조금 전에 호기심을 문화적으로 젠더화되는 특성으로 말씀하신 걸 생각하면 말이죠' 하고 말을 거들었다.[17]

워너에 따르면 그건 사실 우연이 아니다. 호기심 많고 주저하는 탐험가의 역할로 어린 소녀를 택한 것은 호기심을 어린 소녀들이 쉽게 빠져들곤 하는 악덕으로 보는 전통을 조롱하기 위해 캐럴이 의도적으로 내린 결정이라는 주장이다. 워너는 캐럴이 앨리스 시리즈에 비현실적인 동물들을 모아둔 까닭을 박물지의 전통, 목록을 작성하고 알아내고자 하는 과학적 탐구를 향한 의식적인 긍정의 신호로 본다.

이 주제를 다룬 글에서 그녀는 루이스 캐럴을 과학이 인간이라는 것의 의미에 매우 급진적으로 도전해오기 시작한 시대에 속한 인물로 묘사한다.

경이의 이면은 무엇일까? 실망? 어른이 된 후, 그리고 워너의 작업을 읽으며 루이스 캐럴이 소녀들의 나체 사진을 수백, 수천장 찍었다는 걸 알고 실망감을 느꼈음을 인정한다. 전부 목록화되고 수집되고 어떤 의미에서는 소유되었던 어린 앨리스들. 그리고 그녀, 진정으로 흥미로운 모험을 허락받았던 몇 안되는 소녀들 중 하나인 앨리스.

캐럴의 사진 컬렉션 이야기가 나오자 워너는 '맞아요'라며 얼굴을 찌푸렸다. '글쎄요, 오늘날의 기준으론 분명히 감옥에 갔겠죠. 굉장히 체계적이었는데 그건 소아성애의 특징이기도 해요. 그는 수백명의 아이들을, 소년들 또한 촬영했죠. 앨리스는 어떻게 보든 혼자가 아니었어요.'

●

앨리스처럼 일곱살이었을 때 나는 상당히 놀라운 파열을 경험했다. 우리 가족이 갑자기 짐을 싸서는 수백 킬로미터 거리에 있는 내륙의 지방도시로 이사를 간 것이다. 그 이동은 나를 뒤로, 해안에서 떨어진 곳으로, 대양의 수평선 너머에서 나를 기다리고 있던 세계에서 떨어진 곳으로 끌고 갔다. 호주 반건조기후 지역의 밀밭만이 소근대는 정적 속에서 새집의 침대에 누워 나는 어릴 적부터 자장가가 되어준 밤중의 파도소리, 사납고 믿음직한 고동소리를 깊이 애도했다. 태평양이 부딪쳐오는 거대하고 규칙적인 소리라는 배경은 그때까지 내게 일상적인 모든 것이었다. 우리가 뚝 떨어진 이 새로운 풍경, 물의 쉼없는 맥동이 없는 세계는 정말이지 황량하고 절망적일 뿐이었다.

중서부 뉴사우스웨일스의 더보마을은 내가 가족과 함께 십년가량 살았던 당시에는 목농업, 특히 밀과 양이 주요 산업인 지역이었다. 그 마을은 주정부의 관청 몇개가 있는 지역 중심지였다. 아버지는 그런 관공서 중 하나였고 당시에는 뉴사우스웨일스 산림위원회라고 불리던 규제기관에서 일했다. 그는 동으로는 워럼벙글스, 북으로는 필리가, 서로는 브로큰힐의 국유림을 관리했다. 자주 숲에 나가 있었다. 하지만 그가 집에 있을 때면, 우리는 그가 있다는 사실을 알 수 있었다.

1970년대 후반부터의 십년은 우리 가족에게 격동기였고, 그 시기 동안 나는 꿈 많고 상상력 넘치는 어린이에서 반항적이고 반권위주의적인 십대로 변모했다. 내 마음속에서는 더보 로널드거리의 우리 집이 그 당시 일어났던 모든 일들의 중심에 있다. 지붕에는 붉은 타일을 댄 단단한 이중벽돌집이었는데, 1920년대 후반에 처음 지어진 것으로 우리 거리에서는 가장 오래된 건물이었다. 당시 호주 시골지역의 전통대로 삼면에 넓은 베란다를 두고 지어졌지만 시간이 흘러 거리를 마주한 베란다 말고는 전부 막혀 있었다. 거기에 내 아버지는 일인용 안락의자를 두었다. 그의 자리였다. 그 교외 단지의 나머지는 대부분 1960년대에 국가공급주택 형식으로 대량으로 들어왔다는 싸고 똑같이 생긴 '석면' 집들이 차지하고 있었다. 언덕 위로는 왕립호주공군기지가 있었고 그곳은 비슷한 건축 양식 — 여러가지 파스텔톤으로 칠한 딱 떨어지는 정사각형의 상자 같은 숙소들 — 으로 채워졌다.

아버지의 알코올의존증은 로널드거리의 집에 살던 시기에 가장 절망적인 국면에 이르렀다. 당시에는 가부장제 같은 개념을 표현할 어휘를 갖고 있지 못했다. 4분의 1에이커짜리 블록과 거기 살았던 가족이 아는 것의 전부였다. 아버지의 분노가 낳는 예측할 수 없는 폭풍을 견디는 어머니의 능력에 경이를 느꼈다. 이따금 저항의 표현이 없지는 않았지만 그녀의 끈질긴 인내는 우리의 비참한 가정사에서 목격할 수 있었던 것 중 가장 기적에 가까웠다. 내 아버지의 예측불가능성은 그 시기의 나에게 조심스레 걷고 조심스레 말하고 침묵이라는 미덕에 집중할 것과, 가정공간에서의 부드러운 달래기라는 젠더화된 기술에 엄청나게 주의를 기울일 것을 배우게 하는 효과를 가져왔다. 이것의 영향은 그후로도 내게 지속되었다.

반건조기후인 호주의 여름 동안 로널드거리의 집은 매일 밤낮 할 것 없이 더웠다. 구원은 저녁의 시원한 바람이라는 형태로 찾아왔는데 건물을 나가야만 즐길 수 있었다. 때때로 오빠와 나는 원형 빨래건조대 밑에다 좁은 군용 들것을 깔고 잠을 자며 모기장 너머로 밤하늘을 바라봤다. 우리는 이 흐릿한 시야를 통해 닫힌 눈꺼풀 너머에서 규칙적으로 계속 떨어지는 별똥별들을, 꿈속 여린 풍경 뒤로 걸릴 별의 장막을 보았다.

어느 일요일 늦은 오후, 몰래 경찰에 전화를 걸어 도움을 청한 것이 열한살 때 그 집에서였다. 그들이 오고 내가 현관문을 열어줄 때까지도 집의 반대쪽 끝에서는 소음이 계속되고 있었다. 나는 그날 어머니가 목숨을 잃을까봐 두려워하고 있었다. 깔끔하게 다린 하늘색 셔츠를 입은 두명의 경관. 엉덩이에 총을 차고 현관 베란다에 서 있던, 키가 내 두배는 되는 이 어른들에게 상황을 설명하기 위해 최선을 다했다.

그들은 내게 '네가 여기 주인이니?' 하고 물었다.

집 뒤쪽에서 아버지의 거의 말도 안되는 고함소리가 이어지고 있는데 왜 그런 걸 묻는지 이해하려 애쓰면서 '아니요'라고 말했다.

'주인이 누구지?'

'아빠요.'

'집에 계시니? 이리 좀 모시고 와볼래?'

그래, 집에 있었지. 그런데 그들은 진심으로 내가 직접 가서 그를 데려오기를 기대했던 걸까? 내가 죽기를 원했나? 커다란 회색 나무문을 열어두고 두명의 낯선 사람을 바라보며 나는 그들의 질문에 답할 말을 찾지 못한 채 서 있었다.

'미안하지만 우리는 주인 허락 없이는 집에 들어갈 수가 없단다.'

몇분 후 나는 두명의 경관이 자신들의 차로 돌아가 어스름한 빛속으로 사라져가는 모습을 혼란스러워하며 지켜보고 있었다. 그들은 능란하게 몸을 접어 의자에 앉고는 안전벨트를 매고 차를 몰고떠났다. 이윽고 나는 어두운 복도에서 문을 닫았다. 아버지의 화는식을 줄 모르고 계속 되었다.

그다음에 무슨 일이 있었는지, 혹은 그날 낮과 저녁의 남은 시간이 어떻게 끝났는지는 정확히 기억나지 않는다. 하지만 내가 다시는 아버지의 집에서 경찰을 부르지 않았다는 사실은 알고 있다. 그사건은 나를 바꾸어놓았다. 내가 세계와 스스로의 집과 그곳에 있는 어머니를 보는 방식을 바꾸어놓았다. 뉴사우스웨일스 경찰이가정폭력 신고에 대응하는 방식이 내가 어렸을 때와는 엄청나게달라졌다는 것은 알지만, 당시 로널드거리의 문간에서 내게 돌아왔던 대응은 표준적인 관행이었다. 내가 그로부터 읽은 메시지는분명했고 오래 갔다. 그에게는 그럴 권리가 있다, 는 메시지.

그때엔 상상의 세계로 이중의 도피를 했던 것 같다. 경이가 나를살찌웠다. 경이는 내가 어리둥절해 하는 것을 통해, 그 너머로 나를보았다. 아마도 기적적으로, 좀더 풍성하고 보다 섬세한 형태의 저항으로, 마침내는 이해로 나를 이끌었다.

●

우리 독자들은 이따금 우리를 무장해제하며 우리의 지식이나 이해를 벗겨내는 동시에 또한 그것을 만들어내는 글을 마주치게 된다. 철학자이자 신학자인 토마스 아퀴나스는 두려움과 경이가 동전의 양면이라고 여겼다.[18] 그가 말하기로, 경이의 계시가 갖는 갑작스러움은 그것이 우리의 무지가 얼마나 깊은지 드러낸다는 점에서 일종의 충격일 수 있다. 이러한 결핍감은 우리가 두려움과 대면하게 만든다. 하지만 역설적이게도 경이의 순간에 동반되는 ─ 알지 못함에 대한 ─ 깨달음의 고양감은 또한 우리가 앎을 향한 여정을 시작하도록 동기를 부여하고 부추기는 역할을 할 수 있다. 경이는 우리를 놀라 움츠리게 하지만 이런 방식으로 쾌감을 주기도 한다. 돌이켜보건대 내 아버지의 폭력이 최악에 달한 암울했던 십년간 혹은 그 이후 희망을 찾아낸 결단력의 원천은 나로서도 불가사의하다. 어째서 나는 경이의 감각을 전부 잃지 않았을까? 신학자 소피아 바살루는 『경이: 어떤 문법』(2015)에서 '희망'은 '취약성의 (…) 한 형태이지만 취약성이 성취를 구성하며, 이는 절망스러워 보이는 것을 직시하며 제기된다'고 쓴다.[19]

마리나 워너를 읽으며 무장해제되는 느낌을 받은 경험은 한번이 아니다. 예를 들어 『기호와 경이: 문학과 문화에 대한 에세이들』(2002)에 몰입하면서는 「성 바울: 여자들을 침묵케 하라」에 깊은 감동을 받았다.[20]

삶이 기록되어 있고 워너가 세인트마리아학교에서 보낸 시기에 본보기로 내세워진 성인들 중에서도 성 바울은 가장 오래되고 깊이 스며든 영향력을 갖고 있는 듯하다. 소녀들은 그를 모험가로, 조난과 기근, 하옥과 임사체험을 아우르는 극적이고 변화무쌍하며 뜻깊은 여행을 한 역사적인 실존인물로 여겼다. 워너와 친구들은 그의 영웅적 면모를 존경했고 그의 많은 가르침을 가슴에 새겼다. 그녀는 밤에 침대에 누워 '용감무쌍하고 아무도 막을 수 없으며 꺾이지 않는' 미래의 자신을 꿈꿨다고 말한다.[21] 하지만 동시에 가톨릭의 관습에 순종하는 여성과 소녀들의 행실이 정해지고 훈육된 것은 성 바울의 교리에서 비롯되었고 그에 따라 이루어진 일이다. 예를 들어 침묵의 미덕은 끈질긴 인내의 유익함과 함께 여성들에게 굳게 각인되었다. 패턴이 보였다. 성 바울의 것이라고 알려진 몇몇 글들이 지금껏 여성의 사제서품에 반대하는 논거로 쓰였다. 그는 '여자는 일체 순종하며 조용히 배우라'고 썼다.[22] 워너는 그가 여성들에게 침묵을 요구한 정치적 함의 — 무력함, 행위성의 부재, 시민권의 박탈 — 를 강조한다.

또한 그녀는 소녀들의 미래에 대한 그들 자신과 다른 사람들의 기대를 형성하는 과정에서 수녀들의 복잡한 역할 또한 고민한다.

예컨대 학교 복도 중 한곳에는 기숙생 출신들의 성공사례를 공지하는 게시판이 있있다. 그 성공사례에는 이탈리아인과 결혼해 아들을 낳아주었다거나 하는 이야기가 포함돼 있었다. 이 글에서 워너는 게시판의 최신 공지를 읽으며 존경하던 수녀 중 한명의 곁에 가까이 서 있던 일을 묘사한다. 그녀 곁에서 그 중년여성의 몸은 졸업생의 잘된 결혼 소식에 그야말로 전율했다. 여기에 몸에 새겨진 경이가 있다. 올라간 눈썹, 벌어진 입, 무아지경으로 이완되거나 미묘하게 달라지는 몸가짐새. 그 교사의 기쁨에는 전염성이 있었다. 그녀 역시 그런 느낌을 피할 수 없었다.

성 바울에 관한 글에 묘사되어 있는 이 장면 이야기를 꺼내자 워너는 동의를 뜻하는 미소를 지어 보였다. 나는 '어떤 모습으로 있을지, 무엇이 되고 싶어할지에 대한 감각에 대하여 수녀들이, 사실상 가톨릭의 담론 전체가 어찌나 이상한 역할을 하는지 모르겠어요' 하고 말문을 열었다.

그녀는 '맞아요, 그러니까… 역설이 있다는 거죠' 하고 받았다. '인생이 한참 지나도록 그걸 깨닫지 못했어요. 아마 그 글을 쓰던 때나 그즈음 언젠가 알게 된 것 같아요. 수녀들 스스로는 알지 못한 것 같지만, 우리들에게 대개는 순교자들인 여러 여성 영웅들을 보여주었다는 걸요. 그런데 그중에 제 학교의 수녀회를 세운 사람인 메리 워드가 있었어요. 메리 워드는 여성이 교육받을 수 있게 하겠다고 결의한 정말로 비범한 사람이었는데 여성 예수회수도회를 세우고 싶어했죠. 그녀는 이중고를 겪었어요. 교황은 야망이 너무 크다는 이유로 그녀를 투옥했고 영국에서는 가톨릭 교도로서 엘리자베스에게 박해당했거든요. 그런데 그런 학교 설립자의 미덕에 대한 이야기를 끊임없이 들으면서도 언제나 겸손하고 무엇보다도 자기 주장을 하지 말라는 요구를 받았어요. 당연히 복종하라고도 했고요. 아버지에게, 그다음에는 남편에게 복종하라는 말이었죠.

스스로 독립적이고 지적으로 용감한 삶을 택한 여성들이 순종, 예속, 이런 전적인 정숙함을 심었던 거예요. 당시에는 그 모순을 보지 못했는데 이제는 볼 수 있죠.'

'그런 건 평생 남기도 하잖아요' 하고 캐물었다.

'그럼요, 인격 형성에 굉장한 영향을 미치죠. 저는 아홉살에 기숙학교에 들어가서 열여섯살에 나왔어요. 벗어나본 적은 없지만 많은 생각을 해볼 수는 있었어요. 더이상 가톨릭 교도는 아니지만 죄책감을 갖고 있죠. 어떤 면에서 제 글쓰기는 굉장히 긴 자기치유였는데, 어느 정도는 성공했다고 생각해요.'

그런 실천을 생각하며 우리 둘 다 살며시 웃었다. 낯설지 않은 일이다.[23]

●

나의 십대는 로널드거리의 집에서 찾아왔다. 나는 스스로에게 몰두하는 성향을 키워갔고 온 마음을 다해 불복종의 기술을 실험했다. 돌이켜보자면 당시의 나 자신을 좋아하지 않았다. 한눈을 팔았고 충실하지 않았으며 종종 솔직하지 않았다. 학업에는 뛰어났지만 지역 고등학교의 제도적인 규칙과 규제에 순응하는 것은 어려워했다. 온갖 형태의 일탈을 찾아다녔고 마을의 펑크족, 퀴어, 부적응자들과 친구로 지냈으며 그들이 함께라는 사실에 깊이 감사했다. 짧은 무아지경의 마술적 상태를 지나 취기가 지각에 미치는 다양한 방식들을 신중히 관찰하는 지경까지 나아가며 술이나 약을 해보기도 했다. 밤중에 몰래 침실 창문을 넘었고 친구들에게 약이나 술을 구해다주기 위해 펼친 대담한 작전은 대부분 성공했으며 훔친 차를 타고 마음이 맞는 탕아들과 요란스레 뒷골목을 질주했다. 나는 궁금했다. '대체 왜 순응해야 하지?' 종종 물었다. '사람들은 저걸 어떻게 하고 있는 거야?'

아버지의 집은 여전히 내 아버지의 집이었다. 그는 열여섯살이었던 언니를 내쫓았다. 전에 살던 해안지역에서 친구 사이였던 가족이 언니를 거두었고 그녀는 거기서 학교를 마쳤다. 그런가 하면 오빠는 모터사이클을 알게 되었다.

나는 어떻게 해야 할지 고심했다.

나무, 특히 나무타기에 대한 사랑에 충실한 시기였다. 다른 아이들이 대부분 그만두는 시점을 지나 고등학생이 되어서도 나는 나무를 탔다. 열여섯살. 내가 가장 좋아한 오락거리는 학교를 하루 통째로 빼먹고 낯선 집 뒤뜰의 나무 위에 몰래 걸터앉아 책을 읽으며 시간을 보내는 것이었다. 주인이 출근해 비어 있는 안락한 뒤뜰에서 적당한 나무를 찾아올라 더보 남쪽 전역을 살폈다. 구불구불한 가지들 사이에 높이 위치한 좋은 자리들이 나를 세상에서 들어올려서는 아래의 세상을 지각하는 방식을 아주 조금이라도 바꾸어놓는 것이 좋았다. 며칠까지 학교를 빠지고도 대학에 갈 수 있는 성적을 받을 수 있을까? 이것이 내가 스스로에게 부여한 모험이었고 그렇게 줄타기를 했다.

이따금 밤에 아버지가 화를 내면 집을 빠져나와 거리 끝에 있는 공원에 가서는 제일 높은 나무에 올라 꼭대기 가지들 속에서 위태롭게 잠을 잤다. 아래에서는 폐장시간이 다가오고 동네 술꾼들이 비틀거리며 집으로 향했다. 그중 하나는 내가 있는 것도 모른 채 내가 묵고 있던 나무둥치에 오줌을 눴다. 그 신사가 올려다 볼 생각을 못한 것은 수십년이 지난 지금 생각해도 여전히 재밌는 일이다.

당시의 몇해 동안에는 피부가 거의 언제나 여드름으로 흠이 나 있어서 학교의 남자아이들 대부분이 나를 피했다. 남자아이들이 싫어하는 것은 그다지 신경쓰지 않았다. 그들은 내 흥미를 끌지 못했다. 하지만 학교에서 그들이 무자비하게 나를 놀려댈 수는 있었다. 졸업이 가까워질 무렵 같은 학년 학생들이 유행가 목록을 들고 와서는 한명씩 짝지은 일을 여전히 기억한다. 누군가가 내게 들릴 수밖에 없도록 나에 대해 이야기하는 노래 제목을 이야기했다. 영국 밴드 멍크스의 「다리는 예쁜데 얼굴이 유감」이라는 노래였다. 가사를 잘 들어보면 제목처럼 생각하는 남자들을 우스워하는 노래지만 내 급우들이 그런 생각으로 나에게 이 곡을 골라주었는지는 의심스럽다. 그들의 선곡 소식은 내게 상처를 입혔고 그저 로널드 거리만이 아니라 이 마을 자체를 탈출할 수단을 향한 열망을 배가했다. 물론 그때는 몰랐다. 잔인함이란 어느 한 동네에만 국한되지 않는다는 걸.

1986년, 고등학교에서의 마지막 해가 눈앞으로 다가오던 무렵에 사고가 일어났다. 내 오빠가 자기 모터사이클을 타고 마을 중심가의 쇼핑센터에서 나오다 심한 충돌사고에 휘말린 것이다. 충돌로 그는 물리적 손상은 물론 광범위한 신경학적 손상까지 입었다. 그날로 응급의료 헬기를 타고 시드니로 실려갔고, 재활병동에서 이년을 보내게 되었다.

더보기지 병원 응급실에 들어가 이송 전에 그를 본 기억이 여전히 떠오른다. 닉은 혼수상태였지만 내가 들어가자 알아차렸다. 그 순간 우리 둘은 평생을 통틀어 가장 가까이 붙었다.

'야, 닉' 하고 불렀다.

그는 '그래' 하고 평소와 똑같은 목소리로 답했다.

살짝 덮인 그의 몸에 손을 얹고 곁에 서서 체온을 느꼈다. 그가 빨랫감 취급을 당했는데, 우리는, 우리 둘 모두 바다에서 너무도 먼 곳에 있었다. 완전히 멀쩡해지기까지는 한참이 걸릴 것이었다. 거의 처음부터 문장을 만드는 법을 배워야 할 것이었다. 몇번이고 걷는 법을 배워야 할 것이었다.

언니오빠에 비하면 덜 극적인 상황에서였지만 닉의 사고 후 얼마 지나지 않아 나도 더보를 떠났다. 고등학교 마지막 시험을 마치고 몇시간 후 나는 주도 ─ 시드니 ─ 로 향하는 오후의 열차를 타고 있었다. 여름 내내 약에 찌든 스탠모어 공유주택의 이 방 저 방에서 자면서 대학 합격 소식을 기다릴 생각이었다. 호주 문학책 몇권 ─ 재닛 프레임의『부엉이는 운다』, 제시카 앤더슨의『강가에서 티라 리라』, 팀 윈턴의『바다수영』─ 을 뒤에 달고 마침내 나를 이 너머의 모든 세계와 다시 하나가 되게 해주리라 희망했던 여행을 시작했다.[24]

●

워너와 나는 찻잔을 비웠다.

'경이란 일종의 마술 같은 게 아닐까요?'

'맞아요.' 그녀가 말했다.

'이야기의 매력요소이기도 하고요.'

'경이는 마술이에요. 마술에 걸린 대상은 글이나 그림, 오페라나 다른 어디에든 있고 그속에 경이가 있죠. 마음속에서 일어나는 마술의 효과, 경이의 효과도 있지만 외부에서 느끼는 경이도 있어요.

그러니까 수행되거나 묘사되는 마술과 그로 인해 당신이 빠져들게 되는 상태로서의 매혹감 사이에 공생관계가 있는 거예요. 그런 상태는 믿음도 아니고 불신의 중지도 아니라는 점에서 정말이지 흥미로워요. 전 이 지점에 가닿으려고 끊임없는 시도를 해왔단 말이죠.

전 요정을 믿지 않지만 그게 동화에 대한 제 믿음이 중지되는 걸로 이어지진 않아요. 그저 요정을 믿지 않는 거죠. 하지만 무언가에 사로잡혀 있어요. 그 무언가를 뭐라고 해야 할까요? 글쎄요, 규정하긴 어렵네요.

어린 시절에 이런 쾌감에 사로잡히는 이유 중 하나는 그 쾌감이 우리를 제약하는 조건들로부터의 탈출과 연관되기 때문이라고 생각해요. 행복하게 끝나는 수많은 동화들은 고통으로 가득한 환경들을 바라보지만 언제나 (아니면 보통은) 대안이 있다는 맥락을 깔고 있다는 거죠. 일종의 희망을 전제하고 있는 거예요. 이야기는 신이시여, 꼭 이렇지만은 않을 수도 있군요 하고 말해요.「마술피리」 같은 오페라에서 굉장히 강력한 마술이 일어나는 이유는 그래서인 것 같아요. 모차르트는 현실을 다룬 위대한 예술가죠.

저는 셰익스피어나 모차르트, 그들의 믿음 상태에 대해서는 모르겠어요. 하지만 우리에게는, 그대로 다 믿어야 할 이유는 없지만 분명히 특별한 데가 있는 이런 류의 경이문학에는 핵심적인 측면 하나가 있다고 생각해요. 굉장한 쾌감이 있어요. 자유가 있는 거죠. 종교체계도 아니고 도덕체계도 아니니까요. 일단은 가볍고 때로는 순전히 비도덕적이죠.

　동화들은 완전히 비도덕적인 세계일 수도 있어요. 행운과 축복이 있거든요. 긴 튜닉을 걷어올리지도 않을 만큼 게을러서 자기 옷에 걸려 넘어지고 계속 자기 발을 거는 완전히 가망없는 아이, 알라딘처럼 완전히 놈팡이인, 아무짝에도 쓸모없는 아이가 있을 수 있는데 그도 보상을 받아요. 그래서 동화는 비도덕적인 장소인 거예요. 비행은 문학이 갈 수 있는 곳이죠. 그렇게 위반적인 것이 쾌감을 주고요.'[25]

●

여성의 목소리와 우리의 성별을 향해 강요되는 침묵과 억압에 대한 워너의 꾸준한 관심은 그녀의 이력 내내 변함없이 이어진다. 그녀의 작업에 대한 평은 대개 굉장히 긍정적이지만 좀더 모멸적인 몇몇 논평들의 젠더화된 성격을 살펴보면 흥미롭다. 예를 들어 2000년에 언론인 니콜라스 로는『가디언』에서 워너가 1960년대 옥스포드의 '그 세대에서 제일 예쁜 대학원생'이라는 소문이 있었다고 공표하면서 인물묘사를 시작한다.[26] 그리고는 그녀가 동화를 주제로 쓴 책『야수에서 금발까지』(1994)에 대한 역사가 노엘 말콤의『가디언』서평을 인용한다. 말콤은 이렇게 썼다. '옛날 옛날 먼 옛날에 워너라는 굉장히 똑똑한 소녀가 있었는데 책을 정말 정말 많이 읽었어요. 모든 책이 다른 모든 책과 이어진 듯했고 모두가 그녀에게 문화사에서의 여성됨womanhood이라는 이미지에 대해 무언가 말해주는 것 같았답니다.' 마리나 워너만큼의 위상과 성취를 가진 남성이 이런 방식으로 유아화되고 대상화되는 일은 상상할 수 없다. 사실 워너가 그토록 공들여 글로 드러내고자 했던, 소리높여 말하기를 주저하지 않는 여성들에 관한 바로 그 문화적 전통이 오늘날에도 여전히 충분한 생명력을 갖고 유통되고 있다. 바로 그런 작업에 대한 진지해야 할 서평이 그녀의 발목을 붙잡는다는 것은 슬픈 아이러니다. 워너의 작업은 대부분 상당히 학술적인 성격을 갖고 있다. 하지만 그녀는 이력의 상당 부분을 학계에서 독립해 일하며 보냈다. 존경할 만한 지점이다. 이 이야기를 하자 그녀는 수십 년에 걸쳐 글쓰기만으로 생계를 유지하는 일의 어려움이 결국에는 극에 달했다고 고백했다. 비평적으로나 상업적으로나 여러권의 책이 성공했고 일련의 객원연구원 자리나 상, 명예박사학위를 얻었다. 하지만 건강악화로 글을 쓰지 못하게 된 2000년대 초반에는 한동안 그녀의 생계에 중대한 어려움이 있었다. 많은 프리랜서 작가들이 그러하듯 그녀에게는 안전망이 없었다. 2004년에는 자유로운 사유와 해방적 가치로 잘 알려진 기관인 에섹스대학 문학·영화·연극학부 교원으로 초빙되었고 학부생과 대학원생 모두에게 창의적 글쓰기를 강의하게 되었다. 이후로 십년간 그 자리에 있었다.

우리가 만난 당시, 워너는 요구하는 업무량과 이념 차이로 오랫동안 이어진 에섹스대학과의 분쟁에서 이제 막 벗어난 참이었다. 이 분쟁은 굉장히 공개적인 사임으로 이어졌다. 오래지 않아 그녀는 『런던서평』에 두편의 글을 발표했다.[27]

그중 두번째인 「내가 배운 것」은 에섹스대학의 신자유주의적이고 상업화된 경영방식에서 출발해 앎의 목적에 대한 철학적 질문으로 옮아간다. 워너는 대학을 국립공원 — 모든 시민의 이익을 위해 만들어지는 장소 — 과 같은 공공자산과 비교하며 강의와 교육에 대한 자신의 철학을 셰이머스 히니의 시(詩)철학과 나란히 놓는다. 히니는 문학에 빠져드는 것은 일종의 '예지'를 제공하고 우리는 그 속에서, 그리고 그것을 통해 사실 알고는 있었지만 이전까지는 제대로 가닿지 못했으며 구체적으로 생각해본 적 없는 무언가를 깨닫게 된다고 설명한다. 그는 '시에 다가감으로써 우리는 우리 안에서 앞세워진다'고 역설했다.[28] 워너는 이렇게 쓴다. '좋은 앎은 스스로의 탐구와 몰입적인 주의를 필요로 한다. 그리고 스스로를 잊을 정도로 주의를 기울이는 것은 불만을 덜어준다. 그러므로 호기심은 반응으로서, 침묵이 아니라 경청으로서 채워져야 한다.'[29] 워너는 어려운 앎과 해답이 아니라 일련의 심화된 질문으로 이어지는 배움을 선호한다. 그녀는 이런 종류의 배움을 '솔직히 어려운 것'이라고 칭한 철학자 버나드 윌리엄스를 인용한다. 이런 종류의 배움과 앎은 두려움과 굴종의 문화에서는 번영하지 않는다. '대학이 운영되는 방식이 어딘가 잘못돼버렸다'는 것이 그녀의 결론이다.[30]

이런 지점들의 일부는 경이라는 문제, 특히 경이의 목적이라는 문제의 핵심을 찌른다. 아리스토텔레스에게 경이란 그저 동기의 원천이었다. 유용하게도 우리를 앞으로 나아가게 만들지만 궁극적으로는 끝날 수 있고 끝나야 하는 것이었다. 그는 '모든 남자들〔원문의 표현임〕은 있는 그대로의 사물들을 경이로워하는 것에서 출발'하지만 '결국에는 경이롭지 않은 상태, 속담으로 말하자면 남자들이 그 원인을 배우는 경우처럼 더 나은 상태에 이르러야 한다'고 썼다.[31] 이런 식으로 이해한다면 경이는 강을 다 건너면 기꺼이 불태워버리는 다리처럼 우리 뒤에서 사라진다. 경이는 약해지다가 진보(정복)를 향한 성공적인 탐색에 의해 폐기된다. 내가 보기에 이는 (끝없는) 경이가 몇번이고 다시 우리에게 줄 수 있을 풍성함을 미처 다 이해하지 못한 것이다.

●

1988년 초 나는 집에서 500킬로미터 떨어진 연안의 산업도시 울런공의 어느 대학 학부 프로그램에 입학했다. 예술창작학교에서 시작했는데 많은 전업 학생들이 그러하듯 육년 후 졸업할 때까지 대개는 빈곤 때문에 내 매일의 실존은 위태로웠다. 하지만 로널드거리와 내 지성을 온전히 바치기 어려웠던 고등학교 환경으로부터 자유로웠다. 짐작건대 마침내 세상에 나온 참이었고 새로 알아야 할 것이 많았다. 미술과 문학과 음악과 시 ── 트레이시 모팻, 빌 헨슨, 바바라 크루거, 로리 앤더슨, 이탈로 칼비노, 마거릿 애트우드, 피터 캐리의 초기작, 시드니여성영화그룹이나 시드니여성작가워크숍의 노골적으로 정치적이고 실험적인 작업 ── 를 방향설정의 출발점이자 안식처로 삼았다. 아니아 발비치의 짧은 산문시 「빨간 모자 아이」를 손으로 베껴서 가지고 다니던 기억이 난다.

> 나는 언제나 신나게 놀았지, 놀았지, 노는 여자아이.
> 매일매일 아침부터 밤까지. 매일매일
> 스물네시간을 깨어나고, 깨어나고 싶었어. 나는 너무
> 생기 넘치는, 너무 짜릿한, 콧대 높은 아이. 빨개,
> 너무 빨개 너무 빨개. 난 토마토였어. 찾아나섰지
> 늑대를. 단 거 좀 드릴까요, 아저씨? 빨간 치마를 샀어.
> 늑대를 샀지. 단 거 좀 드릴까요, 아저씨? 빨간
> 치마를 샀어. 모자를 샀지. 내게 모자를 줘.
> 나는 칼을 샀어.[32]

이 산문시를 사랑했던 걸 돌이켜보자니 시가 폭력을 외치고 있어 놀랍다. 하지만 십대 후반의 나 자신이 이걸 지니고 다닌 건 문자 그대로 누군가를 칼로 찌르려는 의도와는 무관했다. 이 시는 내게 은유적인 무기를 주었다. 이 시는 내게 용기를 주었다. 남자들의

폭력을 예상하고 대비했다. 시간이 흘러 처음으로 집을 떠나면서 예상했듯이 사람이 그렇게나 직접적이고 계속적으로 폭력을 반드시 마주하지 않아도 매일의 삶을 경험할 수 있다는 사실을 알게 되어 놀랐던 것 같다. 이 발견에 익숙해지기까지, 그리고 남성을, 특히 친밀한 파트너들을 더 온전히 신뢰할 수 있게 되기까지는 여러 해가 걸렸다. 평화로운 가정생활이란 여전히 나름대로의 방식으로 적응해가는 무언가인 것 같다. 서른해가 지나고도 마음 한구석에서는 모자와 칼을 내려놓은 걸 결국 후회하게 될지도 모른다고 믿고 있다.

대학에서는 배움에, 특히 영화·문학이론에 빠져지냈다. 시드니 북구 교외 출신의 신사적이고 시적이며 다정한 젊은 가톨릭 남자애와 사랑에 빠졌고 나도 사랑받았다. 약을 덜 했다. 술을 덜 마셨다. 정말로 다양한 동료집단과 몇몇 강사, 지도교수와 오래도록 좋은 우정을 쌓았다. 그리고는 대학도서관에서 지내는 시간이 다른 모든 것을 점점 덮어가기 시작하면서, 어쩌면 내가 소설을 쓸 수 있을지도 모른다는 생각을 하게 되었다. 이건 내게 새로운 경이의 원천이었다. 자신감을 얻었다.

워너가 글에서 잘 지적했듯이 대학교육의 좀더 자유로운 측면이 점차 약화되었고 개혁시기가 내가 1980년대 후반에 호주에서 학부생으로 출발한 때와 얼추 겹쳤지만 대학은 나를 크게 바꾸어놓았다. 새로운 것, 몸을 통해서 몸속에 지적이고 창조적인 경험을 담는 것, 경이와 다른 감정들을 한데 섞는 것, 새로운 앎의 가능성 자체가 주는 충격이 있었다. 나는 이 모든 것과 사랑에 빠졌다. 여전히 그것들을 사랑하고 있다.

●

식물화가 마리아 지빌라 메리안을 주제로 쓴 「해칭」hatching[33]이라는 그녀의 글에 대해 물었고, 우리는 앎, 창의성, 그리고 미술과 과학의 관계에 대한 깨달음을 주는 논의를 시작했다. 마리아 메리안의 작업은 이 영역들 각각의 핵심에 있는 많은 것의 결정체이다. 그녀는 세계를 풍부하고 주의깊게 관찰하여 과학적 지식에 영향을 미친 통찰력 있는 식물화를 창작한 선구자였다.

독일에서 태어난 메리안은 일찍 결혼했지만 성공적이지 못했고 한 종파에서 검약한 생활을 한 후로는 남편에게 돌아가 함께 살기를 거부했다. 대신 그녀는 1699년 쉰둘의 나이에 배를 타고 카리브해의 네덜란드령 식민지 수리남으로 떠났다. 메리안은 남성 동행자 없이 여행했다. 오히려 젊은 딸과 함께였다. 그녀는 평생 곤충을 연구했고, 수리남으로의 여행은 새로운 실 잣는 곤충, 명주를 대체하거나 어쩌면 그와 경쟁할 무언가를 발견해내기 위한 탐구의 일환이었다. 메리안의 스케치들은 당대 자연과학의 생명주기 이해에 중대한 영향을 미쳤다. 이년간 수리남에서 연구한 결과물인 생물학 화집은『수리남 곤충들의 변태』[34]라는 제목이 붙었고 1705년에 출판되었다. 워너에 따르면 이것은 '변태'metamorphosis라는 용어가 곤충의 생명주기에 관해 사용된 최초의 사례들 중 하나다. 메리안의 작업은 많은 이들로 하여금 자연발달에 대한 지배적 관점을 새로이 볼 수 있게 해주었다. 당시의 관점은 여전히 번식에서의 생물변화가 점차 좀더 완벽함을 향해 나아가기를 목적으로 한다는 아리스토텔레스의 관념에 기대고 있었다. 반대로 메리안은 꽤나 아름다운 몇몇 애벌레들을 기록해 그들이 어떻게 매우 못생긴 나비로 변화하는지 보여주었다. 나아가 그녀의 스케치는 외부와 독립되어 있고 불변하며 유아론적인 (자립적인) 존재라는 개념 자체를 뒤흔들었다. 그녀의 작업에 대한 워너의 글은 한 독립체의 발달에 차이, 상호의존성, 호혜성이 어떻게 스며들어 있는지 보여주었다는 점에서 메리안의 역할을 강조한다.

이야기를 하던 중에 워너는 '그녀의 선택과 배열에는 그 자체로 이미 창조적 서사인 요소들이 있어요'하고 말했다. '그리고 이 서사들을 창조함으로써 그녀는 우리가 은유의 지평에서 그녀의 이미지들과 관계 맺는 걸 막을 수 없게 됐죠. 우리는 변태와 변화에서 동물들의 놀라운 능력 이상의 무언가를 볼 수밖에 없어요. 그녀는 꽤 종종 부패를 포함했는데, 그게 생명주기죠. 그녀는 생명주기라는 아이디어를 한 페이지에 모아놨는데, 이 말엔 반복이라는 의미가 들어 있어요. 막을 수 없는 거예요. 그리고 이런 문자 그대로의 공존과 형태상의 공존 문제를 생각하면, 변태란 말이 좋은 것 같아요. 변태는 메리안이 선택한 말이고 이런 과학적 맥락에서 계속 쓰이고 있으니까요. 그녀나 동시대 사람들이 새로운 단어를 만들어낼 수도 있었을 거예요. 변태는 신화학적인 단어거든요.'[35]

'변태'라는 단어의 어원을 찾아보고 워너의 말 뜻을 이해하게 되었다. 이제는 생물학의 언어에 굉장히 핵심적인 이 용어는 고전신화학이라는 고향에서 곧장 건져온 것인데 원래 **마술적** 변형과 깊은 관계가 있다. 따라서 변태는 독특하고 불변한다는 의미에서의 자아에 대한 유대-그리스도교 전통을 거스르는 발상이다. 우리는 과학이 이를 받아들인 것을 마력의 한 형태로서의 경이 — 마술적이고 유사종교적인 경험 — 와 좀더 크고 온전한 앎과 이해를 얻기 위한 수단으로서의 경이가 강하면서도 종종 허약하게 연결된 사례로 볼 수 있다.

마리아 메리안을 조사하면서 더 넓은 구도에서 식물화의 위치를 재평가하게 되었다. 메리안의 스케치들이 변태를 단지 서사로서만이 아니라 특정 생태계를 통해 발생하는 변화의 과정으로 보여주는 방식은 충격적이었다. 식물세계에 곤충이, 곤충세계에 식물이 있었다. 워너가 알려주듯이 메리안은 시선을 거두는 법이 없었다. 그녀는 충해나 동종 간 학살 — 그녀가 결코 숨기거나 미화하려들지 않았던 자연의 잔인한 사건 — 에 대해서도 엄밀한 조사를 했다. 워너는 메리안의 그림이 갖는 **경이**의 핵심에 보는 능력, '뚫어

마리아 지빌라 메리안 『수리남 곤충들의 변태』 17번 도판
출처: commons.wikimedia.org

지게 보는' 능력이 있다고 말한다. 이런 정확한 주목을 통해 그녀의 작업은 시이자 앎, 미술이자 과학이 된다.

경이와 보기의 연결은 오래전으로 거슬러올라간다. '경이로워하다'라는 뜻의 고대 그리스어 thaumazein은 '보다'라는 동사와 연관되는데, 이는 '보기에 경이로운 것' a wonder to behold이라는 관용표현에 드러나 있다.[36] 이 연결은 이에 상응하는 라틴어 admiratio에서도 찾을 수 있는데 이 단어의 어원인 mir 또한 시각과 이어진다.[37] 메리안의 수리남 스케치가 출간되고 거의 한세기가 지난 후, 시인 윌리엄 워즈워스와 새뮤얼 테일러는 우리를 '우리 주변 세계의 사랑스러움과 경이'를 돌아보도록 이끎으로써 습관과 관습의 무기력 상태로부터 '정신을 깨우는' 과제를 고민하게 된다.[38] 평범한 것을 달리 보라는 이 요청은, 랄프 왈도 에머슨의 말을 빌리자면 '흔한 것의 기적같음'을 드러내줄 유사-영적인 응시의 지향을 독려하는 낭만주의의 표징이었다.[39] 소피아 바살루는 미적 경이에서 과학적 경이로 이어지는, 17세기와 18세기 내내 자연과학을 지배한 복잡하게 얽힌 궤적을 추적한다. 그녀는 이 얽힘은 문화적 수명이 길어서 모리스 메를로뽕띠나 앙리 베르그손 등 20세기 초의 사상가들을 비롯한 '많은 철학자들의 작업에도 그 흔적이 남아 있다'고 말한다.[40]

좀더 최근에는 문학이론 연구자 필립 피셔가 『경이, 무지개, 그리고 흔치 않은 경험의 미학』(2003)에서 '근대성 내에서 가장 도외시된 주요한 미적 경험'이라는 경이의 위상에 안타까움을 표했다.[41] 감정의 역사와 철학에 새로 생긴 관심은 경이의 위치에 대한 얼마간의 흥미를 불러일으키기도 했지만 소피아 바살루가 주장하듯 경이는 '다른 것들과는 전적으로 다른 감정으로 등장하고 있다'.[42] 오늘날 이론가들이 이를 도외시하는 까닭은 어쩌면, '책임있게 다루기엔 너무 손에 잘 안 잡힌다'는 바로 그 이유 때문일 것이다.[43]

●

몰팅하우스의 어린이들이 던진 질문들을 언급하면서 이 장을 시작했다. '왜 여자는 수염이 없어요?' 같은 것들 말이다. 어느 부모든 즐거움의 원천이고 때로는 심오한 불편함의 원천이기도 한 어린아이다운 경이를 목도할 것이다. 이 장을 마무리하고 있는 지금 아홉 살인 내 아들은 여전히 질문으로 가득하다. 발달 단계에 걸맞게, 그 중 대부분은 섬뜩한 것이 되었다. '물에 빠져 죽는 게 좋아요, 아니면 목이 잘려죽는 게 좋아요?'

얼마 전 어느 아침에는 학교에 가는 길에 '어떤 초능력을 갖고 싶어요?' 하고 물어왔다.

나는 '글쎄'라고 하면서 '너는 어떤데? 어떤 초능력을 고를 거야?'하고 되물었다.

롤런드는 망설임 없이 '어떤 모습이든 다 될 수 있는 변신능력'

이라고 답했다.

그주의 며칠 뒤에는 이렇게 선포했다. '난 여자아이가 되어보고 싶어. 새도, 고양이도.'

나는 아들이 상상놀이에 열려 있다는 점에 조금 안도한다. 상상 놀이에서는 일시적으로나마 전쟁, 충돌, 착한 편, 나쁜 편을 지향하는 전통적인 남성성, 우리의 작은 생활공간에서 이루어지는 다양한 역할놀이에 매우 자주 등장하는 수없이 많은 무기들과 거리를 두게 된다. 나는 아들의 이런 점을 더 북돋아주고 싶다. 이런 성향을 끌어내고 그 자양분을 얻을 수 있는 어느 곳에 가든 응원해주고 싶다.

전쟁신화의 종착지는 파괴, 몰살, 절멸이라고 워너는 말한다. 2002년에 이런 주제로 발표한 글에 그녀는 '마술적인 힘을 철학적 지혜가 아니라 파괴의 무기들과 결합하는 것은 문제적이다'라고 쓴다. '작금의 초대형 박스오피스 히트작들은 불안과 꿈을 반영하고 있는가, 아니면 형성하고 있는가?'[44] 물론 진짜 정답은 알 수 없겠지만 그녀의 질문은 분명 나로 하여금 우리가 마주하는 수많은 도전들에 좀더 상상력 넘치게 응답할 가능성들을 앗아가는 이원론(과 일대일 결투)의 방식에 대해 숙고하게 만들었다.

내게는 경이는——따라서 변형도——언제나 소설을 읽고 쓰고자 하는 내 욕망의 중심에 있었던 것 같아 보인다. 아들의 질문에 다시 한번 답할 수 있다면 내가 고를 초능력은 서사적 상상력narrative imagination이라고 말할 것이다. 하지만 앎과 단절되지 않은 서사적 상상력이라는 점이 중요하다. 언젠가 말한 바 있듯이 상상력의 수고를 요하는 방식으로 실질적인 무언가를 쓰고자 하며, 떠다니는 느낌이나 인상을 소설처럼 더 온전히 실제화된 복잡하고 창조적인 작업으로 전환하려는 충동은 어떤 병을, 종종 굉장히 깊이 자리잡은 불만족감 ── 분노, 혼란, 불신, 반감, 혹은 그저 어떤 식으로든 상황이 이와는 다르기를 바라는 어렴풋하고 미묘한 욕망 ── 을 필요로 한다.[45] 이런 의미에서 소설은 '왜'를 묻는 것에서 나온다. '어떻게'를 묻는 것에서 나온다. 그러므로 소설은, 우리를 죄어오고 우리를 억누르며 우리가 날아오르지 못하게 막고 있는 저 환경들을 상세하게 아는 경험을 깊이 새기며 살아내는 것에서 나온다. 내 경우에 소설은 워너가 동화에서 중요한 것이라고 했던 그 희망, 풍부한 재치에서 태어나는 희망, 변형이라는 바로 그 생각을 가능케 하는 희망에서 나온다.

호주의 소설가 킴 스콧은 왜 글을 쓰냐는 질문에 답하며 몰입의 ── '무언가를 만드느라 스스로는 사라지는' 것의 ── 쾌감을 말한 바 있는데,[46] 이 또한 경이에 젖어드는 일로 생각할 수 있다. 경이란 역설적이게도 18세기의 철학자 애덤 스미스가 '방향상실의 모든 고통을 보여주는' '감정 혹은 영혼의 운동'이라고 부른 것의 결정체이다. 심지어 경이가 '수고를 요하지 않는 능력'을 통해 그가 상상력의 '자연스런 경로'라고 부른 것을 따라 '흘러'가게 혹은 '미

끄러져'가게 할 때에도 말이다.[47]

●

경이를 주제로 워너와 두번째로 만났을 때 나는 피카딜리 서커스나 런던국립미술관 근처 거리공연자들의 분위기에 대해 말했다. 그 당시 광장은 톨킨이나 「스타워즈」 캐릭터에서 영감을 받은 판타지 복장을 하고 신기하게도 땅에서 1, 2미터쯤 공중에 떠 있는 인물들로 가득했다. 그들은 일종의 살아 있는 조각상이 되었고, 뒤집어서 근처에 놓아둔 모자에 동전 기부를 받고 있었다.

'받침대를 쓴 거예요?' 워너는 알고 싶어 했다.

'분명 그럴 텐데, 보이진 않았어요.'

'흥미롭네요. 음, 살아 있는 조각상이라, 그래요. 그리고 전 어떤 면에선 마담 투소가 호기심을 *끄*는 물건들의 특징을 이어받은 제일 유명한 후손인 것 같아요.'

우리의 대화는 능란한 연극기법이라는 주제로, 그리고 관객들에게 경외감과 경이감을 불어넣어 주는 소도구나 보조기구를 설계하는 무대작법의 오랜 전통으로 넘어갔다. 이는 오래 내려온 전통이다.

'데우스 엑스 마키나deus ex machina라는 표현이 있잖아요'라며 워너는 설명을 시작했다. '그리스 비극에서 신이나 여신이 내려오는 걸 가리키는 말이죠. 아시다시피 에우리피데스의 극 마지막에 메데이

아가 하늘로 올라가는데, 용이 그려진 전차를 타고 무대에서 날아 오르죠. 아마도 그런 걸 따라했을 거예요. 정확히 어떻게 한 건지는 모르지만요. 그리고 고대 이집트 세계에서는 이미 **오토마타**를 만들 었어요. 그러니까 움직이는 조각상, 일상적인 종교용으로 만들어 진 조각상 말이에요. 그게, 신탁을 내릴 때 사제들이 그속으로 들어 갔죠. 때로는 단지 한 무더기의 기계적 경이의 일환이었고요.'

워너는 경이의 감각을 일으키기 위해 고안된 옛 과학기구의 예 로서 물시계의 역사를 훑었다. 이 유물은 기원전 338년 페르시아로 거슬러올라가지만, 복잡한 물시계의 사례는 바빌로니아, 인도, 중 국, 그리스·로마 시대에까지 걸쳐 있다. 중세 이슬람 세계에서 대 학자 알자자리는 기록으로 남아 있는 것 가운데 가장 복잡한 물시 계 중 하나를 고안했다. 1206년에 개발된 이것의 구조에는 오토마 타—악사 다섯명과 매 두마리—와 도르래와 무게추로 된 복잡 한 장치가 포함되어 있었다. 시계 꼭대기의 문들에는 구경꾼들에 게 신의 영광에 기뻐할 것을 상기시키는 문구가 새겨져 있었다.

우리의 논의가 데우스 엑스 마키나로 나아갔으므로 나는 비행기 계라는 주제를 꺼냈다. 워너는 『낯선 마법』(2011)에서 비행을 주제 로 추억을 불러일으키는 장 하나를 쓴 바 있다.

워너는 '뜻밖에도, 고전적인 유럽 동화작품들에는 비행이 거의 안 나온다'고 말했다. '"빨간 모자"나 "백설공주"나 "신데렐라"에 는 등장하지 않는다는 거죠. 날아다니는 마녀들이 있고 놀라운 여행들도 있어요, 물론 물건들이 날아다니기도 하고요. 기묘한 활동들이 어느 정도 있긴 하지만, 이제는 모든 환상에 손쉬운 비행이 포함되는 전통이 특히 영화에서는 완전히 널리 퍼졌죠. 최근의 판타지 영화에는 (「아바타」에, 「황금 나침반」에) 전부 놀라운 비행 장면이 있는데, 스크린에서는 정말 잘 구현될 수 있으니까요. 이건 『아라비안나이트』 이후의 판타지예요. 『아라비안나이트』의 서사는 어디든 갈 수 있는 능력을 통해 즐거움을 주고, 그건 공중에서도 마찬가지거든요.'

나는 '"공상의 비행"(flights of fancy. 실현가능성이 없는 상상을 뜻함)이라는 표현이 있잖아요'라며 '날아다니는 걸 꿈꾸는 건 유동성, 관점의 개방성을 가져다주는 것 같아요'라고 덧붙였다.

'『아라비안나이트』의 인물들은 정말로 날아다니죠. 날개가 꼭 필요한 것도 아니고 복잡한 비행기계를 만들려고 하지도 않아요. 그냥 되는 거죠. 지니는 날아다니고 마술 물건들은 공중에 떠오르잖아요. 원문에선 그런 게 아니었지만 양탄자는 서양에서 (알라딘의 램프와 함께) 『아라비안나이트』의 핵심 소재가 됐어요. 뮌헨에서 처음 이 내용으로 강연을 하면서 날아다니는 양탄자가 공기역학적으로 다빈치의 우격식 비행기(ornithopter)보다 훨씬 더 직관적이라고 말했거든요. 그거 말이에요, 새의 날개가 달린…'

'양탄자에 비하면 어설퍼 보이잖아요.'

'그러니까요! 그런데 뮌헨 청중들은 전혀 못 받아들이더라고요!'

'정말요?'

'네, 끝나고 저한테 와서 그러더군요, "말도 안돼!"'

어째선지 우리 둘은 이런 반응에 담긴 공격성이 너무 재미있었다. 어떤 기본적인 층위에서는 이것이 충격적인 상상력의 부재를 보여주어서였을까.[48]

●

경이에 특권을 부여하는 문학작품의 상당수는 경험주의에 반하는 것으로 읽혀졌다. 워너는 반드시 그렇지는 않다고 주장한다.

'루소와 로크, 18세기의 위대한 교육사상가인 이 두 사람이 동화나 신화 등등을 어리석은 환상이라고, 헛소리라고 비난한 건 어린이들이 현실세계를 공부하게 하고 싶어서였어요. 그들은 어린이들이 밖에 나가서 거미줄이나 꽃이나 무지개를 보고 관찰가능하고 경험적인 자연현상들에 실제로 얽혀보기를 원했죠. 악령이나 마귀는 유모나 무식한 늙은 여자들이 아이들을 통제하고 겁주려고 늘어놓는 헛소리라고 생각했던 거예요. 자기들 나름대로 인문주의적인 방식으로, 좋은 의도에서였어요. 아이들을 겁주려고 이야기를 이용하는 걸 멈추고 싶었던 거죠.

세련되게 다듬어진 계몽주의 이후의 인간문화는 경험주의적으로 진전되어야 한다는 기대가 있었어요. 저 또한 계몽주의 전통에 속해 있다고 생각하지만, 저는 늘 인간이 언어적인 종인 것과 똑같은 방식으로 신화를 만드는 종이라고, 우리의 언어는 은유적이라고 주장해왔죠. 우리가 가진 경험주의적 언어에는 한계가 있어요. 문(門)은 문인 거예요. 하지만 문이라는 은유는 굉장히 폭넓은 의미를 갖죠. 그리고 실제로 그게 우리 마음이 소통하고 구축되는 방식이기 때문에 저는 늘 이렇게 주장해왔어요. 이 상상력 넘치는 구조를 인지하자고. 그렇게 해서 그걸 더 잘 이해하게 되어도 무너뜨리거나 지워버릴 수는 없겠지만 아마 장애물이 되기보다는 도움이 될 방식으로 그에 대해 생각할 수 있을 거라고요.'

잠시 말을 멈추고 생각하다가 워너는 이렇게 말했다. '개인적으로는, 종교가 은유적인 것으로 남을 수 있다면 그대로 괜찮을 것 같아요. 리처드 도킨스처럼 초월적인 체계를 싫어하진 않아요.[49] 그러니까 전 르네상스 점성술이 좋아요. 과거 사람들의 비범한 독창성과 상상력을 믿을 수 없을 만큼 아름답게 표현해주잖아요. 그 내용을 믿지는 않지만 경탄스러운 창작물이라고 생각한다는 거예요. 그들은, 혹은 그들 중 일부는 그걸 믿었어요. 하지만 지금 우리는 다른 위치에 있죠.'[50]

●

경이라는 '끝없는 질문, 낯섦, 가능성의 망망대해'[51] 앞에서 어떤 이들이 경이를 마치 뱃멀미처럼 견뎌야 할 정념으로 여긴 사실은 아마 놀랍지 않을 것이다. 하지만 워너가 다닌 수녀원 학교의 수녀들이 보여주었듯, 성 바울의 작업이 틀이 되어 여성은 너무도 자주, 그런 망망대해에 발끝을 담가보는 것조차 적극적이고 체계적으로 방해받았다. 질문하기란 용기없는 이들에게는 맞지 않으며, 잃을 것이 없는 이들에게도 너무 적극적으로 장려될 일은 아닌 듯해 보인다(최근의 사례로는 호주난민수용소에서의 언론통제를 보라). 이 장을 마쳐가는 지금, 나는 여전히 마리나 워너와 그녀의 사유, 세상 ― 앎, 역사, 신화학, 대중문화 ― 으로 나아간다. 그것을 학문과 상상이, 공감과 희망이 교차하는 연구에 열어둘 줄 아는 그녀의 능력에 깊이 용기를 얻는다. 그녀의 오랜 자기치유의 글쓰기가 타인들에게도 또한 엄청난 도움이 된다는 생각을 계속한다. 워너의 동력이 『이상한 나라의 앨리스』에서 마리나 메리안까지, 잔다르크에서 강력하고 매혹적인 셰에라자드까지, 여성들의 목소리를 되찾거나 '엿듣는' 일의 책무감에서 비롯되었다는 점이 말해주는 바가 있다. 여전히 셰에라자드와 같은 많은 여성들은 살 길을 찾기 위해 꿈을 꾸고 있으니 말이다. 어떤 구조가 우리를 제약하고 곤란에 처하게 한다 해도 우리가 그것을 어쩔 도리가 없는 것으로 여겨서는 안 된다. 이 장은 경이에 대한 우리의 능력이 실제로 우리가 누구인지를 바꿀 수 있는가 하는 질문에서 출발했다. 답은 분명하다. 그렇다, 바꿀 수 있다.

제6장

우
정

왜 흔들림 속에서
우정을 사유해야 하는가?

여성들의 우정과 성장을 말하는 철학자
로지 브라이도티와 함께

로지 브라이도티

—·—

여성학자이자 철학자. 이탈리아에서 출생해 호주에서 자랐다. 국립호주대학교에서 철학을 공부했고 프랑스로 건너가 철학박사학위를 받았다. 1988년부터 네덜란드 위트레흐트대학교 교수로 재직하고 있으며, 오랫동안 네덜란드 여성학연구학교의 창립이사로 일했다. 질 들뢰즈와 뤼스 이리가레의 통찰을 활용해 페미니즘과 문화연구, 과학기술연구 등이 만나는 지점에서 포스트휴먼 윤리학과 새로운 주체이론을 제시한다. 유럽 내에서 다수의 여성학 연구자 네트워크를 설립한 개척자로 불리며 파트너인 아네커 스멜릭과 여성 연구자를 지원하는 로사나기금을 조성했다. 주요 저서로는 『포스트휴먼』*The Post Human* 『유목적 주체』*Nomadic Subjects* 등이 있다.

여성주의 철학자 로지 브라이도티에게 우정의 중요성은 열다섯살에 자기 의지에 반해 이탈리아의 가족마을을 떠나야 했던 그녀의 일화를 통해 확인할 수 있다. 제2차 세계대전 직후에 태어난 그녀는 이탈리아 북부 국경과 그리 멀지 않은 작은 마을에서 어린 시절을 보냈다. 친구들과 가족들의 관계망이 널리 펼쳐져 있었고 그녀와 친구들은 어린 나이부터 자전거를 타고 자유로이 돌아다녔다. 브라이도티의 할아버지는 반파시즘 운동의 지도자였고 그녀가 살던 세계의 어른들 사이에서는 종종 정치가 화제였다. 그녀의 어린 시절 기억에 집단적 기획으로서의 삶이라는 감각이 깊게 자리잡고 있는 이유는 아마도 이 때문일 것이다. 브라이도티가 열다섯살이 되던 해에 아버지의 공급사업이 실패했고 별안간 파산하게 되었다. 그는 자신의 상황을 굉장히 부끄럽게 여겼고 그녀의 부모는 갑작스럽게도 호주로 건너가는 걸 도와주겠다는 제안을 받아들이기로 결심했다. 이민계획을 듣고 아이들은 충격에 빠졌다. 브라이도티는 부모님에게 말했다. '농담하지 마세요, 난 안 가요'.

그녀는 '그들은 "넌 여기 살아도 돼, 우린 갈 거야"라고 했어요'라며 말을 이어갔다. '그런 상황이었어요, 그들은 처절했거든요. 제가 좋아하던 아저씨가 저를 맡아주겠다고 해서 전 그저 일하고 공부하고 할 수도 있었어요. 한살만 더 많았어도, 열여섯만 됐어도 결정을 할 수 있었겠지만 열다섯의 저는 이러지도 저러지도 못했죠. 애착이 너무 크기도 했어요. 동생들을 정말로 사랑했거든요. 제가 첫째였어요. 그래서 제 세상이 통째로 무너지는—그 나이엔 그럴 수 있잖아요—가운데 눈물을 머금고 먼 길을 떠났지만 그곳에서의 마지막날 밤은 아직 선명히 기억해요. 드라마틱하면서도 정말 즐거웠어요. 친구들이 전부 모여—그룹이랄까, 작은 패거리랄까—돌아다니며 동네 곳곳에서 작별인사를 하고 노래를 부르고 술을 마셨죠. 그들은 말 그대로 저를 기차에 던져 실었어요. 저희 동네에서 제노바까지 기차로 가서 배를 타는 거였는데, 1970년이었고 그땐 수에즈운하가 닫혀 있어서 배가 제노바에서 출발해 아프리카를 다 돌아서 가야 했어요. 세상의 끝에 가는 것 같았어요.

지금은 다들 호주에 가고 싶어 하잖아요. 하지만 1970년의 이탈리아에서 호주의 이미지는 멋진 건 아니었어요. 굉장히 다른 세상이었죠. 제가 사랑하는 건 친구들과의 결속이에요. 제 트라우마가

그들에게도 또한 트라우마였겠죠. 이민이란 걸 알게 된 거예요. 그게 여러면에서 우리를 결속해줬죠.'

거의 오십년이 지났지만 여전히 그녀는 그 친구들과 연락하며 지낸다.[1]

●

로지 브라이도티가 지난 몇년간 소장을 맡은 위트레흐트대학교 인문학센터의 집무실은 14세기 운하주택 건물의 1층에 있다. 널따란 창문 세개가 거리를 내다본다. 2016년 봄에 그녀를 만나러갈 때마다 이 창들을 지났다. 커다란 책상에 앉아 있는 그녀가 보였다. 초인종을 누르려는 참에 그녀가 고개를 들어 나를 보며 손을 흔들곤 했다. 남들에게 다 보이도록 이렇게 하루를 보내는 건 꽁장히 네덜란드스러운 일인 것 같다. 네덜란드의 실내를 들여다보는 건 언제나 좋았다. 암스테르담이나 하를렘 같은 도시들에서 운하주택을 지나며 산책하노라면 열려있음 openness이라는 아름다운 감각을 엿보게 된다. 줄지어선 정성스레 꾸민 방들이 가정생활의 따스함으로 빛나는데, 사실 나로서는 그렇게 내어놓는 데에는 일부러 보여주려는 측면도 있다는 것을 아버지로부터 배워 알고 있다. 그는 젊었을 때 고국을 떠났다가 평생에 단 한번 귀국했다. 그는 네덜란드식 생활에 녹아 있는 프티부르주아적인 측면을 그리워하지 않았다. 브라이도티 역시 커다란 창문을 그리 좋아하지 않았고 위층의 사무실로 옮기고 싶다고 했다.

직접 만난 로지 브라이도티에게서는 위엄이 느껴졌지만 필적할 만한 이가 몇 없을 지성을 오만히 즐긴다기보다는 공인된 실력으로서 편안히 대할 수 있을 종류의 권위를 지닌 인물이었다. 역설적이게도 그녀 역시 자신의 직업적 성공을 놀라워하다시피 했다. 마치 우연히 그렇게 되기라도 한 양 말이다. 그녀는 수십년 전에 호주를 떠났지만 여전히 호주 억양의 영어를 구사했다.

'제 인생 전체를 돌아보면, 누가 이야기를 짜놓은 것처럼 비현실적인 느낌이 든다는 말밖엔 안 나와요. 당신이 생각하듯이요, "어떻게 이렇게 된 거죠?"'[2]

●

오늘날 브라이도티는 유럽에서 가장 잘 알려진 여성주의 철학자 중 하나다. 2005년에 네덜란드 베아트릭스 여왕에게 기사 작위를 받은 까닭은 단지 철학에의 기여뿐 아니라 폭넓은 공식적, 비공식적 네트워크를 통해 유럽 전역의 페미니즘 사상가들을 연결하는 작업의 성취를 인정받았기 때문이었다. 그녀의 제자인 문학연구자 모이라 프래딩어는 2017년에 예일대학교에서 열린 태너 강연에서 그녀를 '자기 주변의 삶들을 변화시키는' 능력과 다른 사람들과 '나누고 함께 사유하는 일의 전염성 있는 즐거움'으로 잘 알려져 있는 이라고 소개했다.[3] 특히 우정friendship에의 접근법에 대한 브라이도티의 논의에는 프래딩어의 소개가 잘 들어맞는다고 생각한다. 브라이도티의 말을 빌리자면 '실존의 살아 있는 과정, 정신적인 것과 육체적인 것, 이론적인 것과 경험적인 것 사이에 있는 말 그대로의 공간을 재사유하기'에 대한 페미니즘의 깊은 기여를 잘 보여주기 때문이다.[4]

브라이도티의 작업은 박사과정에 있을 때 처음 읽었다. 그녀의 첫 책인 『불일치의 패턴』은 1991년에 출간됐다.[5] 1994년에 출간된 『유목적 주체』를 통해 나는 두번째로 그녀의 독자가 되었다.[6] 이 책의 밑바탕은 분명히 브라이도티 자신의 이주경험에서 나왔다. 호주에 겨우 십년을 있다가 다시 뿌리가 뽑힌 그녀는 이번에는 프랑스로 갔다. 1988년 위트레흐트에 자리를 얻어 네덜란드로 오면서 네번째로 나라를 옮겼다. 이 각각의 이동들은 상당한 문화적·지리적·언어적 변화를 수반했다. 놀라울 것도 없이 『유목적 주체』에서 그녀는 오늘날의 맥락에서 이동 개념에 초점을 맞춘다. 그녀는 '유목적 주체성을 탐구하려는 동기는 가속화되는 변화의 시대에 많은 문화적 참조점들과 오래 이어진 사유습관들이 재구성된다는 확신에서 나온다'며 '이미 우리가 취하게 된 주체의 형태와 우리가 거쳐가고 있는 심층적인 변형의 과정을 사유할 다른 방법을 배워야 한다'고 쓴다.[7]

1970년대에 소르본대학교에 교수로 있었고 그녀의 사유에 상당한 영향을 미친 철학자 질 들뢰즈와 마찬가지로, 브라이도티는 '자아'self보다는 '주체'subject라는 말을, 그리고 이를 확장해 '주체성'subjectivity이라는 말을 써서 (앞에서 논의한 줄리아 크리스떼바와 마찬가지로) 동일성identity이라는 개념에 대해 말한다. 이는 브라이도티와 그녀의 동시대인들이 우리는 누구인가나 우리는 어떻게 해서 이런 우리가 되는가에 대해 사유하는 방식이 레오나르도 다빈치의 비트루비우스적 인간에서 뻗어나온 서양철학의 고전적 이상과 급진적으로 단절하기 때문이다. 고전적인 관점에서 자아는 외부와 독립되어 있고 단일하며 자율적인 존재다. 브라이도티는 비트루비우스적 인간이 '신체적 완전성의 이상'을 재현한다고 쓴다. 이는 우리의 사고방식 속에서, 그리고 살아가면서 우리의 행동에 영향을 미치고 조정을 가하는 사회적·이념적 구조들과 제도들 속에서 언어에 새겨지는 일련의 가치들로 증폭된다. 개인적·집단적으로 완벽해질 수 있는 능력의 추구, 진보에 대한 직선적·합리적 이해는 비트루비우스적 인간관념에 사로잡혀 있다.[8] 브라이도티의 철학적 접근은 이런 고전주의에 맞선다. 브라이도티가 주로 강조하는 것 중 하나는 상호연결성interconnectedness이다. 이로써 주체를 타자들과 심층적으로 얽혀 있고 타자들에 깊이 의존하는 것으로 개념화한다. 브라이도티에게 주체란 변화, 운동, 흔들림에 의해 끊임없이 형성되고 또 재형성된다. 그것은 내부로 향하기보다는 외부를 향하

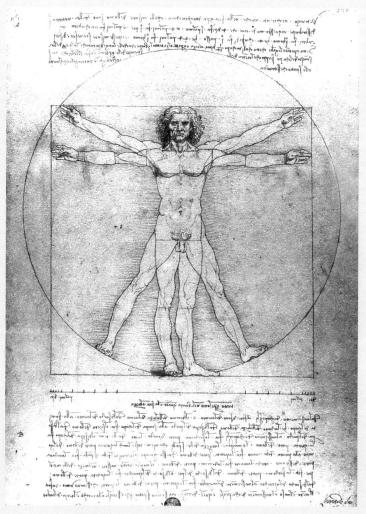

레오나르도 다빈치 「비트루비우스적 인간」 1440년대
출처: commons.wikimedia.org

며 이로써 다른 에너지들, 다른 생명력, 다른 존재와의 상호작용 속에서, 그리고 그를 통해 끊임없이 에너지를 얻는다. 의미심장하게도 다양한 형태의 우정을 통해서 말이다.

●

유목적 주체성nomadic subjectivity에 대한 브라이도티의 작업은 전세계 많은 독자들의 마음을 울렸고 이후에 출간된 두권의 책 — 유목적 주체의 문화적 정치학을 탐색하는 『변태』(2002)⁹와 그 윤리적 함의를 탐색하는 『트랜스포지션: 유목적 윤리학』(2006)¹⁰ — 으로 이어진 이십년간의 기획으로 나아갔다. 주체성에 대한 그녀의 접근은 이 세권 모두에 걸쳐 전개되며 좀더 최근에 낸 책들인 『포스트휴먼』(2013), 『포스트휴먼 용어사전』(2018)의 내용이 되기도 한다.¹¹ 그녀의 핵심 중 하나는 자신과 타자 사이의 관계가 — 친구 사이에서와 마찬가지로 — 너무도 자주 이항적인 것으로, 즉 차이 대 동일성의 관계로 이해되어왔다는 것이다. 이를 대신해 그녀는 긍정성으로서의 차이를 주장한다. 우정은 '복잡성의 놀이'play of complexity가된다. 이런 식으로 강조점을 둔다면 우리 스스로를 '전적인 내면성in-depth interiority의 표현'으로 생각하는 것은 더이상 쓸모가 없다. 대신 우리는 '"외부"outside와의 가능한 만남들에 열려 있는' 셈이 된다. 이 과정 전체를 가능케 하는 데 상상력이 중요한 역할을 하지만 정체성 형성과정의 어디까지가 끊임없는 유동상태인지 스스로 볼 수 있게 허락하는 것 역시 핵심적이다. 그런 과정은 상당히 집단적인 방식을 띠기 때문이다. 브라이도티는 이 끊임없는 유동상태를 '되기'becoming —— 질 들뢰즈가 최초로 이런 식으로 주체에 적용한 용어 —— 라고 부른다.[12]

고전적인 서양철학의 관점에서 안정적이고 본질적인 정체성을 가진 자율적 개인으로서의 자기 자신이라는 감각에 여전히 매일같이 호소하는 세계에서 이런 아이디어들을 고려해볼 만하다. 성공의 압박을 활용하는 광고들이 끊이지 않고 나온다. 몇개만 말해보자면 화장품과 은행대출을 강권하고 독특하고 자기정향적인 것으로서의 우리 자신이라는 감각을 강화하려든다. 내가 자주 지나다니는 멜버른 중심부에 있는 한 대학 광고판은 '당신이 전부입니다'라며 빛난다. 브라이도티의 철학은 이런 생각들에 도전하는데, 이것이 우리를 실의에 빠뜨리려는 것이 아니라는 점이 중요하다. 오히려 이 도전은 급선무의 문제로서, 지구적으로나 지역적으로나 지금-여기 우리가 속한 복잡한 환경에 대한 감각으로 우리를 이끌기 위해서라고 그녀는 말한다. 브라이도티에게 이 환경과 그속에서 유동하는 우리의 복잡한 상태를 이해하는 것은 피할 수 없는 우리 책임이다. 그녀는 자신의 독자들에게 현재에 걸맞는 사람이 되라고 요청하며, 그렇게 할 수 있는 한가지 방법은 우리 모두가 다른 사람에게뿐만이 아니라 다른 존재들, 다른 생명형태들과 상호

연결된 방식을 더 많이 이해하는 것이라고 주장한다.

　이 장에서는 브라이도티가 주체에 관한 자신의 사상 — 유목적이고 움직일 수 있으나 관계적이고 의존적인 정체성 개념 — 속에서 우정에 대해 말하는 바를 다룰 것이다. 이 사유에는 삶에 대한 깊은 긍정과 연민이 있기에 그녀의 작업을 꼭 나누고 싶다.

●

브라이도티의 철학이라는 렌즈로 우정에 대해 생각하는 것은 미처 다 이해하지 못한 방식으로 내 존재방식을 바꾸어놓고 활기찬 우정에 둘러싸여 그로부터 기운을 얻었던 이십대 초반 시기를 곱씹어보게 했다. 당시에 받은 엽서 크기의 파스텔화를 간직하고 있는데 그 뒷면에는 친구 조가 쓴 메시지가 적혀 있다.

　　줄리엔에게

　　초대 고마워. 너는 기차가 어떤 건지 알고, 바닷가 물웅덩이를 진짜 즐길 줄 아니까 이 그림을 줄게. 응원해줘서 고마워… 네가 하는 일들 존경해, 그리고 음… 그러니까 음… 사랑해…

　　　　　　　　　　　　　　　　　　　　　사탕을 담아

　　　　　　　　　　　　　　　　　　　　　조

스무해 넘게 지났지만 조가 뉴사우스웨일스 남쪽 해안가 물웅덩이에서 함께한 구체적인 경험과 당시에 그곳을 다니던 열차 — 우리는 객차 입구쪽에 서서 열린 문에 발을 끼워넣고 밀려드는 바닷바람을 느끼는 걸 좋아했다 — 를 언급한 것은 여전히 울림이 있다. 다른 글에서 조와의 우정에 대해 쓴 적은 있다.[13] 하지만 모든 걸 제대로 살펴보고 그 동요를, 모든 것의 핵심에 있으며 로지 브라이도티가 '조에'zoe라고 부르는 자연의 힘 혹은 긍정적인 활력을 이해하는 일을 다 마치지는 못했다(어쩌면 영영 끝나지 않을 것이다).

프랑스어로 '내 친구'mon semblable는 나의 닮은꼴을 의미한다. 이는 어떤 면에서 친구란 우리와 비슷하다는(semblable) 뜻을 함축한다. 내 친구는 나 자신의 다른 버전으로 볼 수 있다. 하지만 브라이도티가 생기에 찬, 몰입적인 우정이라는 용어로 표현하는, 조와 내가 마음을 쏟았던 우정은 그 이상의 무언가를 갖고 있다. 나는 특히 조와의 우정을 브라이도티의 '즐겁게 불연속적인 주체'joyfully discontinuous subject[14] 개념 위에 세워진 것으로 이야기할 방법을 탐색하는 데에 관심이 있다. 또한 자아와 타자 사이의 공간을 상실 혹은 결핍으로서 우리를 위협하는 곳으로 보기보다는 활력의 원천으로 껴안는다는 그녀의 관점을 논의하고 좀더 완전히 펼쳐내고 싶다.

●

내 친구 조와 나는 1989년에 대학교에서 만났고 우리 둘 다 예술창
작 학위과정에 있었다. 우리는 동료 작가, 음악가, 시각예술가, 배우
들과 어울렸다. 나는 열여덟, 그녀는 스무살이었다. 경이롭고 복잡
하고 흥미진진한 아이디어들의 세계가 우리를 향해 열려 있었다.

우리 우정의 초기에 가장 기억에 남는 것은 내가 그녀를 닮고 싶
어했다는 점이다. 내 목소리가 조의 목소리를 더 닮기를, 그에 담
아낼 수 있었던 따스함을, 고개를 갸우뚱하고는 사람들이 혼자서
는 한번도 생각해보지 못했을 질문을 하는 그녀의 모습을 더 닮기
를 원했다. 낯선 이든 친구든 그들의 안녕을 생각하는 마음과 그들
의 희망 혹은 작은 좌절들에 기울이는 관심을 통해 그녀가 사람들
을 무장해제하는 점을 좋아했다. 조는 빠르고 넓게 친구를 만들었
다. 자신감과 말도 안되게 야심찬 계획으로 가득한 미래에 대해 끊
임없이 말하는 구석도 있었다.

대학을 마친 후 조와 나는 즉흥적이고 예측불가능한 춤을 추듯,
주와 대륙을 가로질러 물리적으로는 멀어졌다. 그녀는 해외를 여
행하고 싶어했다. 나는 호주를 보고 싶었다. 나는 공부를 계속했다.
그녀는 한해 동안 여유를 가졌다. 내가 대학원 장학금을 받을 때
그녀는 세계일주 티켓을 샀다. 함께 있을 때 우리는 쉬지 않고 대
화했지만 거리가 생기자 우리의 친밀함은 손으로 쓰다가 나중에는

이메일로 보내게 된 구식의 편지들에 새겨져, 우표값이 모자랄 지경으로 온갖 쓰잘머리 없는 것들(깃털, 콜라주, 스케치, 버스 승차권, 신문기사, 우편엽서)과 함께 작은 봉투에 밀어넣어졌다.

1991년 9월 26일

줄리엔에게

요즘 주로 하는 일은 글래스고에서 살 곳을 찾는 거야. 런던은 너무 우울했거든. 너무 길게 이야기할 일은 아니지만 그곳엔 거부반응이 들었어. 할머니랑 시간을 보내는 건 정말 좋았는데도 말이야. 그래서 스코틀랜드로 올라오기로 했고, 이곳이 내게 선사할 미래를 보고 있어.

지금까진 전부 꽤 좋아. 일도 구했거든. 오전에는 스코티시 양조장에서 비서일을 하고 있고, 다음 주부터 오후에는 이곳 미술학교 학생회에서도 일하기로 했어. 정말 신나. 울런공에서 시작된 야심을 이루는 거잖아. 음료 담당 말이야!

오늘 밤엔 뉴스를 보다가 네 생각을 했어. 정말로 테이블에 너랑 마주 앉아서 '참내, 정말 온갖 일이 다 있네' 같은 말을 할 수 있으면 좋겠단 생각이 들었거든. 세르비아/크로아티아/미국의 가짜 군비축소(좀 의심스럽잖아, 너도 그렇게 생각하지?)/인질 석방/이스라엘-팔레스타인 문제/불만에 찬 루마니아 광부들/

공산주의 사업의 붕괴 — 정말 온갖 일이라 놀라울 정도지. 정말로 너랑 이런 것들에 대해서 찐한 토론을 하고 싶은데 말이야. 정치나 여러 이슈에 열을 올리면서도 경쟁하지는 않을 수 있어서 참 좋았는데. 우리가 온갖 걸 물고 늘어지는 걸 정말로 즐기는 것 같아서 좋았어.

그나저나, 이제 아침까지 쿨쿨 해야겠어.

살랑, 살랑

조.

조가 잘못된 남자에게 넘어가는 걸 처음 본 것은 우리가 아직 대학에 있을 때였다. 함께 아는 사이인 M이라는 친구가 있었다. 그와 조는 한동안 집을 공유했고 친했지만 M은 조에게 로맨틱한 관심은 없었다. 그는 다른 여자들과 데이트했다. 한편 조는 늘 자신없어 하면서도 좀더 육체적인 관계를 원하는 자신의 욕망에 그가 응답하도록 애쓰고 있었다.

우리가 친구가 된 지 한해쯤 됐을 때였을까, 조가 긴 정신병 삽화에 빠져들어 나는 큰 충격을 받았다. 그녀가 경찰차에 실려 캠벨타운의 정신병원으로 이송될 때 함께 있지는 않았다. 하지만 그녀의 안녕과 행위성 부재가 너무도 걱정됐고 며칠 후 그녀가 도망쳐나왔을 땐 자랑스러움을 감출 수 없었다.

여러해가 지난 후 그녀의 아버지는 『오스트레일리안』지의 기자에게 '걔는 늘 도망쳤죠'라고 말했다. 조는 열여섯살에 조현증 진단을 받았다. 그녀의 아버지는 캠벨타운 사건 때 의사에게 그녀가 병동을 빠져나갈 거라고 말했던 걸 기억하고 있었다. '그들은 "아뇨, 최대안전병동인걸요. 나갈 수 없습니다"라고 했지만 그 대화를 한 지 네시간만에 나왔죠. 저도 아직 집에 가는 중이었어요.'[15]

나중에 조는 이 일을 두고 전세계 정신건강기관 관광가이드를 쓸 생각이라고 농담을 했다.

'관광가이드야, 아니면 탈출공략집이야?'

우리는 함께 웃었다.

해외여행을 떠난 그녀는 다른 남자와 사랑에 빠졌다. 나아진 건 없었다. 시간을 두고 관찰한 바로는, 일종의 연애거절을 당한 후에는 종종 재발이 이어졌다. 나는 때로 그녀가 연애감정을 가진 이들 중 한 사람이라도, 잠깐이라도 그녀에게 제대로 사랑을 돌려줬다면 이런 일은 없지 않았을까 하는 생각을 한다.

1991년 12월 2일

줄리엔에게

네가 보낸 멋진 목도리도마뱀 엽서가 오늘 아침에 도착했어. 개인이나 집단에서 무엇이 어떤 장소를 정의하는지에 대해 말한 적 있잖아, 늘 그렇듯 네가 맞았어. 요즘 그걸 좀 생각하고 있었거든.

"하지만 선택된 곳을 향한 우리 애착에 대해 각각의 미묘한 차이가 갖는 심오한 실재를 규정하고자 한다면 문제는 많다. 현상학자는 이러한 차이들을 심리적 현상에 대한 일차적인 러프 스케치로 받아들여야만 한다. 이 차이는 표면을 덧칠하는 것이 아니다. 그러므로 우리는 우리가 어떻게 삶의 저 모든 변증법에 맞추어 우리의 생명공간에 기거하는지 말해야 한다…"(가스통 바슐라르)

미국에서 본 D가 참여한 단체전 카탈로그에 적혀 있었던 말이야. (이 이상하고 흥미로운 남자 이야기 기억하니? 내 가슴을 찢어놨지만, 하늘에 맹세코 나는 괜찮아.)

여기서 많이 받은 질문들 — 내 캥거루는 어디 있냐는 건 빼고 — 중 하나는 '왜 글래스고에 오기로 했냐'는 거야. '나도 몰라' 하고 답하지. 나도 왜 내가 여기 있는지 모르겠어, 줄리엔… 배우고 싶어서… 사는 법을 배우고 싶어서… 호주에 대한 약간의 관점을 얻고 싶어서 여행을 하고 싶었다는 건 알아… 하지만 그 많은 곳 중에서 왜 하필 이 장소를 택한 건지는 모르겠어… 일을 구하려면 영어를 쓰는 곳에 한동안 눌러앉아 있어야 한다든가 하는 전략적인 이유도 있지… 하지만 그것과는 별개로… 오트포트 돔빌길(에 있는 너의 집)은 언제나 내 왼쪽 귀 뒤에 있을 거야. 매일 언제나 머릿속에서 그 길과 베란다와 나무들을 보고 있어… 그리고 최근에는 꽤 자주 향수병이라고 할 만한 통증을 느끼고 있어. 네가 그리워. 우리 대화가 그리워.

조

철학자 프리드리히 니체는 『즐거운 학문』(1882)에서 사랑하는 법을 배우는 기술을 음악작품을 듣는 일과 비교한다.[16] 우리는 멜로디를 완전히 알 때까지 한 작품을 재생하고 또 재생한다. 그것이 결여된다면 그리우리라는 것이 분명해질 때 사랑하는 법을 배웠다고 말할 수 있을 것이다. 지금껏 몇년째 니체의 이런 생각을 품고 다녔고 여기엔 여전히 어떤 아름다움이 남아 있다. 하지만 조가 죽고 몇년이 지난 지금, 그리고 로지 브라이도티의 철학에 푹 빠져 풍부하게 읽었다고 해도 좋을 지금에 이르러 다시 생각해보건대 이제는 더이상 저 말이 나와 공명하지 않음을 실감한다. 우선, 너무 우울하다. 게다가 너무 과하게 결핍에 초점을 두고 있다. 곧 결핍에 대한 브라이도티의 사유로 돌아가 논의하겠지만 일단은 1993년경 시드니 달링턴의 랜더거리로 당신을 데려가려 한다.

조는 글래스고에서 다시 입원하게 되었고 정신과 간호사가 동행한다는 조건을 달고서야 겨우 호주행 비행기를 탈 수 있었다. 여기에 오자 의사는 매달 항정신성 주사제를 맞으라고 했다. 그녀는 하지 않았다. 약물이 자신의 창조력에 영향을 끼치는 걸 싫어했다.

내가 공동주택을 꾸린 것이 한편으로는 오빠가 여건이 안 좋은 라이크하르트에서 나올 수 있게 하기 위해, 다른 한편으로는 해외에서 돌아 온 조에게 애정어린 환경을 제공하기 위해서였다고 말해도 좋을 것이다. 그 집은 1980년대의 건물수리업자들이 좋아하던 살짝 칙칙한 살구색으로 칠해진 이층짜리 연립주택이었다. 처음에는 조가 위층의 큰 방을, 나는 줄리엣이 쓰던 것처럼 생긴 작은 발코니로 뒤뜰이 내려다 보이는 옆방을, 오빠는 현관에서 떨어진 아래층 큰 방을 썼다.

집 뒤쪽에 있는 작은 부엌에서 조와 나는 차를 여러잔 마시며 몇 시간씩 이야기를 나눴다. 미술이나 정치 이야기도 할 수 있었다. 음악이나 문학 이야기도 할 수 있었다. 친구들 흉을 볼 수도 있었다. 우리는 마음속 이야기를 솔직히 나눌 수 있었다. 조는 잘 들어주는 사람이었다. 흥미를 보였다. 이따금씩 기타를 꺼내 노래하기도 했다.

그녀는 본디에 있는 땅콩수입업체의 옛 일자리로 돌아갔다. 일하고 있을 때 전화를 걸면 '응, 여기 완전 콩가루야'라며 농담을 하곤 했다. 그즈음 조는 번 돈을 죄다 택시비로 썼다. 좌골 신경통을 앓고 있었고 내 오빠가 그랬듯 지팡이에 의지해 걸었다. 어느 시점에 그녀는 발코니가 있는 위층 큰 방을 나와 바로 뒤의 작은 서재로 이사했다. 나는 계속 사이에 있는 중간 방을 썼다. 큰 방은 아름답고 꽤 창백한 음대생에게 세를 주었지만 오래 머물지는 않았다.

조의 건강은 오르락내리락 했다. 때로는 침대에서 나오지도 못할 만큼 허리가 아팠다. 일을 빠졌다. 식사는 형편없었다. 때로는 밤새 깨어 있었고 비명이 들리곤 했다.

그녀는 도움받기를 꺼렸다.

●

로지 브라이도티에게는 사람이 중요하다. 네덜란드에서 그녀를 만날 때면 언제나 놀랍도록 극진히 맞아주었다. 그녀는 늘 함께 있는 사람보다 중요한 건 없다는 인상을 주었다. 이런 일이 마냥 드물지는 않겠지만 내게는 그렇게 보였다. 나중에는 온전히 존재하는 일에 노련한 사람 앞에 있다는 게 이런 걸까 하는 생각이 들었다.

위트레흐트에 머무는 열흘 동안 우리는 세번을 만났고 브라이도티는 많은 말을 했다. 가끔 그녀가 자기 위치에서 그토록 편안해 보이는 것에 경외감이 들곤 했는데, 인생 이야기를 듣다가 생의 동반자 아네커 스멜릭을 만난 시점에 이르자 조금 이해가 되기 시작했다. 그녀는 '우리는 만났고, 그게 다예요'라고 말했다. '저는 빛이 보였고, 그녀는 목소리를 들었고, 우린 그대로 멈춰섰죠.' 그로부터 삼십년이 지났다.[17] 브라이도티가 스스로와 타인을 편안해 하는 것은 그녀의 파트너와 깊이 연관돼 있음을 알 수 있었다. 여기에는 깊숙이, 끊임없이 사랑받은 한 여성이 있다.

호주에서 보낸 시간을 말하는 브라이도티의 이야기는 전에는 거의 생각해보지 못했던 환경에서 친구들, 멘토들, 활동가들과 형성한 기대치 않은 관계로 촘촘히 짜여 있었다. 기차역 대합실에서, 공장에서, 오솔길에서 우연한 만남이 찾아왔다. 그중 많은 수는 유럽으로 돌아오기까지 브라이도티의 여정에 양분이 되어주었고 수십 년 후까지 이어진 활기차고 즐거운 우정의 씨앗이 되었다.

브라이도티는 1970년의 이탈리아발 선상에서 영어 특훈을 시작했다. 그녀가 피츠로이고등학교 — 당시 호주의 가장 거칠고 가장 불우한 학교들 중 하나 — 졸업반에 등록했을 때에도 영어 실력은 여전히 매우 좋지 않았다. 방과 후에 추가 수업을 받았다. 그녀가 공부에 재능있는 학생이란 사실이 분명해지자 교사들은 그녀를 눈여겨보며 장학금이나 여러 기회에 대해 알려주었다. 그녀의 성공에 개인적인 관심을 갖기도 했다. 졸업시험에서 『시대』지 표지에 사진이 실릴 만큼 좋은 성적을 거둔 그녀는 대학생 국가장학금을 받으며 국립호주대학교에 입학했다.

동시에 미묘하지만 삶을 긍정하는 저항 행위가 브라이도티의 호주 모험을 관통했다. 십대 때엔 다문화주의 수용운동으로 도심 빈민가 학교들의 상황을 바꾸려는 노동당 캠페인을 도왔다. 우수한 졸업성적을 받았지만 주변에서 이탈리아 이민자의 훌륭한 딸에게 알맞다는 식으로 이야기하던 멜버른 대학에서 '법을 하는' 것은 생각조차 거부했다. 갑작스레 호주 지배층 엘리트들과 함께 캔버라의 기숙대학에 살게 되었으면서도 웨이트리스 일로 번 돈을 피츠로이의 집에 있는 여동생들에게 보냈다. 하지만 스스로에게 자신이 원하는 것 ―고전철학― 을 하도록 허락했다. 졸업이 다가왔다. 처음으로 진지한 연애관계를 맺은 파트너가 스웨덴의 괜찮은 외교관 자리로 갈 때 따라가는 일은 생각도 해보지 않았다. 이미 프랑스 장학금을 신청해둔 상태였다. 그녀는 호주대 기말고사를 마친 후 '결과를 기다리지조차 않았다'며 말을 이었다. '졸업식에는 안 갔어요. 졸업사진이 없죠. 전 이미 파리에 있었거든요.'

파리에 가니 그 모든 결정이 잘한 듯했다.

그 도시의 1978년을 두고 그녀는 '페미니즘이 한창이었다'고 했다. '그래서 어쩌다 단체에 들어갔는지 기억도 안 나요. 1968년 5월 이후 겨우 십년이 지났고 여전히 여기저기 후폭풍이 있었어요. 삼년 뒤면 프랑수아 미테랑이 선출될 테고 굉장히 열려 있는 사회였죠. 엄청난 사람들을 만나요. 어쩌다보니 그렇게 된 거죠. 전 프랑스어를 잘해요. 그 언어를 사랑해요. 그 문화를 사랑하고, 거기에 있기 딱 좋은 때였죠. 그러니까, 정말 신이 났죠. 같은 시간에 열리는 질 들뢰즈의 강의랑 장프랑수아 리오따르의 강의 사이에서 고르는 거예요. 씨몬 드 보부아르와 매주 대화할 뿐만 아니라 그 모두를 만나게 될 거였어요.

정말로 지적 엘리트의 시대였어요. 정신의 삶, 지적 성애화나 지성의 기능, 뭐라고 부르든 거기엔 무언가가 있는 것 같아요. 속물적인 의미에서 지적으로 엘리트였던 게 아니었어요. 우리는 모두 세계에 책임감을 갖고 세계를 더 나은 곳으로 만들어야 할 과업을 지고 있다고 느꼈어요.'

당시의 파리에서는, 아마도 그 어느때보다도 더, 철학이 사회구성의 중요한 부분으로 여겨졌다. 그런 공동체에 속한 브라이도티를 상상하기는 어렵지 않았다. 정신없이 빠져들었던 그 시기의 에너지가 그녀의 사유에 준 활력은 수십년이 지난 지금도 건재하다.

●

브라이도티의 최신작은 네덜란드계 유대인 철학자 바뤼흐 스피노자, 혹은 베네딕트 데 스피노자의 작업을 재평가하는 하나의 방식을 설득력 있게 제시하며, 핵심 전제로서의 스피노자의 일원론에 크게 기댄다. 스피노자의 『에티카』는 1677년에 처음 출간되었으며 일반적으로 르네 데까르뜨의 정신/몸 문제 사유에 대한 반박으로 이해된다.[18] 데까르뜨는 두개로 분리되어 있고 어떤 의미에서는 서로 대결하는 정신과 몸을 주장했다. 하지만 브라이도티의 사유, 특히 우정에 대한 접근에 가장 들어맞는 것은 스피노자의 일원론적 세계관이다.

『에티카』는 스피노자 필생의 역작으로, 그가 죽은 뒤에야 출간되었다. 심지어 그때에도 원고를 편집하고 발간한 그의 친구들은 당시 유럽에서의 교회의 막강한 힘을 의식해 자신들의 이름을 삭제하는 편이 현명하리라고 여겼다.[19] 『에티카』에서 스피노자는 신의 속성을 상술하며 수학의 영향을 받은 방법론을 통해 신이 하나의 실체이자 전부라고 주장한다. '일원론'monism이라는 용어는 그래서 적절하다. 라틴어 접두사 'mon-'은 하나뿐임을 뜻하며 생산적 접미사 '-ism'은 여기서는 어떤 상태, 조건, 혹은 원칙을 뜻한다. 가장 단순한 의미에서 일원론은 실재가 하나라는 사상을 가리킨다. 이것은 여러면에서 급진적인 사상이었으며 여전히 그러하다. 그리스 고전주의에 뿌리를 두고 있으며 많은 기독교인들이 이어받은 데까르뜨의 이원론, 즉 정신과 몸이 나뉘어 있고 물질적인 몸과 비물질적인 (혹은 신적인) 정신은 완전히 다른 두가지 종류의 실체라는 널리 받아들여진 믿음에 직접적으로 반대하기 때문이다.

어쩌면 일원론은 첫눈에는 단순한 생각 같아 보일 수 있다. 하지만 그 함의를, 특히 고전적인 서양철학전통에 얼마나 반하는지 보게 된다면 일원론이 얼마나 논쟁적일 수 있는지, 또한 그 방식은 잠재적으로 무한히 복잡함을 이해하게 될 것이다. 브라이도티가 증언하듯 스피노자의 철학은 일정 부분 그것이 '부정성negativity과 폭력적이고 변증법적인 대립violent, dialectical oppositions을 전혀 언급하지 않는다'[20]는 이유로 주류 철학계에서 혹독한 비판의 대상이 되었다. 1970년대 서양철학자들 사이에서 스피노자가 재발견된 중요한 이유 중 하나가 바로 그런 폭력적인 대립이나 양자구도를 한쪽으로 치워둘 수 있는 참된 가능성을 제공한다는 점이었다.

브라이도티가 소르본대학교에서 공부하던 당시에는 질 들뢰즈가 교수로 있었다. 그는 스피노자의 철학을 다시 보자고 주장한 사상가들 중 하나였다. 들뢰즈의 작업은 우리에게 물질$_{matter}$을 생명력 있고 자기조직적인 것으로 간주하자고 요청한다. 이는 때로 스피노자의 작업을 읽으며 초월론적이거나 유사-유심론적 경향을 강조하는 다른 이들의 주장에 맞서는 한편 굉장히 적극적인 일원론의 재발명이다. 들뢰즈식 접근의 타당성은 지난 세기 동안 살아 있는 물질의 복잡하고 자기조직적인 구조에 대한 증거들이 점점 더 설득력을 얻은 최근의 생물학, 환경학의 진보를 통해 재확인되고 있다.

그래서, 이런 게 다 우정이랑 무슨 상관일까?

바로 이런 질문에 대해 브라이도티는 '우리는 온갖 종류의 수많은 인간$_{human}$ 혹은 비인간인$_{non-human}$ 타자들과 구조적으로 연결되어 있다'고 설명한다.[21] 놀랍게도 그녀가 유목적 주체성 작업의 핵심 측면으로 일원론적 신학을 온전히 받아들이기까지는 시간이 좀 걸렸다. 이는 젊은 여성으로서 그녀가 매우 깊이 몰두했던 정신분석학적 세계관을 뒷받침하는 일부 핵심 개념들과 스피노자의 일원론이 어느 정도 충돌하기 때문이었다. 이십대에 파리에 살면서 브라이도티는 많은 동료들과 함께 스스로 정신분석을 받아보았다. 이는 철학적 현상으로서의 정신분석학을 좀더 잘 이해하기 위한 수단이기도 했다.

그녀는 내게 '해보신 적 있으세요?' 하고 물었다.

'아니요.'

'그 과정을 겪어보면 느낌이 굉장히 달라요. 저는 석사학위를 라깡으로 했는데 당시엔 정신분석학에 대해 쓰려면 직접 정신분석을 해보라고 굉장히 강력하게 권했어요. 그저 이론화하는 게 아니라 자기가 무슨 말을 하고 있는 건지 알기 위해서요.' 브라이도티는 스물일곱살 때부터 한 분석가와 작업하기 시작했고 이는 칠년 동안 이어졌다. '이것의 모든 부분부분을 가능한 모든 각도에서 겪어보기 위해서였죠. 저에게 정신분석은 모든 것을 따로 떼어냈다가 재구축하는 것이었어요.' 브라이도티는 당시 분석가와의 관계를 자신의 핵심적인 관계로 꼽는다. 분석은 '모든 것에 촉매 작용을 하고, 그러면 주위에 있던 것들이 딱 맞춰진다'.

그녀가 1988년에 위트레흐트대학교의 여성학과 학과장직을 받아들이자 그녀의 분석가는 그 이동이 네번째 이주가 될 수도 있지 않겠냐고 조심스레 물었다. 브라이도티는 그렇지 않으리라는, 그런 반복은 아니리라는 결론을 내렸다. 이어지지는 않을 일이었다.

'그래서 전 제가 상징적으로 매우 중요하다고 생각하는 일들을 했어요. 호주로 이민갈 때 썼던 트렁크를 들고 파리에 왔었고 그래서 한 일들 중 하나가 "이건 두고 떠날 거야"라고 말하는 거였죠. 이 모든 걸 분석가와 공유했어요. 둘이서 반복이 아니라 완전히 새로운 출발일 수도 있을 이 일을 위한 일종의 계획을 세웠죠. 여기 이탈리아인들이 있는지 신경쓰지 않았어요. 호주인은 없었고요. 또다시 혼자인 거였죠. 또다시 옷가방 신세지만 기회가 있었어요.

임용위원회 자문단에서 아네커 스멜릭 —지금 제 파트너요— 이 위원회에 자문을 주고 있었어요.' 앞에서 언급했듯 두 여자는 첫 만남에 자신들이 강력히 이어져 있음을 깨달았고 이는 굉장한 변화를 증명할 것이었다. '그래서 인터뷰를 마치고 파리의 분석으로 돌아갔고 지금 이 모든 게 일어나고 있네요. 평생에 해본 적 없는 걸 하고 있어요. 달걀을 전부 한 바구니에 담고 있는 거예요. 잘 되거나 다 깨먹거나인 건데, 저는 삶이 이래야 한다고, 그러니까, 이럴 수 있다고 생각해요. 잘 모르겠어요, 이래 본 적이 없거든요. 제 분석가에겐 "여기 남아서 당신에게 그 일에 대해 이야기할 수도 있고, 흐름을 따라 가버릴 수도 있어"Je peux rester ici et vous dire à ce sujet, ou je peux suivre la vague라고 말했어요. 프랑스어로요. 프랑스어론 좀더 괜찮아요. 서핑의 은유로 말하자면 그냥 파도를 잡아탈 수가, 타버릴 수가 있고 그럼 그뒤론 전설이 시작되는 거죠.' 이렇게 말하며 그녀는 웃었다. '저는 위트레흐트로의 이동은 정말로 네번째 이주가 아니라고 생각해요. 그건 무언가 다르다고 생각하는데, 분석을 통해 이걸 해냈다는 게 중요한 지점이에요. 분석가는 친구가 아니에요, 멘토죠. 단테의 베르길리우스, 선생인 거예요. 그녀의 도움으로 전 스스로를 잡아찢고 감당해볼 만한 무언가를 재구축했어요.'[22]

그렇다면 이렇게 굉장히 긍정적이며 깊고 개인적인 정신분석 경험은 들뢰즈적으로 변주된 일원론에 대한 그녀의 이후 사유에 어떤 영향을 미쳤을까?

'타자성과 타자로서의 차이의 철학은 정신분석 경험 덕분에 제 정신과 몸에 깊게 새겨졌어요.'[23] 정신분석학적 용어로 타자라는 개념은 욕망 개념, 그리고 결핍(혹은 프랑스어로 manque) 개념과 얽혀 있다. 예를 들어 1960년대와 1970년대에 많은 프랑스 지식인들에게 영향을 주었고 계속해서 후기구조주의에 영향을 미치고 있는 정신분석가 자크 라깡의 작업은 두가지 종류의 타자를 제시한다. 첫번째는 소문자 'o'를 쓰고(other) 두번째는 대문자 'O'를 쓴다(Other). 라깡에게 타자$_{other}$는 우리 자신(혹은 에고$_{ego}$)의 투사이며 한편 대타자$_{Other}$는 동일시를 해도 절대로 동화될 수 없는 근본적인 다름을 가리킨다. 라깡은 말과 언어는 대타자로부터 온다는 생각을 제안한다. 즉 이것들은 에고의 통제 바깥, 혹은 달리 말하자면 의식 바깥에 있다. 라깡의 사유방식에 따르면 어머니는 우리가 최초로 마주하는 대타자이며, 이 대타자가 완전하지 않음을 ── 그녀가 결핍의 한 형태임을 ── 우리가 깨달을 때 거세 콤플렉스가 형성된다.[24] 뤼스 이리가레를 포함한 많은 페미니스트들이 라깡이 정신분석학에서 성차별적 전통을 이어갔다고 비판하는 것은 아마도 놀랄 일이 아니겠지만,[25] 여기서 핵심은 정신분석학 용어에서 타자라는 발상 자체가 스피노자의 일원론에서 그것이 제시되는 방식과는 뚜렷이 다르다는 점이다. 브라이도티는 '들뢰즈의 철학에서는 이렇게 발전돼요'라며 말을 계속했다. '타자an other는 물론, 대문자 O를 쓰는 타자a capital O Other도 없다고요. 다만 타자들, 다수성들, 일군의 타자화들이 있을 뿐인데, 전 이게 일원론적 전회monistic turn라고 생각해요'.

브라이도티의 최신작은 취약성과 결핍을 강조하는 라깡이나 데리다 계열의 사람들이 취해 온 타자—혹은 타자성—에의 접근법을 거부한다. 그녀가 내게 설명한 바로는, 이런 형태의 정신분석학적 사유에서는 타자를 향한 우리의 애착을 불가결하지만—타자는 무한히 나에게 요구하며 결코 꺾이지 않기에—우리를 취약하게 만들 수 있는 어떤 것으로 읽는다. 그녀는 '이것이 굉장히 고귀한 윤리학이라는 점을 높이 산다'면서도 '하지만 이것은 자아를 무기력하게 만드는 비책이죠. 게다가 이건 타자를 향한 부정적인 관계에 자아를 가둬요. 강박을 가져오는 비책인 거죠'라고 말했다.

우정에 관해 글을 쓴 흥미로운 여성주의 정신분석가 중 하나로 제시카 벤저민이 있다. 브라이도티의 최근작은 정신분석학 이론과 거리를 두고 있지만, 그녀가 『유목적 주체』에서 벤저민의 작업을 평한 바를 다시 보는 것은 도움이 된다. 중요한 점은, 벤저민이 자아와 타자가 불가분적으로 연결되어 있다고 보며 여성 욕망은 ('놀이' 장에서 논한 위니콧을 좇아) '사이공간'으로 개념화되어야 한다고 주장한다는 것이다. 브라이도티에 따르면 '벤저민은 체현이 젠더화되어있음을 강조하며 몸의 내부/외부 구분을 무너뜨린다. 따라서 그녀는 욕망이 변증법적 대립의 살인적인 논리에 따라 개념화될 필요가 없도록, 팔루스*라는 매개를 상호연결성과 행위성의 역량으로 대체하고자 시도한다'고 쓴다.[26] 브라이도티와 마찬가지로 벤저민에게는 주체의 존재론적 구조 안에 있는 무언가가 타자의 현전과 연관되어 있다. 혹은 달리 말해 이 발상에 스피노자식 접근을 불어넣어보자면 주체성은 위험하거나 부정적인 것으로 읽을 필요가 없다. 오히려 함께 살아 있다는 사실의 생명력 넘치고 활기찬 측면으로 평가할 수 있는, 복잡하고 다층적인 상호연결성을 통해 주체성이 형성된다.

●

결국 달링턴 랜더거리에서 조와 공유했던 집은 공유주택들이 때로 그러하듯 원만하게 해산했다. 오빠는 남부 해안으로 이사를 갔고 사랑에 빠졌다. 조는 멜버른으로 이사했고, 이번에는 석사학위를 마친 내가 여행에 나설 차례가 되었다. 조와의 우정에서 가장 선명

---

*Phallus. 라깡 이후의 정신분석학에서 남근상을 가리키는 말. 물리적인 신체기관으로서의 페니스를 넘어 자아와 의미의 형성과정에서 욕망과 결핍의 기준점으로 작동하는 이미지 혹은 상징을 뜻한다. 페니스에 과도한 의미를 부여한 프로이트의 가부장적 관점을 반복하는 개념이라는 비판을 받는 한편 물리적 차원으로 환원되지 않는 성적 차이를 설명하는 데에 기여한 개념이라는 평가를 받기도 한다.

한 기억 중 하나는 멜버른 시내 피츠로이 주택가에 있었던 그녀의 새 공유주택을 처음으로 방문한 날의 것이다. 퀸사이즈 매트리스를 깔고 그녀 옆에 누워서는 둘 다 밤늦게까지 잠들지 못했던 일이 생각난다. 우리는 다시 함께하게 된 것이 너무 행복해 기운을 다 쓰고도 대화를 멈추지 못했다. 그날 밤 나는 내가 그녀를 얼마나 사랑하는지 의식하고 있었고, 우리가 서로에게 육체적으로 이끌리지 않은 것을 애석하게 생각한다. 어쩌면 축복이었을지도 모른다. 우리는 터놓고 이런 이야기를 했다. 우리는 연인에게 갖는 것과는 다른 종류의 이해와 관심을 서로에게 갖고 있었던 듯하다. 아마도 좀더 안정적인 것이리라고, 낭만적 사랑의 달뜬 기복과는 다른 것이리라고 우리는 생각했다. 지나고 보니 그것은 사실이 아니었다는 생각이 든다. 우리에게 있었던, 우리가 상상했던 안정감 그리고 에로스는, 생명력 있는 우정이라면 전혀 없을 수가 없다.

이듬해에 조는 열정을 갖고 있던 분야 — 정신건강영역에서의 미술치료 — 에서 유급 일자리를 구했다. 그녀는 멜버른 인근의 여러 정신건강기관들과 단체들에서 일했다. 동료들이나 갱신되지 않는 단기계약에 대한 불만이 늘 있긴 했지만, 한동안 그녀는 늘 목표로 해오던 바로 그 일을 하고 있는 듯했다. 퇴근 후에는 기타로 곡을 썼는데 그녀는 그걸 '서서히 발전시키기'라고 불렀다. 곧 데모 음반을 만들었다. 삶이 충만해 보였고 그걸 보는 나 또한 행복했다.

한편 내 파트너와 나는 사륜구동 자동차로 호주 동쪽의 연안을 타고 최북단으로 올라가다가 서쪽으로 가 킴벌리를 파고든 만을 도는 느긋한 여행을 시작했다. 해변이나 깊은 열대협곡에서 야영을 하고 낡은 랜드로버로 먼지 날리는 시골길이나 작은 해협을 요란스레 달리며 나는 호주의 광대함에 젖어들었다.

조와 나는 종종 편지를 썼다.

줄리엔에게

지금 멜버른은 화창한 일요일이야. 어제 부엌 창문을 닦은 게 오늘 햇빛이 잘 들어오라고 그런 거였나봐. 두주쯤 전에 S와 나는 서로 봄맞이 대청소에 대한 비밀스런 환상을 품고 있단 걸 고백했어. 그걸 다 알게 됐으니 따질 것도 없이 저지르기로 했지. 그래서 어제 S와 D와 나는 벽과 천정에 솔질을 하고 창문과 주전자와 난로를 광을 내고 찬장을 청소하고 (욕실과 화장실의) 타일을 닦았어. 저녁에 완전히 나가떨어져서는 번쩍거리는 집에서 뭐랄까 고된 노동 끝에 맥주를 벌컥거리기 전까지, 시끄러운 음악이랑 사탕비누, 뜨거운 물, 그리고 꼬박 여섯시간을 썼지.

아, 줄리엔, 네가 정말 보고 싶어. 사람들이랑 이야기할 때 — 아니면 네가 좋아할 만한 걸 보거나 들을 때면 종종 네 생각을 해. 이곳은 나를 행복하게 해. 멜버른에 있는 대부분의 시간은 좋고 여기 사람들은 정말이지 사랑스러워. 진실되고 꾸밈없고 착해. 그런데도 내 가슴 속엔 줄리엔 모양의 공간이 있어. 그러니까 너랑 편지 연락을 잘 이어가겠다고 다짐해. 우리가 다시 같은 도시나 동네에 사는 날이 올 때까지 말이야.

날짜가 안 적혀 있는 엽서도 있다(아마도 1996년이었을 것이다).

줄리엔에게

너 괜찮아? 포트헤들랜드에 큰 폭풍이 왔었다며… 창문 고정은 잘 했어? 지하실로 피해 있었니? 토토랑 꼭 붙어서 양철인간들, 사자들, 허수아비들이랑 의심스럽고 성적으로 애매한 관계를 맺으며 무지개 반대쪽에 대한 노래를 불렀니?

1997년, 정신건강영역에서 일하는 데에 점차 환멸을 느낀 조는 음악일에 더 많은 시간을 쓰기 시작했다. 그녀는 공식적으로 싱어송라이터였고 멜버른 근처의 술집에서 공연을 하기 시작했다. 그러던 차에 할머니가 돌아가셨고 그녀는 약간의 돈을 물려받았다. 그즈음 또다시 바퀴가 빠졌다.

가끔 내가 조에게 보낸 편지들은 어떻게 되었을지 생각한다. 내가 가진 것은 고정된 주소가 없어 결국 보내지 않은, 쓰다 만 한장뿐이다.

안녕 조

네가 이걸 받을 수 있을지 모르겠어. 네가 아직 병원에 있는지 어떤지 모르겠네. 음식이 너무 나쁘진 않길 바라. 무슨 말을 해야 할지 잘 모르겠다. J랑 D에게 네 일을 이야기하려고 전화를 하느라 시간이 좀 걸렸어. 힘든 통화였거든. 너를 사랑하는 이들이라면 쉽게 할 수는 없을 일인 걸 알아주길 바라. 물론 우리가 만장일치로 이러는 게 화날 거야. 누군들 안 그렇겠어. 나에게 화내도 돼, 그래도 영원히 그러지는 말아줘.

네가 병원에 있을 때면, 내가 누구한테 편지를 쓰는 건가 싶어. 약 때문에 말야. 아닌 걸 알면서도 다른 사람인 게 분명하다고 생각하게 되거든.

여기 퍼스는 해가 쨍쨍해. 일하느라 너무 지치고 바빠서 백일몽에 빠지긴 힘들어. 스완강엔 뱀이 있대. 커다란 구렁이처럼 생겼는데 올드스완 양조장 바로 밖이래. 내가 과연 볼 수 있을지 생각해보고 있어 — 하지만 흰둥이들은 못 보지, 대개.

말투를 제대로 못 정하겠어서, 가끔은 편지쓰기가 싫어…

에로스가 동력이었던 버지니아 울프와 비타 색빌웨스트의 우정

에 대한 훌륭한 짧은 글에서 로지 브라이도티는, 버지니아에게는 그 존재 자체가 삶의 특별한 에너지 ― '어른거리는 강도(强度), 광휘, 삶을 가속하는 감각' ― 를 가진 이였던, 살아 있게 하는 힘으로서의 비타라는 인물에 초점을 맞춘다. 이 글은 울프가 전무후무한 장르를 발명했다고 주장한다. 브라이도티는 거기에 '강도적'intensive 이라는 수식어를 붙이고 이 강도를 두 여성 사이의 관계, 그리고 서로 얽힌 창조성과 욕망의 관계와 연결짓는다. 브라이도티는 울프의 일기에서 다음을 인용한다.

비타는 여기 있었다. 그녀가 가버리자 나는 저녁의 질감을 느끼기 시작했다 ― 어떻게 해서 봄이 오는지를, 이른 등불과 섞이는 은색의 빛, 거리를 내달리는 택시들. 감정들과 한데 섞인, 삶이 시작된다는 거대한 감각을 느꼈다. 내 느낌의 본질이지만 설명할 수는 없는 (…) 봄이 시작됨을, 비타의 삶이 너무도 충만하고 넘실거림을, 그리고 모든 문들이 열려 있음을 느꼈다.[27]

●

브라이도티를 만난 한번은, 이 글이 얼마나 좋았는지 고백하면서 울프와 색빌웨스트에 대해 조금 더 이야기해달라고 요청했다.

'내 사랑 울프!'라며 그녀는 고개를 끄덕였다.[28]

'울프의 삶과 작업에서 조에의 벡터ₐ vector for zoe로서 비타에 대해 조금 더 이야기해주시면 어떨까 해요.'

이 질문에 대한 브라이도티의 대답으로 넘어가기 전에, 뒤로 조금 돌아가 브라이도티의 논의에서 '벡터'vector와 '조에'zoe라는 용어를 좀더 자세히 살펴보도록 하자. '벡터'라는 용어는 여러 분야에서 쓰인다. 수학이나 물리학에서는 일반적으로 크기와 방향을 가진 수량으로 정의된다. 생물학에서는 운반체로 기능한다. 예를 들어 한 동물에게서 다른 동물에게로 바이러스를 옮기는 기생충을 그 기생충의 벡터라고 말한다. 질 들뢰즈의 철학에서 이 용어는 이와 연결되지만 살짝 다른 의미를 갖는다. 영화에 대한 두권짜리 책에서 들뢰즈는 수학적으로 이해한 '벡터'라는 용어에 기대어 영화가 어떻게 다양한 종류의 동요와 변형을 전달할 수 있는지 이야기한다.[29] 예를 들어 벡터는 서사에 어떤 틈이 있는 곳을 연결한다. 변화 혹은 변형이 일어났음을 가리키는 기호가 곧 벡터이다.

브라이도티에게 울프의 창조성은 '긍정성으로서의 차이', 즉 벡터로서의 비타로 인해 변형된다. 그녀의 글쓰기는 열려 있는 상호작용의 잠재적이거나 즐거운 긍정에서 힘을 얻는다. 울프의 유목적 되기nomadic becoming ── 비타 속에서의, 비타를 통하는, 비타와 함께하는 ── 는 그녀의 창조성, 그녀의 상상력, 그리고 그녀의 정서에서 핵심적이다. 이 글에서 브라이도티가 다시 짚어주듯, 되기는 '자아를 비우는 것, "외부"outside와의 가능한 만남들을 향해 자아를 열어젖히는 것'과 연관된다. ('모든 문들이 열려 있다.')[30] 브라이도티가 주장하기로, 울프의 글쓰기에서는 '외부를 향한 숨구멍들이 나 있는 ─ 우리의 문화는 "여성적인" 것으로 부호화해온 ─ 유동적인 감수성이 활성화된다. 이 감수성은 창조적 과정의 중심에 있다.' 울프가 말한 대로, '나는 뿌리박고 있다, 하지만 흐른다.'[31]

브라이도티는 울프의 '강도적 장르'intensive genre가 들뢰즈가 개념화한 '내재성의 평면'the plane of immanence의 한 모델이라고 주장한다.[32] 이것은 차이의 요소들이 서로 마주치며 되기에 필수적인 에너지를 생산하는 평면 혹은 이차원 공간으로 묘사된다. 브라이도티는 울프가 '조에, 즉 긍정적인 생명력으로서의 삶'의 모순과 차이를 한데 모으려는 시도에 수반되는 고통을 극명한 강도로서 표현한다'고 쓴다. 이러한 독해는 진정으로 강렬한, 때로는 사나우리만치 강력한 변화와 변형에 수반되는 잠재적 고통을 인정하면서도 동시에 '주체성에 거하는 상이한 양식들, 우리의 육체성에 거하는 상이한 방식들을 실험'하도록 우리를 고무하려는 좀더 넓은 층위에서의 브라이도티의 철학적, 윤리학적 기획과 일맥상통한다.[33]

그리스어에는 '삶'으로 번역될 수 있는 세가지 단어가 있다. 그중 하나가 '조에'zoe다. 브라이도티에게 이 조에라는 개념, 혹은 생명력으로서 삶이라는 개념은 크나큰 윤리적 중요성을 가진다. 그녀는 '삶은 절반은 동물적 ─ 조에 ─ 이고 절반은 논리적 ─ 비오스 ─ 이다'라고 쓴다. 수세기에 걸친 서구 유럽의 사유에서 '비오스'bios는 삶의 신적인 측면을 의미해온 반면 조에는 그 피붙이지만 더 저속하고 하잘 것 없는 것, '떨떠름한' 동물적 측면으로 여겨졌다. 브라이도티는 정신/몸 이원론이 비오스와 조에의 관계를 둘러싼 어떤 복잡성들 곁에서 '환원적 샛길'로 기능해왔다고 주장한다. 이어서 그녀는 조에를 행위성과는 독립적으로, 심지어 이성적 통제와도 상관없이 나아가는 삶의 힘으로서 인정할 것(실상 찬양할 것)을 주장한다. '고전철학은 이성중심적인 반면, 조에는 근본적인 다름이라는 괴물적이고 동물적인 의미에서 비개인적이고 비인간적이다'라고 쓴다.[34] 브라이도티의 사유는 조에에 특권을 부여하며, '모든 부정적 여건에 맞서는, 그 능동적이고 고무하는 힘을 강조함으로써' 이것을 찬미하고자 한다. 이제는 포스트휴머니즘이라고 알려진 철학학파에 대한 그녀의 접근법은 핵심에 이런 사유가 있다. 그럼에도 브라이도티는 조에의 생명력이 가진 순전한 힘은 부정적일 수도 있다고 강조한다. 우리는 다칠 수 있다. '난국에 맞서고 삶의 강도들의 파도를 잡아올라타며, 위반을 통해 경계 혹은 한계를 드러내는 것은 우리에게 주어진 끊임없는 과제이다.'[35]

결정적으로 조에가 반영된 브라이도티의 용법에 따른 주체로서 우리들은 '생리학적으로, 자아의 육체적 물질성에 새겨져 있'다. 하지만 우리는 주체성을 가질 수 있는데 이것은 '사이에 있음'in-between ── 외적 영향력들의 안으로 접혀 있음과, 이와 동시적인 정동들affects의 바깥으로 펼쳐져 있음 ── 에 달려 있다.[36] 이를 염두에 두고 읽으면 버지니아 울프와 비타 색빌웨스트에 대한 브라이도티의 글은 조에로서의 삶에 눈부신 복잡성으로서 접근하는 실험실로서의 문학 텍스트를 주장하는 셈이다. 비타는 조에의 벡터이며 그럼으로써 정전격의 창작품 『올랜도』(1928)를 가능케 한다.

비타와 버지니아에 대한 내 질문에의 답으로 브라이도티는 기꺼이 울프의 삶과 작업에 대한 더 폭넓은 대화를 시작했다.

그녀는 '기억도 못할 시기부터 울프를 읽어왔다'고 말을 꺼냈다.[37] '그녀의 일기는 비범한 작품이죠. 그녀가 자신의 사유과정을 조직화한 방식은 흥미로워요. 정신분석에 저항한 사람이거든요. 치료를 받았다면 글을 쓰지 않았을 거라고 스스로 말하는데, 전 그게 사실이라고 생각해요. 그러니까 일기의 기능은 정신분석학적이기도 한 거죠. 그녀가 정말로 그걸 통해서 일들을 해결했다는 말인데, 일기가 출간된 후 일부를 읽은 비타는 "추잡한 여자잖아!"라고 생각하며 정말로 화를 냈던 것 같아요. 하지만 추잡한 게 아니었어요. 버지니아는 해결을 보는 중이었던 거죠.

비타에 대한 가장 좋은 글은 일기랑 편지라고 생각해요. 버지니아는 그저 사랑했어요, 의문의 여지가 없죠. 에로스가 작동하고 있었던 건데, 하지만 다들 알다시피 버지니아에게 에로스는 복잡한 문제였어요. 비타가 상당히 요부였던 건 꽤 분명해요, 육백살 먹은. 그녀가 올랜도였죠. 비타Vita는 정말로 비타vita였다는, 생명〔라틴어 vita의 뜻 그대로〕이었다는 뜻이에요. 울프에게는 굉장히 모호하고 양가적인 관계였다고 생각해요. 그녀는 삶 속에, 삶의 편에 있어야 했거든요. 어느 작가든 글로 쓸 수 있으려면, 스스로 살아가는 걸 말하려면 주시해야 하잖아요. 그녀도 매혹되는 동시에 혐오스러워했고 이건 또한 산발적인 종류의 성생활을 푸는 열쇠이기도 할 거예요. 하지만 그들의 친밀성은 성기적인 것the genital을 훨씬 넘어섰죠. 그 또한 분명히 일부이긴 하지만요.

버지니아와 비타의 경우에 그건 정말로 화학적 변화였고, 그게 울프가 『올랜도』를 쓰게끔 했죠. 영문학에서 가장 길고 훌륭한 러브레터예요. 제 생각에 비타는 자신의 한계를 받아들이게 된 것 같고요. 아시다시피 이후로 그녀의 삶은 썩 좋진 않았죠. 비타는 온갖 종류의 다른 관계를 이어갔지만 바로 그 특별한 관계에 들어맞는 건 없었어요. 그들은 정말로 서로를 가졌죠. 문자 그대로요.

그들에 대한 제 관심은 그런 양식과 전이를 일으키는 것으로서, 일종의 긍정성의 요소로서 에로스를 살펴보는 일에 대한 관심이에요. 그건 나아가면서 변형되고 그 자체로 지속가능성의 조건을 창조해내지만 인식론적인 〔즉 앎이나 인지에 관련되는〕 작업은 물론 감정적인 작업까지, 굉장히 많은 작업을 요구하죠. 여기에서 매우 분명하다고 생각한 또하나는 동성same sex이라고 잘못 통칭되고 있는 개인들에게서 성적 차이가 작동하는 게 보인다는 점이에요. 비타와 버지니아는 같은 성별이 아니에요. 그런데 성적 차이를 찾을 때 무엇을 보는 걸까요? 몸의 역량들을 통해 표현되는 강도의 수준들을 이야기하는 거라면, 몸이 무엇을 할 수 있는지 이야기하는 거라면, 서로 다른 우주들을 말하듯이 이야기해야 해요. 젠더 체계는 사실, 젠더는 그런 게… 그건 저 복잡성들을 충분히 담을 수 없어요. 실은 포스트잇, 일종의 등사판, 일종의 쿠키틀 같은 거라서 사회적으로 부호화된 관계들을 표현하는 게 젠더인데, 친밀한 삶에서 일어나는 일은 그런 게 아니잖아요. 사회적 부호들은 사라지죠. 그러니 나아가면서 차이를 직조하는 이런 일이 보이는 거죠,『올랜도』도 물론 그렇고요. 이건 본질적으로 성-전이 행위a trans-sex act 예요. 이 여성은 긴 시간 동안 성별을 바꿔가며 남자가 되고 여자가 되고 하는데, 남자나 여자 중 어떤 쪽인 게 아니란 말이죠. 그저 끝없는 되기endless becoming인 거예요. 울프가 뭘 좀 아는 거죠!'

나는 브라이도티의『올랜도』독해를 매우 좋아한다. 나로서는 늘 울프의 이 특정 작품을 (특히 여성의) 주관적 경험을 재현하는 것의 불가능성에 관한 무언가를 포착해보려는 시도로 읽어왔는데, 브라이도티의 독해는 울프의 글쓰기 실천을 무엇보다도 관계적인 것으로 근거짓기 때문에 좋아한다. 그녀는『올랜도』의 탄생 자체를 가능하게 했던 공유된—사실은 깊이 얽혀 있는—살아진 경험lived experience의 긍정성과 생명성을 강조하려는 것이다.

●

1997년이 끝나갈 무렵 조는 내게 마지막 편지를 보냈다.

그녀는 '아냐, 틀렸어'라고 했다. '넌 포트헤들랜드에 향수를 느끼는 게 아냐, 나에게 향수를 느끼는 거지. 내가 네 고향이야.'

그때의 나는 이게 과하게 극적이라고 생각하지는 않았던 걸까. '그래, 나도 알아' 하고 생각하며 웃었던 기억이 난다. 어떤 면에서는 나도 그렇게 생각했으니까. 서로를 고향으로 삼는다는 이런 생각은 어쩌면 그렇게 이상하지만은 않을 것이다. 버지니아 울프가 문들이 열려 있다고 쓰면서 말한 것이 어쩌면 이것일지도 모른다. 심리치료사 수지 오바크와 루이제 에이헨바움은 1980년대에 낸 여성들의 우정을 연구한 공저서 『여자들 사이』에서 성인 여성들의 관계는 '융합된 애착의 실타래로 직조된다'고 썼다.[38] 이런 심리학적 접근은 실잣기를 거의 병인 것 같이 표현한다. 특히 어머니가 된 후로 나는 종종 독립적 자아라는 이 관념 자체가 애초에 누군가를 대체 어떻게 설득할 수 있었는지, 이것이 계속해서 규범 혹은 이상으로 제시되는 것이 어떻게 거슬리지 않을 수 있었는지 의아해한다. 사실 내게는 물질적 현실은 연결성이 전부라는 로지 브라이도티의 주장이 상당히 분명해 보인다. 이런 관점에서 타당성을 갖는 우정이란 실은 브라이도티가 버지니아와 비타를 다룬 글에서 말한 대로 '하나가-아님의 원칙the principle of not-One을 나타내는 복잡

성의 놀이'이다.[39] 그러한 되기 혹은 외부를 향한 열려 있음은 삶의
에너지와 강함의 원천일 뿐 아니라 실제로 삶을 의미있으면서도
지속가능한 것으로 만들어준다.

●

1998년 10월 나는 퍼스에서 학계 초년생으로 살아남느라 고전하고
있었다. 하루에 열두시간 일했다. 아침 일찍 출근했다가 어두울 때
귀가했고 저녁에는 몇시간씩 과제를 채점했다. 강의준비와 공부 사
이를 오가다보면 주말이 사라졌다. 동거 중인 파트너에게 쏠 에너
지는 거의 없었고 우정의 유지에 신경도 못 썼다. 처절한 시기였다.

평일 어느날 점심을 사들고 학교 사무실로 돌아왔다. 개인지도
두번을 연달아 마친 참이었고 오후에도 한번이 남아 있었다. 책상
에 다가가자 전화기에서 짧게 반복되는 소리가 울리는 게 들렸다.
음성메시지가 있다는 뜻이었다. 울런공대학에서 상사였던 R이 남
긴 메시지였다. 그는 '당신 친구가 제 사무실에 와 있어요'라고 했
다. '이름은 조에요. 당신이 울런공에 있을 거라고 들었대요. 아닐
것 같다고 말하긴 했는데, 확인이라도 해볼까 해서요.' R의 목소리
에는 어색한 기색이 서려 있었다. 음성사서함에 대고 말을 하는 그
의 앞에 조가 서 있어 불편해하고 있다는 느낌이 들었다.

나라 반대편에 있는 R의 사무실에 조가 있는 모습을 상상해보았

다. 병이 재발했음을 알고 있었다. 최근에 멜버른의 전문시설에서 탈출했음을 알고 있었다. 머리 모양은 멀쩡했을까? 건강이 안 좋을 때면 머리카락을 가닥가닥 잡아당기는 습관이 있었다. 일종의 자기자극행동이었다. R이 메시지를 남기는 동안 그러고 있었을까?

R은 '너무 늦지 않게 이 메시지를 받으면 전화주세요'라며 말을 맺었다. 메시지 서비스에 따르면 전화가 온 지 십분이 채 지나지 않았다. 나는 전화기를 내려놓았다.

지난 몇달간 전국 곳곳에서 조에 관한 전화가 왔고 나는 이 오래되고 동일한 패턴에 피로와 깊은 슬픔을 느꼈다. 조의 탈출은 더이상 즐거운 일이 아니었다. 그녀는 심각하게 건강이 안 좋았고, 나는 무엇을 해야 할지 혹은 이걸 더이상 어떻게 이해해야 할지 알지 못했다. 전화를 걸지 않기로, 곧장 걸지는 않기로 했다. 점심을 집어들고 사무실 밖으로 나갔다. 아름다운 봄날이었다. 소나무 아래 잔디밭에 앉아서 먹었다. 한시간 후면 다음 수업을 할 것이고, R에게 전화를 거는 것은 그 다음이었다. 그때쯤이면 조는 가고 없을 것이다. 알고 있었다. 아마도 뭐가 됐든 R에게서 정보를 얻은 후 울런공에 있는 아는 사람에게 부탁하면 거기서 그녀를 도울 수 있으리라고 생각했던 것 같다. 아마도 나에게 약간의 유예기간을, 다시 한번 그녀의 건강에 대해 대화할 에너지를 모을 여유를 주는 셈이라고 생각했던 것 같다. 곧장 행동을 취하지 않은 것을 여전히 후회한다. 결국 오후에 R에게 전화한 건 도움이 되지 않았다. 주도면밀하게도 조는 자신의 근황에 대해 아무 말도 남기지 않았다. 시드니 얼티모의 워틀골목에서 조의 시신이 발견된 것은 R이 전화한 뒤 겨우 열흘이 지나서였다. 망상증과 편집증이 있었던 그녀는 그때까지 몇주째 도망 중이었다. 집 없이 떠돌던 그녀는 지인들이 자신을 알아보지 못하게 애쓰고 있었다. 새 이름 ── 레이철 윈터 ──을 짓고 눈썹을 밀었다. 멜버른을 떠나기 전에 많은 친구 관계와 어머니와의 관계를 고의적으로 '종료했다'(그녀가 쓴 말이다). 11월 6일 금요일, 그녀는 얼티모 뒷골목의 쓰레기통들 사이에 놓인 그늘진 매트리스 하나에서 자고 있었다. 오전 여섯시에서 열한시 사이의 언젠가, 그녀는 머리에 심각한 타격을 입었다. 몇시간 후 한 상인이 발견한 그녀는 이미 죽어 있었다. 겨우 서른살이었다.

조의 죽음은 그해 시드니 뒷골목에서 벌어진 한뎃잠 자는 홈리스들을 대상으로 한 연쇄살인 중 하나가 되었다. 조의 사건은 끝내 해결되지 않았지만 이듬해에 한 남자가 그 살인들 중 한건의 혐의를 받았다. 이어진 세건의 살인 ── 그리고 2003년에 네번째 사건이 있었다 ──에 시드니 언론들은 '별빛호텔살인'The Starlight Hotel Murder 이라는 이름을 붙였다. 별빛호텔은 피해자 중 한 사람이 거리에서 자는 걸 완곡히 이른 말이라고 했다.[40]

조의 장례식에 참석하기 위해 퍼스에서 시드니로 날아간 1998년에 내가 한 일 중 하나는 그녀가 죽은 곳을 방문하는 것이었다. 이른 아침의 한기가 어린 조용한 뒷골목에는 해가 거의 들지 않았고 눈에 띄는 사람도 없었다. 내 조금 앞, 골목이 꺾어지는 곳에는 몇 개의 소파와 매트리스, 플라스틱 잡동사니 약간이 놓여 있어 그곳이 임시 숙소임을 알려주었다. 더 들어가서는 가게들의 뒷문에 딸린 벽감 앞에 멈춰섰다. 맥박이 빨라졌다. 다음에 일어날 일에 대비가 안 되어 있었다.

눈을 감고 조를 찾다가 너무도 갑자기 그녀의 머리 맡으로 떨어졌다. 캄캄한 가운데 혼미해졌다. 갑작스러운 움직임. 일어서려는, 낯선 이의 음험한 힘을 제대로 보거나 그에 대비하려는 몸부림. 언어가 형성될 틈조차 없었다. 숨쉴 틈도 없다시피 했다. 딱딱한 땅바닥을 딛고 빠르고 난폭하게 춤추는 부츠가 내는 둔탁한 소리만 울렸다. 바로 앉으려 애썼다. 그리고는 아. 아무것도 없었다.

그토록 겁에 질려본 적은 없었다. 골목길을 뒤돌아나오는데 거의 걷지도 못할 지경이었다.

●

가장 영향력 있는 책인 『포스트휴먼』(2013)에서 로지 브라이도티는 오늘날의 주체성을 둘러싼 자신의 초기 사유의 결정체를 제시하고자 한다. 내게 이 책은 지금껏 그녀가 쓴 것 중 가장 강력하고 다다가기 쉬운 작업으로 읽힌다. 여기에서 그녀는 '"나"me 혹은 어떤 "인간"human도 중심에 있지 않을 수 있는 삶이라는' 정신이 번쩍 들게 하는 생각을 우리가 마주하는 것이 얼마나 중요한지 강조한다. 그러한 사유가 지속가능성의 윤리에서 매우 중요하다는 것이 그녀의 주장이다.[41] 그녀는 또한 울프의 『올랜도』를 다룬 글에서 대략적으로 제시된 '긍정적 차이positive difference의 사유가능성'을 함양하는 조건을 계속 탐구하며 확장한다.

위트레흐트에서 이야기를 나누다가 우정이 이 '긍정적 차이'라는 관념을 함양할 수 있는 하나의 조건인지 브라이도티에게 물었다.

'네, 우정이란 게 결코 완수되지 않을 어떤 실천, 기획을 뜻한다면 말이죠. 조금 거슬러올라가보자면, 저는 우정에는 에로스 또한 많이 있다고 생각해요. 제가 말하는 에로스란 인식애적 호기심epistemophilic curiosity, 너는 어디에 있는가 하는 거예요.'[42]

'인식애적'이라는 말은 인식애, 그러니까 앎에 대한 사랑이나 갈망과 아마도 우리가 그걸 위해 어느 정도나 열렬히 분투할 수 있는지와 연관된다. 따라서 브라이도티는 '인식애적 호기심'이라는 말을 택함으로써 배움에 대한, 어떤 형태의 앎에 대한 강렬한 갈증이 추동하는 형태의 호기심을 가리키는 것이다. 그러므로 '너는 어디에 있는가' 하는 질문은 누군가의 위치에 대한 질문을 한참 넘어선다. 이것은 아무리 애를 써도 끝내 완전히 충족할 수 없을 질문이 된다. 그럼에도 우리는 친구들에게 이를 물어야 한다. 우리는 그것을 물으려는 충동에 이끌린다.

예순이 되었고 나라를 수차례 옮긴 브라이도티는 여러명의 아주 좋은 친구들과 지리적으로 거리를 둔 채 살고 있다. '친구란 계속해서 연락하려고 애쓰는 사람들'이라고 말하는 그녀는 '그들이 성장하는 여러 순간에, 때로는 무너지는 순간에 가까이 있으려 하죠. 힘든 일이에요'라며 이야기를 이어갔다. '제 자신의 삶은 사이에 있어요. 우린 11월에 호주에 가서 이제는 몇 안 남은 제 친구들을 만날 거예요. 호주인들은 미국으로 많이들 갔으니까요. 다시 만나고 싶은 욕구 같은 게 있는데, 그게 당연한 일은 아니잖아요. 저는 생일 파티에 가려고, 결혼식에 가려고, 그리고 이젠 곧 장례식에 가려고 비행기를 타는 사람이에요.

함께 좋은 시간을 보내는 게 다른 것들보다 중요해요. 나이를 먹으면 많은 게 달라지죠. 해보려 하는 기획 하나는, 경쟁 이후(그리고 완경 이후_{post-menopausal})라고 할 수 있을, 여러해 동안 제도나 (우리가 속해 있는 직업시장의 경쟁적인 성격과) 충돌해온 것에 영향을 받는 단계나 과정에 도달한 여성 우정의 새로운 패턴을 살펴보는 거예요. 예를 들어 저는 2016년 힐러리 클린턴의 대통령 선거 운동을 개인적인 기획으로서 경험해봤어요. 그녀에게 있었던 모든 일이 정도차는 있지만 그 모든 일이 전문직 여성으로서의 우리 모두에게도 있었단 걸 확인했어요. 논평들은 자질 부족, 아니면 너무 많이 웃는다, 이런 데에 초점을 맞추죠. 보자보자 하니까 이젠… 마지막엔 뭐랬죠? 그래요, 부족함_{lack}을 들먹였죠. 결여가 미국 대선에 들어온 거예요. 신사숙녀 여러분, 그녀는 판단력이 없습니다 ─ 이십오년간 상원에 있었으면서 안 된다는 말밖에는 하는 말이 없는 멍청이가 이런 소릴 해요. 부족함이 주인공이 되는 거죠. 이런 게 저를 미치게 해요. 그래서 이런 데 맞서기 위해 무엇이 필요했는지, 계속해서 필요한 게 무엇인지 확인하는 것, 완경 이후 여성 우정의 가능성에 대한 기획을 꼭 해보고 싶어요.'

'우정의 윤리에 대해 이야기할 수 있을까요?'

'어떤 의미에선 좀더 고전적인 윤리겠네요. 세네카와 우정에 대한 고대 그리스의 정의를 생각한다면 말이죠. 꼬집어 말하자면 소크라테스와 그 제자들이요. 고전적 개념의 문제는 분명해요. 굉장히 배타적이죠, 모두를 포함하지 않아요. 아주, 굉장히 남성적이고 법적 시민의 테두리 안에 있죠. 마을을 산책하고 까페에 앉아 신문을 읽는 임마누엘 칸트처럼요. 하지만 이런 오점이 있다는 사실 때문에 우정의 의미가 없어진다고 생각하지는 않아요. 엄청난 권력차, 굉장히 부정적인 차이들negative differences로 인해 소진되고 있는 경우에는 어떻게 작동할지 다시 들여다보아야 할 개념이라고 생각하거든요. 이 소진이 우정 개념의 조화로운 본성에 도전하죠. 우리가 이에 대해 충분히 작업하진 않은 것 같아요. 우선은 친구/적이라는 이항대립 속에 숨통이 막힌 개념이라고 생각해요.

친구든 적이든, 좌파가 그런 특정 모델에 기댈 때면 저는 늘 힘들었어요. 왜 그럴까요? 이건 굉장히 환원적인 일이에요. 우정이 제대로 기능하기 위한 일종의 입구를 죽여버리는 일이죠. 데리다에게는 환대hospitality나 그런 형태의 우정이 있지만, 여기엔 언제나 적대감으로 인한 내적 소진 개념이 함께 있어요. 언제나 변증법에 갇혀 있는 거죠. 달리 말하자면 저는 항상 개방성openness과 수용성receptivity으로서의 우정 개념을 상상해요. 이건 타자들에 대한 개방성과 수용성이 삶 속에서 사람을 추동하는 스피노자식 일원론적 존재론(존재, 되기, 실존, 혹은 실재의 본성에 대한 연구)과 연결되어 있어요. 그게 사람을 움직이는 것, 정동을 주는 것, 정동을 줄 수 있게 만들어 주는 것이죠.

무수한 비인간 타자—기계, 박테리아, 공기, 우리가 친밀하게 연결되어 있는 모든 비인간들—를 받아들이는 이런 수용적이고 관계적인 양식에서의 정동적 전회에 대해 생각해보죠. 그리고 긍정의 윤리학이라는 방향으로 활성화하는 것을요. 하지만 이건 다시 실천praxis의 문제가 될 거예요. 우리 모두가 평등하고 엘리트이며 우리는 친구라고 인정하는 문제가 아니라요. 저는 우정을 이런 정동적인 것으로, 그리고 잠재적 불화가 제거된 건 아니지만 변증법적으로 기입되지도 않는 것으로 상상하려 해요. 그런데 좌파는 우정의 담론에 무능하고 제 구도에서는 완전히 반좌파적 양식을 취하는 것 같아요. 저는 좌파 여성이에요. 친구 아니면 적, 이건 그냥 변증법적 양식이거든요. 우리는 변증법에 옥죄여 있어요. 넘어설 수 있어 보이지가 않아요.'[43]

고전적인 철학용어로 변증법dialectics은 대립하는 양측에 관련된 모순의 과정을 수반하는 전통적인 논증방법이다. 브라이도티는 여기서 바로 이런 사유양식 — 진화 경로로서 직선적인 진보를 향한 호전적 왕복 — 이 어떻게 새로운 이해를 차단할 수 있는지 말한 것이다. 특히 우정을 제대로 이해하기 위해 그녀는 여기서 모두를 포함하는, 수용적이고 관계적인 사유양식을 요청했다. 정동을 전면화하여 우리의 몸을 통한 경험을 제대로 고려하는 양식이다. 철학에서 이는 사변적이기에 논쟁적인 — 탐색적이며 열려 있는 — 접근방식이다. 이것은 순수한 호전성과 방법으로서의 이원성을 거부한다. 어떤 이들은 '진지함'이 부족하다며 이를 비판했다.⁴⁴

'이런 대안들은 즉각적으로 영성주의나 신비주의 아니냐는 의심을 받는데, 들뢰즈의 것을 포함한 일원론에 대한 표준적인 비판이죠'라며 브라이도티는 이야기를 계속했다. '스피노자에 대한 헤겔의 비판이 그거였는데, 물론 완전히 오독이에요. 신비주의적인 건 전혀 없어요. 이건 굉장히 현실적이에요, 박혀 있죠. 영성적일 수는 있지만 조르주 바따유가 영성적인 것과 똑같은 방식으로는 아니죠. 관계에서 물질의 생명력을 인정한다는 점에서는 영성적이지만 기독교적인 방식으로는 물론이고 그 어떤 초월론적인 방식으로도 영성적이지 않아요. 그러니까 복잡하죠. 저는 우리가 그걸 무시해왔다고, 여성 우정 female friendships 혹은 탈식민적 우정 post-colonial friendships의 훌륭한 사례가 아주 많지는 않다고 생각해요. 대립적이죠. 우리 문화는 우호적이기보다는 대립적이에요.'

슬프게도 굉장히 많은 담론 ― 학술적인 것과 대중적인 것 모두 ― 이 변증법적인 양식 혹은 '우리와 그들'이라는 양식을 특권화하는 경향에 대한 브라이도티의 말이 맞는 것 같아 유감이다. 어떻게 하면 더 많은 이들이 좀더 효과적으로, 좀더 자주 주류 정치 문화가 이를 고려하도록 요구할 수 있을지 생각해본다.

●

이 장을 쓰는 동안 시드니에 기반을 두고 있는 비영리위원회에서 자원활동을 시작했다. 이 새로운 역할은 내게 멜버른에 있는 집에서 시드니까지 한해에 네번을 오갈 것을 요구하며, 위원회 회의가 열리는 사무실들은 워틀골목의 조가 살해당한 장소에서 겨우 몇백 미터 떨어져 있다. 이제 주기적으로 묵을 호텔 창문으로 골목길 입구가 곧장 보인다.

조가 살아 있었을 때 우리의 우정에는 실제로 여행과 이사와 병과 보살핌이 여러층을 이룬 복잡한 부침이 있었다. 하지만 그녀가 죽은 후로도 나는 그녀의 영향을 받고 있다. 요즈음은 때로 우리 사이의 이곳저곳, 이 사람 저 사람에 대한 단속적인 대화를 상상한다. 나는 새 거처에서 멜버른 조명의 미묘함에 대한 그녀의 평이나 그 도시의 청석이 깔린 오래된 길에서 자전거 타이어가 내는 소리에 대한 감상을 듣는다. 물론 그녀가 죽은 후에도 계속해서 다른 여러 우정을 형성하고 그속에서 살고 있다. 하지만 훗날 인생에서 일과 가족에 헌신하는 와중에 제한된 시간과 에너지의 압박에 맞서며 맺은 많은 우정은, 우리가 이십대였을 때 조와 내가 서로에게 주었던 삶의 힘(조에)으로서 가능했던 충만함과 긍정적인 생명력을 결여하고 있음을 본다.

조가 죽고 얼마의 시간이 지난 후, 나는 그녀가 레이철 윈터라는 가명을 쓴 것에 대해 곰곰이 생각했다. 먼저 한 생각은 그것이 재닛 프레임이 소설 『부엉이는 운다』에서 매우 아름답게 그린 가족에서 왔을 수도 있겠다는 것이었다. 우리 둘 다 고등학교 때 그 글을 배웠던가? 소설에 인용된 셰익스피어의 시를 떠올렸다.

벌들의 곁에서 꿀을 빨고
벌어진 꽃송이 속에 눕네
부엉이 울 제 게 숨으려네

『템페스트』에 나오는 에어리얼의 목소리다.

어느날 『부엉이는 운다』를 다시 읽다가 내가 소설 속 가족의 이름을 틀리게 기억했음을 발견했다. 그들의 성은 위더스였다.

나중에 성경의 라헬 이야기를 읽었다. 라헬은 야곱과 약혼한다. 야곱은 그녀의 손을 잡기 위해 칠년간 열심히 일하지만 결혼식날 밤 베일 뒤에 있는 여자가 라헬의 언니 레아임을 눈치채지 못한다.

그는 잘못된 사람과 결혼한다. 잔인하게도 라헬이 다른 사람으로 뒤바뀐 것이다.

가끔 얼티모 호텔 방에서 걸어서 겨우 십분 거리에 있는 랜더거리의 집을, 조와 내가 공유하던 1990년대에는 이곳이 어떻게 달랐는지를 생각한다. 당시에 와틀골목에는 뒷문들이 나 있었다. 행인은 없고 회색빛의, 넘치는 쓰레기통과 낡은 매트리스들이 여기저기 있는 좁은 골목이었다. 워틀거리 모퉁이의 홈리스들을 위한 난로와 집결지, 두가지 용도로 쓰이던 이백 리터짜리 드럼통은 오래전에 사라졌다. 워틀골목은 이제 수익성 좋은 학생 주거시장을 겨냥한 여러채의 화사한 새 아파트 빌딩들이 차지하고 있다. 발코니들엔 식물이 가득하고 빨래건조대들이 골목길을 내다본다. 근처에 있는 시드니대학이나 시드니기술대 브로드웨이캠퍼스에 다니는 학생들이 거의 끊이지 않고 밤낮으로 골목을 걸어다닌다. 시내 공간들이 종종 그러하듯 이 구역은 스스로를 재발명했다.

위원회 회의에 가는 길이던 어느 아침, 얼티모의 인도에서 책상다리를 하고 앉은 젊은 홈리스 여성 앞을 지나가다 멈춰선다. 그 여성이 조는 아니지만 우리 사이에는 어떤 에너지가 오가고 그녀의 눈을 들여다본 나는 그 외로움에 압도된다. 그녀가 뒤집어둔 모직 모자에 가진 현금을 모두 집어넣는다. 그 여성이 내게 건네는 미소는 너무 과하면서도 부족하다. 나는 실천으로서의, 종착점 없는 기획으로서의 우정에 대한 브라이도티의 말들을 떠올린다. 나는 흐르는 눈물과 함께, 앉아 있는 여성에게서 멀어진다.

개방성과 관계를 빼면 우리가 가진 게 무엇이 있겠는가? 자신의 일원론 이론을 향해 나아가던 스피노자는 세가지의 수 — 영$_{zero}$, 무한$_{infinity}$, 하나$_{one}$ — 를 생각했다. 중요한 의미에서 이 각각의 숫자들 사이에는 차이가 없다.

이제 조화의 관계에서 그런 핵심적인 부분을 형성한 운동 — 유목주의$_{nomadism}$ — 을 돌아본다. 우리 각자가 추었던 한 도시에서 다른 도시로의, 한 나라에서 다른 나라로의 이상한 춤을 우리 사이에 펼쳐진 핵심적인 측면으로 여기게 된다. 색빌웨스트와 울프 역시 오갔다. 서로의 육체적 현전$_{physical\ presence}$을 오갔다. 다른 수는 없다. 열다섯살 때 이탈리아에서의 마지막 날들을 보내던 브라이도티에게로 돌아가, 나는 여기에 어떤 연결이 있다고 생각한다. 아마도 그 기차 태우기에는 — 슬픔과 충격에 젖은 것이었고 아마 여전히 그럴 테지만 — 브라이도티를 '실존의 살아진 과정을 재사유하기'[45]라는 평생의 작업으로 이끈 무언가가 있었을 것이다. 브라이도티와 마찬가지로 나도 정체성 형성이 집단적 기획임을 이해하게 되었다. 하지만 어떤 면에서 그것은 변화와 운동, 그리고 강요되는 것이든 스스로 짜는 것이든 언제나 존재하는 이별의 가능성 속에서, 이로써 가능해지는 이해인 듯 보인다. 이런 종류의 운동이 어떻게든 우리에게 '삶의 중심에 "나" 혹은 어떤 "인간"도 없을 수 있다'는 생각을 좀더 가시화할 수 있을까?

이렇게 나 자신과 조를 한없이 되돌아봐도 브라이도티가 우정의 철학에 접근하는 방식에는 여전히 내 주목을 끄는 것이 남아 있다. 우리가 지금 처해 있는 조건은 복잡하고 힘겹다는 것이 브라이도티의 주장이다. 따라서 그녀는 '되기의 과정에서 실제로 우리가 누구이며 무엇인지에 대해 비판적이고 창조적으로' 사유할 것을 촉구한다.[46] 중요한 것은 브라이도티가 우리 모두에게 현재에 걸맞게 되라고, 그 주목 속에서 또한 그것을 통해 스스로와 서로에게 아직 도래하지 않은 것을 대비하라고 촉구한다는 점이다. 굳건한 그녀의 주된 관심사이자 현재진행형인 주장은 우리 스스로가 서로 대립하기보다는 서로와의 관계 속에 있다고 보기 시작할 수 있도록 자기-타자 변증법을 근본적으로 대체하고 재구성할 필요가 있다는 것이다. 브라이도티에게 관계성relationality이란 정확히 변형에 대한 우리의 잠재력이 깃들어 있는 곳이다. 이것은 기후변화라는 환경재앙의 한가운데에서 살아남는 데 지극히 중요할지도 모를 한가지 사유형태이다. 이것은 무수함, 문을-열어둠, 생명력(조예)의 순전한 힘, 그리고 한계에 대한 우리 호기심이 있는 바로 그곳 — 우정 — 을 제 자리로 느끼며 사유하는 것이다. 당신은 어디에 있는가? 우리가 서로 — 인간과 비인간 — 에게 이 강력한 물음을 물어야 한다는 사실은 매우 분명하다.

감
사
의
말

로열멜버른공과대학교 부총장 선임 연구원 연구비(2015~2019) 덕
분에 이 책을 낼 수 있었다. 또한 크리에이티브 빅토리아, 호주예술
위원회, 국립 작가의 집 바루나, 아이오와대학교 국제창작프로그
램 폴 엥글·화링 엥글 기금의 지원이 있었다. 이 기관들의 지원이
이 기획을 조사하고 발전시킬 능력과 끝까지 완성할 역량에 큰 차
이를 가져다주었기에 감사한 마음이다.

　또한 이 작업의 주제가 되고 내가 자신들의 삶, 작업, 아이디어에
대해 말하는 것에 동의해준 너그럽고 지적이며 영감을 주는 여성
들—로지 브라이도티, 헬렌 캘디콧, 낸시 홈스트롬, 시리 허스트
베트, 로라 키프니스, 마리나 워너—에게도 감사를 표하고 싶다.
여러분이 하는 작업은 정말 많은 이들에게 소중하다. 직간접적으
로 도움을 준 줄리아 크리스떼바, 로지 배티, 리 코프먼, 모린 기번

스에게도 감사한다.

실제 삶의 경험을 돌아보며 일인칭으로 쓴다는 것은 결국 타인에 대해 쓰는 것이기도 하며, 개인적으로 반추하여 묘사한 이들 — 내 파트너와 아들, 내 부모님과 언니오빠, 전 파트너들, 그리고 여러명의 좋은 친구들과 동료들, 지인들 — 에게도 사의를 밝히고자 한다. 실수나 오해가 있더라도 용서해주기를 바란다. 세상사가 어떻게 돌아가는지를 더 잘 이해하고자 하는 나의 탐구에 당신이 함께 할 수 있기를 희망한다. 그러면서도 종종 부지중에 그러한 탐구에 끌려들어갈 때 따르는 불편과 어려움을 알고 있다. 내가 해낸 것은 그저 사건들에 대한 부분적이고 주관적인 해석에 지나지 않는다. 내가 여기서 반추한 경험들 속에는, 그리고 그 주위에는 달리 이야기하고 달리 강조할 것이 분명히 있다.

원고를 다듬어가는 동안 지지와 조언, 의견, 논의, 용기를 제공해준 존 바이런, 리즈 비어스키, 데이비드 칼린, 나딘 다비도프, 리사 프렌치, 리 코프먼, 내털리 콘-유, 안토니 재크, 어맨다 로레이, 소니아 오처드, 프란체스카 렌들-쇼트, 조지아 리히터, 린 트랜트를 비롯해 왕립멜버른기술원대학교 논/픽션랩 연구 그룹의 수많은 훌륭한 동료들에게 감사한다. 필리파 맥기니스, 폴 오번, 조슬린 헝거포드, 그리고 뉴사우스 출판사의 팀 전원이 보여준 이 책에 대한 열정과 수고에 감사한다. 이 책을 독자들을 위한 최종 형태로 만드는 동안 넉넉한 기여를 해준 어맨더 로레이(또!), 크리스토퍼 머릴,

그리고 특히 앤 서머스에게도 감사한다.

　마지막으로『생각하는 여자』의 집필 초기에 전혀 기대치 않게 내 세계에 들어왔고 그후로 다정하게 있어주면서 모든 것이 가능해 보이게 만들어준 내 파트너 존 바이런에게 감사한다.

"생각하는 여자"The Thinking Woman라는 제목에 "설치고 말하고 생각하라"는 구호를 떠올린 이가 나만은 아닐 것이다. '설치고 떠들고 말하고 생각하는' 여자가 싫다는 어느 남성 연예인의 말에 누군가는 웃고 누군가는 분노했다. 누군가에게는 아무렇지 않게 들어넘길 만큼 익숙한 말이었고 누군가에게는 분노할 수밖에 없을 만큼 부당한 현실을 드러내는 말이었다. 후자에 속한 이들은 더더욱 생각하고 더더욱 설치겠다고 다짐했다. 거리를 행진하며 그렇게 외쳤다. 저 문구를 새긴 가방을 메거나 옷을 입고 일상을 헤쳤다. 몇 년 사이 많은 것이 변했고 변해야 할 더 많은 것이 드러났다.

생각이라는 말은 종종 서로 전혀 다른 의미로 쓰이곤 한다. 어떤 전문가들이 다방면의 검토 끝에 이르렀다는 생각은 꽤나 자주 아무것도 바꾸지 않고 새로운 고민거리를 만들지 않기 위한 길을 제시한다. 실은 아무것도 생각하지 않은 셈이나 마찬가지인 이런 태도의 반대편에는 아예 생각하는 방식부터 새로이 생각하기 위한 고민들이 있다. 그야말로 깊고 넓은 이런 생각들에는 '흔히 뭘 몰라서 하는 뜬구름 잡는 소리' '생각 없는 말' 같은 비난들이 따라붙는다. 물론 지금껏 세상을 조금이나마 나은 곳으로 바꾸어왔고 지난 몇년 사이의 여러 변화를 일구어낸 생각은 후자다.

그런 의미에서 생각이란 삶이 불편한 사람들의 것이다. 세상의 모든 것이 낯설고 새로워서 마주치는 모든 것이 곧 질문거리가 되는 어린아이가 그렇다. 시간을 지나며 배워가는 것들이 성에 차지 않는다면, 얼마를 살았건 여전히 세상이 돌아가는 방식을 납득할 수 없다면 생각은 계속해서 이어진다. 무언가를 경이롭게, 이상하게, 부족하게 느끼는 이들이 생각하며 살아간다. 생각할 여유를 갖지 못하는 삶에, 생각할 능력을 인정받지 못하는 삶에 혹은 생각 자체를 허락받지 못하는 삶에 가장 절실한 것으로서의 생각 — 정돈된 언어로 전달될 길을 찾지 못하는 때조차 온몸으로 수행되고 집단적으로 터져나오는 생각들이 있다.

평생을 공부하고 고민한 바를 정제된 언어로 펼쳐내는 몇명의 걸출한 여성들을 인터뷰해 쓴 책이지만 그들이 주인공인 책은 아니라고 생각했다. 이 '생각하는 여자들'이 어떤 생각을 갖고 있는지를 전하는 것이 아니라 '생각하는 여자'라는 존재가 어떻게 생각하고 어떻게 사는지를, 이 세상을 편히 보아 넘기지 않는 여자가 생각한다는 것이 어떤 일인지 그리는 책으로 읽었다는 뜻이다. 지금에 와서는 이렇게 한 사람의 입에서 나와 책에 실린 문장들이 되었지만 그앞에 있었을 서로의 몸과 삶이 얽혀 있는 과정들을 짐작할 수 있을 것이다. 어린 시절의 친구들, 가족들, 동료들, 때로는 낯모르는 사람들과 서로 대화하며 ― 철학사의 바깥 혹은 주변부에서 ― 쌓아왔을 생각들이다.

권위있는 철학자들의 사상을 익히는 대신 무언가를 의심하고 다른 방향으로 뻗어나가는 행위로서의 생각, 고고한 존재가 책상에 앉아 조용히 정리하는 일이 아니라 서로를 찾아가고 대화하는 가운데 시끌벅적하게 벌어지는 일로서의 생각을 보여주는 책이라고 해도 좋을 것이다. 이 뛰어난 사상가들의 말을 인용한 문장과 그들을 만나러 가는 길을 묘사한 문장, 어린 시절을 회상하는 문장, 그리고 종종 여전히 잘 모르겠다고 말하는 문장까지 뒤섞이지만 더 중요하거나 더 의미있는 문장이 따로 있지는 않아 보였다. 거창한 결론이나 그 결론을 도출하기 위한 엄밀한 논증 같은 것이 아니라 여럿의 말과 생각이 한데 모이고 서로를 바꾸는, 이를테면 하나의 운동을 읽었다.

당연하게도 동의할 수 없는 말들이 있었고 짧은 설명으로는 개념들이 충분히 이해되지 않아 막히곤 했으며 인물 구성이 (인종이나 그들이 속해 있는 사회 등을 고려할 때) 성에 차지 않기도 했지만 이 책을 즐겁게 읽을 수 있었던 것은 그래서였다. 앤 서머스는 "거의 페이지마다 멈춰 생각해야 했다"고 썼지만 나로서는 멈추지 않고 읽는 길을 택했다. 멈춰서 생각하고 답을 구하기보다는 독서와 인터뷰와 회상과 고민을 계속해서 넘나든 저자 줄리엔 반 룬의 움직임을 따라해보기로 했다. 사랑, 놀이, 일, 두려움, 경이, 우정 — 하나하나 떼어놓고 생각할 수 없을 만큼 거대하면서도 삶의 곳곳에 빼곡히 들어차 있는, 애초에 정확히 갈라서 말할 수조차 없는 주제들이기도 했다.

대학에서 공부해온 습관대로 개념들을 철학사적으로 검토하고 설명하는 주석을 달아 '공부가 되는' 번역을 하기보다는 우선 따라가며 읽어도 좋은 책으로 느낄 수 있게 옮기기로 했다. 딱딱한 용어와 빼곡한 역주로 독서를 멈추게 하는 대신 어쩌면 멈추어 곱씹어야 겨우 이해될 만한 논의를 펴는 대목까지도 비교적 가벼운 문장으로 번역하곤 했다. 동시에 이것이 어디까지나 남의 — 나와는 다른 자리에서 다른 경험을 하는 이들이 다른 언어로 한 — 생각이며 나의 생각은 그 위에서 새로 펼쳐져야 함이 의식되기를 바랐다. 오히려 편히 읽고 지나가면 될 법한 일상적인 문장을 부대낌을 감수하고 딱딱하게 옮긴 곳들이 종종 있다. 하지만 그 부대낌이 그저 방해에 그치지는 않도록 균형을 잡기 위해 나름대로 애썼으므로, 어느 정도 책장을 넘기고서도 여전히 잘 읽히지 않는다면 그저 어디까지나 내 역량이 모자란 흔적이다.

변명하자면 시간을 오롯이 뜻대로 구획할 수 있을 기반을 갖지는 못한 탓에, 처음에 계획한 일정대로 초고를 마치고 여럿에게 보여 의견을 구하지는 못했다. 하지만 마땅한 단어나 문장이 떠오르지 않을 때면 종종 친구들의 도움을 받았다. 그전에 어떤 곳들을 혼자서 번역할 수 있었던 것은 지금껏 여러 친구들과 대화하며 살아온 덕분이다. '생각하는 여자'가 사랑부터 우정까지 ─ 그리고 삶에 ─ 접근하는 방식을 낯설어하지 않을 수 있게 해준 경험은 모두 강의실 밖에서, '대문자 P를 쓰는 철학' 바깥에서 쌓았다. 그런 경험이 가능하도록 많은 이들이 내 곁에서 나누어 준 삶에, 그리고 이 번역이 한권의 책에 이르기까지 김새롬 편집자를 비롯해 많은 이들이 기울인 수고에 감사한다.

2020년 4월

박종주

주

1장

1 Flannery O'Connor, *Mystery and Manners: Occasional Prose* (New York: Farrar, Straus and Giroux 1969).

2 Roland Barthes, tr. Richard Howard, *A Lover's Discours: Fragments* (New York: Farrar, Strauss and Giroux 1969).

3 Laura Kipnis, "Adultery," *Critical Inquiry* Vol. 24, no.2 (1998) 289~327면.

4 Laura Kipnis, *Against Love* (New York: Random House 2003).

5 Laura Kipnis, *Bound and Gagged: Pornography and the Politics of Fantasy in America* (North Carolina: Duke up 1999).

6 Laura Kipnis, *How to Become a Scandal: Adventures in Bad Behavior* (New York: Henry Holt 2010).

7 Laura Kipnis, *Unwanted Advances* (New York: HarperCollins 2017).

8 2014년 1월 7일 로라 키프니스와의 인터뷰.

9 Laura Kipnis, *Against Love*, 3면.

10 원제는 *Eros and Civilization*. 온라인에서는 https://www.marxists.org/reference/archive/marcuse/index.htm에서 찾을 수 있다.

11 원제는 *One Dimensional Man*. 온라인에서는 https://www.marxists.org/reference/archive/marcuse/index.htm에서 찾을 수 있다.

12 Laura Kipnis, 앞의 책 18면.

13 Wilhelm Reich, tr. Vincent R Carfargo, *Mass Psychology of Fascism* (New York: Farrar, Strauss and Giroux 1970).

14 Ted Cox, "Why work at marriage when adultery is so much easier?," *Daily Herald*, 2014년 1월 7일자를 참고.

15 2014년 1월 7일 로라 키프니스와의 인터뷰.

16 Madeleine Schwartz, "The People vs. Laura Kipnis-Review of *Men: Notes from an Ongoing Investigation by Laura Kipnis*," *Dissent*, 2014. 온라인에서는 https://www.dissentmagazine.org/article/the-people-vs-laura-kipnis-review-men에서 찾을 수 있다.

17 Laura Kipnis, *The Female Thing: Dirt, Sex, Envy, Vulnerability* (New York: Random House 2006) 14면.

18 Laura Kipnis, *Against Love*, 93면.

19 Michel Foucault, tr. Alan Sheridan, *Discipline and Punish: The Birth of the Prison* (New York: Random House 1995).

20 Laura Kipnis, *Against Love*, 84~92면.

21 2014년 1월 7일 로라 키프니스와의 인터뷰.

22 Tony Tanner, *Adultery in the Novel: Contract and Transgression* (Baltimore: Johns Hopkins UP 1979) 15면.

23 Stephanie Coontz, *Marriage, a History: How Love Conquered Marriage* (London: Penguin 2005).

24 Simone de Beauvoir, tr. H.M. Parshley, *The Second Sex* (London: New English Library 1970). 드 보부아르가 철학에 기여한 바에 관한 논의는 Sarah Bakewell, *At the Existentialist Café: Freedom, Being and Apricot Cocktails* (New York: Vintage 2016) 참고.

25 Laura Kipnis, "Love in the Twenty-First Century: Against Love," *New York Times Magazine*, 2001. 10. 14. 온라인에서는 https://www.nytimes.com/2001/10/14/magazine/love-in-the-21st-century-against-love.html에서 찾을 수 있다.

26 Laura Kipnis, *Against Love* 97~99면.

27 Hélène Cixous, *Three Steps on the Ladder of Writing* (New York: Columbia UP) 59면.

28 Laura Kipnis, "Adultery," 304면.

29 Penny Forster and Imogen Sutton, *Daughters of de Beauvoir* (London: Women's Press 1989) 6면에서 재인용.

30 Laura Kipnis, "The State of the Unions: Should This Marriage be Saved?," *New York Times*, 2004년 1월 25일자를 참고. 온라인에서는 https://www.nytimes.com/2004/01/25/opinion/the-state-of-the-unions-should-this-marriage-be-saved.html에서 찾을 수 있다.

31 Francis Fukuyama, *The Great Disruption: Human Nature and the Reconstitution of Social Order* (New York: Touchstone 2000).

32 Laura Kipnis, *Against Love*, 11면.

33 2014년 1월 7일 로라 키프니스와의 인터뷰.

34 같은 인터뷰.

35 앞의 책 40면.

36 같은 곳.

37 Lee Kofman, *The Dangerous Bride* (Melbourne: U Melbourne P 2014) 36면.

38 2017년 4월 29일 리 코프먼과의 인터뷰.

2장

1 "play, v.," Oxford English Dictionary Online. 이 항목은 https://www.oed.com/view/Entry/145475에서 찾을 수 있다.

2 Johan Huizinga, *Homo Ludens* (Abingdon-on-Thames: Routledge and Kegan Paul 2001).

3 Miguel Sicart, *Play Matters* (Cambridge, MA: MIT P 2014).

4 Government of Western Australia, Department of Health, "Child Development 0-3 Months," Child and Adolescent Health Service 2008 참조.

5 Siri Hustvedt, *The Shaking Woman or A History of My Nerves* (London: Sceptre 2010) 3면.

6 Siri Hustvedt, *What I Loved* (London: Sceptre 2003).

7 2014년 1월 8일 시리 허스트베트와의 인터뷰.

8 같은 인터뷰.

9 DW. Winnicott, *Playing and Reality* (London: Tavistock 1971).

10 DW. Winnitott, *The Piggle: An Account of the Psychoanalytic Treatment of a Little Girl* (London: Hogarth Press 1971).

11 DW. Winnicott, "Transitional objects and transitional phenomena," *International Journal of Psychoanalysis* 34 (1953) 96면.

12 Selma H. Fraiberg, *The Magic Years: Understanding and Handling the Problems of Early Childhood* (New York: Charles Scribner's Sons 1959).

13 Siri Hustvedt, *The Blindfold* (New York: Henry Holt 1993).

14 Siri Hustvedt, *The Sorrows of an American* (New York: Henry Holt 2008).

15 같은 책 94~95면.

16 앞의 인터뷰.

17 같은 인터뷰.

18 같은 인터뷰.

19 Lev S. Vygotsky, tr. Catherine Mulholland, "Play and its Role in the Mental Development of the Child," Lev Vygotsky Archive 2002. 온라인에서는 https://www.marxists.org/archive/vygotsky의 6문단을 참고하라.

20 같은 글 33문단 참고.

21 Siri Hustvedt, *What I Loved*, 146면.

22 같은 책 352면.

23 Michael deAnda, "Review of *Play Matters*," *American Journal of Play*, Winter 2015, 254면.

24 같은 글 254면.

25 Siri Hustvedt, *The Blazing World* (London: Hobber and Stoughton 2014).

26 같은 책 1면.

27 Stuart Brown, *Play* (London: Penguin 2009) 126면.

28 John Scott, *The Architect* (London: Penguin 2001).

29 2014년 1월 16일 시리 허스트베트와의 인터뷰.

30 Brian Sutton-Smith, *The Ambiguity of Play* (Cambridge, MA: Harvard UP 2001) 2면에서 재인용.

31 앞의 인터뷰.

32 같은 인터뷰.

33 Siri Hustvedt, *The Shaking Woman or A History of My Nerves*, 7면.

34 같은 책 117면.

35 앞의 인터뷰.

36 Siri Hustvedt, "Freud's Playground," *Salmagundi*, 174-5, Spring/Summer 2012, 59~78면.

37 앞의 인터뷰.

38 Siri Hustvedt, 앞의 책 134면.

39 George Lakoff and Mark Johnson, *Metaphors We Live By* (Chicago: University of Chicago Press 1980).

40 Siri Hustvedt, "Underground Sexism: What Was That You Just Said?" in Lisa Appignanesi, Rachel Holmes and Susie Orbach, eds., *Fifty Shades of Feminism* (New York: Hachette Digital 2013).

41 앞의 인터뷰.

42 이 연구 프로젝트의 더 많은 논의에 관해서는 Julienne van Loon, "In defense of play: a manifesto arrived at through dialogues" in James Oliver, ed., *Associations: Creative Practice and Research* (Melbourne: Melbourne UP 2018) 149~157면을 참고하라.

43 2014년 1월 8일 시리 허스트베트와의 인터뷰.

44 같은 인터뷰.

3장

1 Nancy Holmstrom, "Sex, Work and Capitalism," *Logos* Vol. 13, nos.2-3 (2014) 19문단. 온라인에서는 https://www.logosjournal.com/2014/holmstrom/에서 찾을 수 있다.

2 Ann E. Cudd and Nancy Holmstrom, *Capitalism, For and Against: A Feminist Debate* (Cambridge: Cambridge UP 2011).

3 Nancy Holmstrom, "Sex, Work and Capitalism," 19번째 문단.

4 Ann E. Cudd and Nancy Holmstrom, *Capitalism, For and Against*, 156면.

5 같은 책 259면.

6 같은 책 252면.

7 John Ayto, *Dictionary of Word Origins* (London: A&C. Black 2002) 408면.

8 같은 곳.

9 앞의 책 156면.

10 같은 책 7면.

11 Thomas Piketty, tr. Arthur Goldhammer, *Capital in the Twenty-first Century* (Cambridge, MA: Harvard UP 2014).

12 같은 책 297면.

13 앞의 책 4면.

14 같은 책 6면.

15 같은 책 199면.

16 2015년 1월 5일 낸시 홈스트롬과의 인터뷰.

17 Nancy Holmstrom, "Sex, Work and Capitalism," 29문단.

18 Arlie Hochschild, *The Managed Heart* (Berkeley: University of California Press 2012).

19 앞의 글 8문단.

20 같은 글 35문단.

21 Hal Draper, "The Two Souls of Socialism," *New Politics* Vol.5, no.1, Winter 1966, 57~84면.

22 Lars Fredrik Svendsen, *Work* (Chesham: Acumen 2008).

23 Max Weber, "The Protestant Ethic and the Spirit of Capitalism," in Richard Swedberg, ed., *Essays in Economic Sociology* (Princeton: Princeton UP 1999) 2면.

24 Thomas Carlyle, *Past and Present* (New York: New York UP 1977) 122면.

25 Paul Lafargue, tr. Charles Kerr, *The Right to Be Lazy*, Lafargue Internet Archive 2000, 온라인에서는 http://www.marxists.org/archive/lafargue/1883/lazy/index.htm에서 찾을 수 있다.

26 Paul Jump, "Work and other labours of love," *Times Higher Education Supplement*, 2013년 6월 6일자, 온라인에서는 http://www.timeshighereducation.com에서 찾을 수 있다.

27 Richard Florida, *The Rise of the Creative Class* (New York: Basic Books 2002).

28 Kathi Weeks, *The Problem with Work* (North Carolina, Duke UP 2011) 1면.

29 같은 책 3면.

30 Ann E. Cudd and Nancy Holmstrom, *Capitalism, For and Against*, 194면.

31 Lauren Berlant, *Cruel Optimism* (North Carolina, Duke UP 2011) 27면.

32 같은 책 28면.

33 Marina Warner, "Learning my Lesson," *London Review of Books*, 2015.3.19.

온라인에서는 http://www.lrb.co.uk/v37/n06/marina-warner/learning-my-lesson에서 찾을 수 있다.

34 Ann E. Cudd and Nancy Holmstrom, *Capitalism, For and Against*, 157면.

35 같은 곳.

36 Kate Drabinski, Review of *Capitalism, For and Against* by Ann E. Cudd and Nancy Holmstrom, *Marx and Philosophy*, 2011.6.29. 온라인에서는 http://www.marxandphilosophy.org.uk./reviewofbooks/reviews/2011.341.에서 찾을 수 있다.

37 앞의 책 157면.

38 Jane Duran, *Eight Women Philosophers* (Champaign: U Illinois P 2006) 14면.

39 2015년 1월 9일 낸시 홈스트롬과의 인터뷰.

40 Ann E. Cudd and Nancy Holmstrom, *Capitalism, For and Against*, 318면.

4장

1 Michel de Montaigne, *The Complete Essays*, tr. M.A. Screech (London: Penguin 1993) 81면.

2 Sarah Bakewell, *How to Live: A Life of Montaigne in One Question and Twenty Attempts at an Answer*, Kindle edn. (New York: Vintage 2011) loc.550.

3 Elizabeth A. Stanko, "Women, Crime and Fear" *The Annals of the American Academy of Political and Social Science* 539 (1995) 43~58면을 참고.

4 같은 책을 참고.

5 Our Watch, "Understanding Violence: Facts and Figures". http://ourwatch.org.au.에서 찾을 수 있다(2020년 4월 17일 방문).

6 Australian Institute of Family Studies, "Child Abuse and Neglect Staticstics: CFCS Resource Sheet," Australian Government, 2016.10. 온라인에서는 http://aifs.gov.au/cfca/publications/child-abuse-and-neglect-statistics.에

서 찾을 수 있다(2020년 4월 17일 방문).

7 Noëlle McAfee, *Julia Kristeva*, Kindle edn. (New York and London: Routledge 2004) loc.177.

8 Julia Kristeva and Arthur Goldhammer, "Stabat Mater," *Julia Kristeva* Vol.6, no.1~2 (1985) 133~152면.

9 같은 글 141면.

10 Julia Kristeva, tr. Leon S Rudiez,*Powers of Horror* (New York: Columbia UP 1982).

11 같은 책 3면.

12 Rosie Batty and Bryce Corbett, *A Mother's Story*, Kindle edn. (New York: HarperCollins 2015).

13 같은 책 loc.2405.

14 같은 책 loc.3575.

15 앞의 책 9면.

16 Barbara Creed, *The Monstrous-Feminine: Film, Feminism, Psychoanalysis* (London: Routledge 2007) 6면.

17 Jane Ussher, *Managing the Monstrous Feminine: Regulating the Female Body* (London: Routledge 2006) 1면에서 재인용.

18 J. Michael Hogan and Sarah Ann Mehltretter, "Helen Caldicott, "Stop the Nuclear Madness"(17 April 1986)," *Voice of Democracy: The Us Oratory Project*, vol.3 (2008).

19 Helen Caldicott, *A Passionate Life* (New York: Random House 1996).

20 2015년 11월 10일 헬렌 캘디콧과의 인터뷰.

21 Helen Caldicott, *On the Beach* (New York: Vintage 2009).

22 헬렌 캘디콧이 썼거나, 쓰고 편집한 다음의 책들을 참고. *Missile Envy: The Arms Race and Nuclear War* (New York: Bantam 1985); *If You Love This Planet* (New York: WW Norton 1992); *Nuclear Power Is Not the*

Answer (New York: New Press 2006); *Crisis Without End: The Medical and Ecological Consequences of the Fukushima Nuclear Catastrophe* (New York: New Press 2014).

23 Paul Boyer, *Fallout: A Historian Reflects on America's Half-century with Nuclear Weapons* (Columbus: Ohio State UP 1998).

24 2015년 11월 10일 헬렌 캘디콧과의 인터뷰.

25 Jan H. Blits, "Hobbesian Fear," *Political Theory* Vol.7, no.3 (1989) 417~431면에서 재인용.

26 George Monbiot, "Nuclear opponents have a moral duty to get their facts right," *The Guardian*, 2011. 4. 14. 온라인에서는 http://www.theguardian.com/environment/georgemonbiot/2011/apr/13/antinuclear-lobby-interrogate-beliefs.에서 찾을 수 있다.

27 Jim Green, "What is the Chernobyl deathtoll?," *Green Left Weekly* 877, 2011. 4.16. 온라인에서는 http://www.smh.com.au/lifestyle/mark-latham-needs-to-stop-his-unfair-ragefuelled-attacks-on-rosie-batty-20161102-gsfxef.html에서 찾을 수 있다.

28 Jeffreys Sheila, "Double Jeopardy: Women, the US military and the war in Iraq," *Women's Studies International Forum* 30 (2007) 16~25면.

29 2015년 11월 10일 헬렌 캘디콧과의 인터뷰.

30 Bianca J. Marlin et al., "Oxytocin enables maternal behaviour by balancing cortical inhibition," *Nature* 520, no.7548, 2015.4.23., 499~504면, 온라인에서는 https://doi.org/10.1038/nature14402에서 찾을 수 있다.

31 Brain C. Trainor, et al., "Sex differences in hormonal responses to social conflict in the monogamous mouse," *Hormones and Behaviour* Vol.58, no.3 (2010) 506~512면. 온라인에서는 https://doi.org/10.1016/j.yhbeh.2010.04.008.에서 찾을 수 있다.

32 Debra Neihoff, "Not Hard Wired: The Complex Neurobiology of Sex

Difference in Violence," *Violence and Gender* 1, no.1 (2014) 19~24면.

33 Julia Kristeva, *Powers of Horror*, 1면.

34 같은 책 2면.

35 Ann J. Cahill, "The Phenomenology of Fear," in Alison Bailey and Chris Cuomo, eds., *The Feminist Philosophy Reader* (New York: McGraw Hill 2008) 813면.

36 같은 글 810면.

37 Rosie Batty and Bryce Corbett, *A Mother's Story*, loc.1263.

38 "On Julia Kristeva's Couch," *25th Chicago Humanities Festival*, 2013. 10. 13. 온라인에서는 http://www.stitcher.com/podcast/chicago-humanities-festival-podcast/e/on-julia-kristevas-couch에서 찾을 수 있다.

39 Claudia Card, "Kant's Theory of Radical Evil," *The Atrocity Paradigm*, Oxford Scholarship Online, 2002.

40 Richard J. Bernstein, "Reflections on radical evil: Arendt and Kant," *Soundings* 85, no.1-2 (2002) 17면.

41 Julia Kristeva, tr. Ross Guberman, *New Maladies of the Soul* (New York: Columbia UP 1995).

42 Rosie Batty and Bryce Corbett, *A Mother's Story*, loc.222.

43 2015년 11월 10일 헬렌 캘디콧과의 인터뷰.

44 같은 인터뷰.

45 Lars Fredrik Svendsen, tr. John Irons, *A Philosophy of Fear* (London: Reaktion Books 2008) 43면.

46 Carrie L. Yodanis, "Gender Inequality, Violence against Woman, and Fear," *Journal of Interpersonal Violence* Vol.19, no.6 (2004) 655면.

5장

1 Marina Warner, "Contradictory Curiosity," *Curiosity: Art and the Pleasure* *of Knowing* (London: Hayward Publishing 2013) 31면.

2 같은 글 25면.

3 Marina Warner, "Out of an Old Toy Chest," *Journal of Aesthetic Education* Vol.43, no.2 (2009) 3~18면.

4 Marina Warner, *Signs and Wonders: Essays on Literature and Culture* (New York: Vintage 2003) 298면.

5 같은 책 301면.

6 Marina Warner, *The Dragon Empress* (New York: Vintage 1993).

7 Marina Warner, *Alone of All Her Sex: The Myth and the Cult of the Virgin Mary* (New York: Vintage 1976).

8 Marina Warner, *Joan of Arc: The Image of Female Heroism* (New York: Vintage 1981).

9 Shirley Ardener, *Perceiving Women* (New York: Halsted 1975).

10 2014년 7월 3일 마리아 워너와의 인터뷰.

11 Marina Warner, *Managing Monsters: Six Myths of Our Time* (New York: Vintage 1994).

12 Marina Warner, *Stranger Magic: Charmed States and the Arabian Nights* (London: Chatto & Windus 2011).

13 Nina Moog, "The Rumpus Interview with Marina Warner," *The Rumpus*, 2012.10.17. 온라인에서는 http://therumpus.net/2012/10/the-rumpus-interview-with-marina-warner/에서 찾을 수 있다.

14 앞의 인터뷰.

15 같은 인터뷰.

16 Lewis Carroll, *Alice's Adventures in Wonderland* (London: Penguin 1998) 6면.

17 앞의 인터뷰.

18 Sophia Vasalou, *Wonder: A Grammar* (New York: SUNY 2015) 52면.

19 같은 책 72면.

20 Marina Warner, "St Paul: Let women be silent," *Signs and Wonders*, 55~63면.

21 같은 책 59면.

22 같은 곳에서 재인용.

23 앞의 인터뷰.

24 Janet Frame, *Owls Do Cry* (London: The Women's Press 1961/1985); Jessica Anderson, *Tirra Lirra By the River* (London: Penguin 1980); Tim Winton, *An Open Swimmer* (London: Allen&Unwin 1982).

25 앞의 인터뷰.

26 Nicholas Wroe, "Absolutely Fabulist," *The Guardian*, 2000.1.21. 온라인에서는 http://www.theguardian.com/books/2000/jan/22/history에서 찾아볼 수 있다.

27 Marina Warner, "Diary: Why I Quit," *London Review of Books* 36, no.17, 42~43면; Marina Warner, "Learning My Lesson," *London Review of Books* 37, no.6, 8~14면.

28 Marina Warner, "Learning My Lesson," 5면에서 재인용.

29 같은 곳.

30 같은 곳에서 재인용.

31 Sophia Vasalou, *Wonder: A Grammar*, 57면에서 재인용.

32 Ania Walwicz, "Little Red Riding Hood," *Overland* 74 (1979) 26면.

33 Marina Warner, "Hatching," *Fantastic Metamorphoses, Other Worlds: Ways of Telling the Self*, Kindle edn. (Oxford: Oxford UP 2002) loc.1243~1881.

34 Maria Sybilla Merian, *Metamorphosis Insectorum Surinamensium*, 1705, National Library of the Netherlands에서 소장.

35 2014년 7월 10일 마리아 워너와의 인터뷰.

36 Sophia Vasalou, *Wonder: A Grammar*, 86면.

37 같은 곳.

38 같은 책 82면에서 재인용.

39 같은 책 114면에서 재인용.

40 같은 책 82면.

41 Philp Fisher, *Wonder, the Rainbow and the Aesthetics of Rare Experiences* (Cambridge, MA: Harvard UP 2003) 2면.

42 앞의 책 19면.

43 같은 책 20면.

44 Marina Warner, *Signs and Wonders*, 392면.

45 Julienne van Loon, "Where do writers get their ideas from?," *Sydney Review of Books*, 2017.3.8. 온라인에서는 http://sydneyreviewofbooks.com/where-do-writers-get-their-ideas-from에서 찾을 수 있다.

46 Charlotte Wood, *The Writer's Room* (London: Allen & Unwin 2016) 244면.

47 Adam Smith, "The History of Anatomy," in WPD Wightman and JC Boyce, eds., *Essays on Philosophical Subjects* (Oxford: Clarendon 1980) 39면.

48 앞의 인터뷰.

49 Richard Dawkins, *Unweaving the Rainbow: Science, Delusion and the Appetite for Wonder* (Boston: Mariner 2000).

50 앞의 인터뷰.

51 Sophia Vasalou, *Wonder: A Grammar*, 56면에서 재인용.

6장

1 2016년 4월 7일 로지 브라이도티와의 인터뷰.

2 같은 인터뷰.

3 Moira Fradinger, Introduction to the Tanner Lecture "Memoirs of a Posthumanist" by Rosi Braidotti, 2017.3.1., Yale University, 온라인에서는 http://www.youtube.com/watch?v=OjxelMWLGCo에서 찾아볼 수 있다.

4 Rosi Braidotti, *Nomadic Subjects: Embodiment and Suxual Difference in Contemporary Feminist Theory* (New York: Columbia UP 2011) 2판, 274면.

5 Rosi Braidotti, *Patterns of Dissonance* (Cambridge: Polity 1991).

6 Rosi Braidotti, *Nomadic Subjects: Embodiment and Sexual Difference in Contemporary Feminist Theory* (New York: Columbia UP 1994).

7 Rosi Braidotti, "Writing as a Nomadic Subject," 옥스퍼드대학교 강연문, 2013.5., 1면.

8 Rosi Braidotti, *The Posthuman* (Cambridge: Polity 2013) 13면.

9 Rosi Braidotti, *Metamorphoses: Towards a Materialist Theory of Becoming* (Cambridge: Polity 2002).

10 Rosi Braidotti, *Transpositions: On Nomadic Ethics* (Cambridge: Polity 2002).

11 Rosi Braidotti, *The Posthuman*; Rosi Braidotti and Maria Hlavajova, eds., *Posthuman Glossary* (London: Bloomsbury 2018).

12 Rosi Braidotti, "Intensive Genre and the Demise of Gender," *Angelaki* 13, no.2 (2008) 46면.

13 Julienne van Loon, "In Broad Daylight," in Maya Linden et al., eds., *Just Between Un: Australian Women Tell the Truth about Friendship* (London: Pan Macmillan 2013) 35~56면.

14 Rosi Braidotti, "Intensive Genre and the Demise of Gender," 46면.

15 Barclay Crawford, "Anger, grief, but daughter's murder no surprise," *The Australian*, 1998.11.20., 6면에서 Ray Franklin의 말을 재인용.

16 Friedrich Nietzsche, tr. Thomas Common, *The Gay Science* (Mineola, NY: Dover 2006).

17 2016년 4월 3일 로지 브라이도티와의 인터뷰.

18 Benedict de Spinoza, tr. Edwin Surley, *Ethics* (London: Penguin 2005).

19 Roger Scruton, *A Short Introduction to Spinoza* (Oxford: Oxford UP 2002).

20 Rosi Braidotti, *The Posthuman* (New York: Columbia UP 2013) 56면.

21 2016년 4월 13일 로지 브라이도티와의 인터뷰.

22 2016년 4월 3일 로지 브라이도티와의 인터뷰.

23 앞의 인터뷰.

24 "Jacques Lacan" Stanford Encyclopedia of Philosophy, 2013.4.2. (2018.7.10. 수정) 이 항목은 https://plato.stanford.edu/entries/lacan/#OthOedComSex 에서 찾을 수 있다.

25 Luce Irigaray, tr. Carolyn Burke and Gillian C. Gill, *An Ethics of Sexual Difference* (Ithaca: Cornell UP 1993)를 참조.

26 Rosi Braidotti, *Nomadic Subjects: Embodiment and Sexual Difference in Contemporary Feminist Theory*, 131면.

27 Rosi Braidotti, *Nomadic Theory: The Portable Rosi Braidotti* (New York: Columbia UP 2011) 157면에서 재인용.

28 2016년 4월 13일 로지 브라이도티와의 인터뷰.

29 Felicity Colman, *Deleuze and Cinema* (Oxford: Berg 2011)의 논의를 참고.

30 앞의 책 152면.

31 같은 곳.

32 같은 책 155면.

33 Rosi Braidotti, "The Ethics of Becoming Imperceptible" in Constantin Boundas, ed., *Deleuze and Philosophy* (Edinburgh: Edinburgh UP 2006) 133면.

34 Rosi Braidotti, *The Posthuman*, 131면.

35 같은 곳.

36 앞의 글 136면.

37 앞의 인터뷰.

38 Susie Orbach and Luise Eichenbaum, *Between Women: Love, Envy and Competition in Women's Friendships* (London: Penguin 1989) 53~54면.

39 Rosi Braidotti, *Nomadic Theory: The Portable Rosi Braidotti*, 151면.

40 Les Kennedy, "The Starlight Hotel Murders," The Sydney Morning Herald,

2003.10.10. 온라인에서는 http://www.smh.com.au/articles/2003/10/09/ 1065676093775.html에서 찾아볼 수 있다.

41 Rosi Braidotti, *The Posthuman*, 121면.

42 앞의 인터뷰.

43 2016년 4월 14일 로지 브라이도티와의 인터뷰.

44 Michel van Ingen, "Beyond the nature/culture divide? The contradictions of Rosi Braidotti's The Posthuman," *Journal of Critical Realism* 15, iss.5 (2016) 530~542면.

45 Rosi Braidotti, *Nomadic Subjects: Embodiment and Sexual Difference in Contemporary Feminist Theory*, 274면.

46 Rosi Braidotti, 앞의 책 12면.

Anderson, J. *Tirra Lirra by the River*, London: Penguin 1980.

Appignanesi, L. *Simone de Beauvoir*, London: Haus 2005.

Appignanesi, L, R. Holmes and S. Orbach, eds., *Fifty Shades of Feminism*, New York: Hachette Digital 2013.

Ardener, S. *Perceiving Women*, New York: Halsted 1975.

Aristotle. *The Nicomachean Ethics*, Translated by David R., Oxford: Oxford University Press 2009.

Ayto, J. *Dictionary of Word Origins*, London: A.&C. Black 2002.

Bakewell, S. *At the Existentialist Cafe: Freedom, Being and Apricot Cocktails*, New York: Vintage 2016.

_____. *How to Live: A Life of Montaigne in One Question and Twenty Attempts at an Answer*, New York: Vintage 2011.

Barthes, Roland. *A Lover's Discourse: Fragments*, Translated by R. Howard, New York: Farrar, Straus and Giroux 1978.

Batty, R. and B. Corbett. *A Mother's Story*, New York: HarperCollins 2015.

Berlant, L. *Cruel Optimism*, North Carolina: Duke University Press 2011.

Bernstein, R.J. "Reflections on radical evil: Arendt and Kant," *Soundings*, vol.85, no.1 ~ 2, 2002, 17면.

Blits, J.H. "Hobbesian Fear," *Political Theory*, vol.7, no.3, 1989, 417~431면.

Boyer, P. *Fallout: A Historian Reflects on America's Half-century with Nuclear Weapons*, Columbus: Ohio State University Press 1998.

Braidotti, R. "Intensive Genre and the Demise of Gender," *Angelaki*, vol.13, no.2, August 2008, 45~57면.

_____. *Metamorphoses: Towards a Materialist Theory of Becoming*, Cambridge: Polity 2002.

_____. *Nomadic Subjects: Embodiment and Sexual Difference in Contemporary Feminist Theory*, New York: Columbia University Press 1994.

_____. *Nomadic Theory: The Portable Rosi Braidotti*, New York: Columbia University Press 2011.

_____. *Patterns of Dissonance*, Cambridge: Polity 1991.

_____. "Posthuman Humanities," *European Educational Research Journal*, vol.12, no.1, 2013, 1~14면.

_____. "The Ethics of Becoming Imperceptible," *Deleuze and Philosophy*, Edited by Constantin Boundas, Edinburgh: Edinburgh University Press 2006, 133~159면.

_____. The Posthuman, Cambridge: Polity 2013.

Braidotti, R. and M. Hlavajova, eds., *Posthuman Glossary*, Bloomsbury 2018.

Brown, S. *Play*, London: Penguin 2009.

Cahill, Ann J. "The Phenomenology of Fear", *The Feminist Philosophy Reader*, Edited by Alison B. and C. Cuomo, New York: McGraw Hill 2008, 810~825면.

Caldicott, H. *A Passionate Life*, Random House 1996.

_____. Crisis Without End: The Medical and Ecological Consequences of the

Fukushima Nuclear Catastrophe, New York: New Press 2014.

_____. *If You Love This Planet*, New York: WW Norton 1992.

_____. *Loving This Planet: Leading Thinkers Talk About How to Make a Better World*, New York: New Press, 2012.

_____. *Missile Envy: The Arms Race and Nuclear War*, New York: Bantam 1985.

_____. *Nuclear Madness: What You Can Do*, New York: WW Norton 1978.

_____. *Nuclear Power Is Not the Answer*, New York: New Press 2006.

Card, C. "Kant's Theory of Radical Evil", *The Atrocity Paradigm*, Oxford Scholarship Online 2002.

Carroll, L. *Alice's Adventures in Wonderland*, First published in 1865, London: Penguin 1998.

Colman, F. *Deleuze and Cinema*, Oxford: Berg 2011.

Coontz, S. *Marriage, a History: How Love Conquered Marriage*, London: Penguin 2005.

Cox, T. "Why work at marriage when adultery is so much easier?," *Daily Herald*, 28 Oct. 2003, 1면.

Creed, B. *The Monstrous-Feminine: Film, Feminism, Psychoanalysis*. London and New York: Routledge 2007.

Cudd, A.E. and N. Holmstrom. *Capitalism, For and Against: A Feminist Debate*, Cambridge: Cambridge University Press 2011.

Dawkins, R. *Unweaving the Rainbow: Science, Delusion and the Appetite for Wonder*, Boston: Mariner 2000.

DeAnda, M. Review of "Play Matters", *American Journal of Play*, Winter 2015, 254면.

Drabinski, K. Review of *Capitalism, For and Against* by Ann E. Cudd and N. Holmstrom. *Marx and Philosophy* 29 June 2011 (www. marxandphilosophy.org.uk/reviewofbooks/reviews/2011/341).

Draper, H. "The Two Souls of Socialism," *New Politics*, vol.5, no.1, Winter 1966, 57~84면.

Durran, J. *Eight Women Philosophers*, Champaign: University of Illinois Press 2006.

Fagen, R. *Animal Play Behaviour*, Oxford: Oxford University Press 1981.

Florida, R. *The Rise of the Creative Class*, New York: Basic Books 2002.

Foucault, M. *Discipline and Punish: The Birth of the Prison*, First published in 1975, Translated by Alan S., New York: Random House 1995.

Fradinger, M. Introduction to The Tanner Lecture "Memoirs of a Posthumanist" by Rosi Braidotti, 1 March 2017, Yale University.

Fraiberg, S.H. *The Magic Years: Understanding and Handling the Problems of Early Childhood*, New York: Charles Scribner's Sons 1959.

Frame, J. *Owls Do Cry*, First published in 1961, London: The Women's Press 1985.

Fukuyama, R. *The Great Disruption: Human Nature and the Reconstitution of Social Order*, New York: Touchstone 2000.

Gay, P., ed., *The Freud Reader*. WW Norton 1989.

Green, J. "George Monbiot vs Helen Caldicott: Who is right about the Chernobyl death toll?", *Green Left Weekly*, 17 April 2011.

Greer, G. *The Female Eunuch*, First published in 1970, London: Harper Perennial 2006.

Hogan, J.M. and S.A. Mehltretter, "Helen Caldicott, "Stop the Nuclear Madness" (17 April 1986)," *Voices of Democracy: The US Oratory Project*, vol.3, 2008.

Holmstrom, N., ed., "Sex, Work and Capitalism". *Logos*, vol.13, no.2 – 3, 2014 (http://logosjournal.com/2014/holmstrom).

_____. *The Socialist Feminist Project: A Contemporary Reader in Theory and*

Politics, Monthly Review Press 2002.

Huizinga, J. *Homo Ludens*, First published in 1958, London: Routledge and Kegan Paul 2001.

Hustvedt, S. *Living, Thinking, Looking*, London: Sceptre 2012.

_____. *The Blazing World*, London: Hodder and Stoughton 2014.

_____. *The Blindfold*, New York: Henry Holt 1993.

_____. *The Shaking Woman or A History of My Nerves*, London: Sceptre 2010.

_____. *The Sorrows of an American*, New York: Henry Holt 2008.

_____. *The Summer Without Men*, London: Sceptre 2011.

_____. "Underground Sexism: What Was That You Just Said?" in Appignanesi, L.; Rachel Holmes, R and S. Orbach, eds., *Fifty Shades of Feminism*, New York: Hachette Digital 2013.

_____. *What I Loved*. New York: Henry Holt 2003.

Jump, P. "Work and other labours of love,". *Times Higher Education Supplement*, 6 June 2013 (http://www.timeshighereducation.com).

Kennedy, L. "The Starlight Hotel Murders". *The Sydney Morning Herald*, 10 October 2003 (http://www.smh.com.au/articl es/2003/10/09/1065676093775.html).

Kipnis, L. "Adultery". *Critical Inquiry*, vol.24, no.2, 1998, 289~327면.

_____. *Against Love*. New York: Random House 2003.

_____. "A Treatise on the Tyranny of Two". *The New York Times*, 14 Oct. 2001 (http://www.nytimes.com).

_____. *Bound and Gagged: Pornography and the Politics of Fantasy in America*, North Carolina: Duke University Press 1999.

_____. *How to Become a Scandal: Adventures in Bad Behaviour*. New York: Henry Holt 2010.

_____. *The Female Thing: Dirt, Sex, Envy, Vulnerability*, New York: Random

House 2006.

_____. *Unwanted Advances*, New York: Harpercollins 2017.

Kristeva, J. *New Maladies of the Soul*, Translated by R. Guberman, New York: Columbia University Press 1995.

_____. *Powers of Horror: An Essay on Abjection*. Translated by Leon S.R., New York Columbia University Press 1982.

Kristeva, J. and A. Goldhammer, "Stabat Mater", *Poetics Today*, vol.6, nos.1~2, 1985, 133~152면.

Lafargue, P. *The Right to Be Lazy*, First published in 1883, Translated by Charles K., Lafargue Internet Archive 2000 (http://www.marxists.org/archive/lafargue/1883/lazy/index.htm).

Lakoff, G. and M. Johnson. *Metaphors We Live By*, First published in 1980, Chicago: University of Chicago Press 2003.

Marcuse, H. "Eros and Civilisation", First written in 1955, The Marcuse Internet Archive (http://www.marxists.org/reference/archive/marcuse).

_____. "One Dimensional Man", First written in 1964, The Marcuse Internet Archive (http://www.marxists.org/reference/archive/marcuse).

Marx, K. *Capital: Volume 1*. First published in 1867, Translated by Samuel M. and E. Aveling (http://www.marxists.org/archive/marx/works/1867-c1).

McAfee, N. *Julia Kristeva*, New York and London: Routledge 2004.

Meacham, S. "More Affinities: Whiteley and Rees". *Sydney Morning Herald*, 8 Dec. 2005.

Midgley, M. *Wisdom, Information and Wonder: What is knowledge for?*, New York and London: Routledge 1989.

Moog, N. "The Rumpus Interview with Marina Warner" (http://therumpus.net).

Nabokov, V. *Bend Sinister*, New York: Henry Holt 1942.

Niehoff, D. "Not Hard Wired: The Complex Neurobiology of Sex Difference in Violence". *Violence and Gender*, vol.1, no.1, 2014, 19~24면.

Nietzsche, F. *The Gay Science*, First published in 1910, Translated by T. Common, Mineola, NY: Dover 2006.

O'Connor, F. *Mystery and Manners: Occasional Prose*, New York: Farrar, Straus and Giroux 1969.

Orbach, S. and L. Eichenbaum, *Between Women: Love, Envy and Competition in Women's Friendships*, London: Penguin 1989.

Orwell, G. "You and the Atomic Bomb", The Tribune, 19 Oct. 1945 (http://orwell.ru).

Our Watch. "Understanding Violence: Facts and Figures" (http://ourwatch.org.au).

Piketty, T. *Capital in the Twenty-first Century*, Translated by A. Goldhammer, Cambridge, MA: Harvard UP 2014.

Retallack, J. *The Poethical Wager*, Berkeley: Univerisity of California Press 2004.

Russell, B. *The Autobiography of Bertrand Russell*, London: Allen&Unwin, 1967~1969.

Schwartz, M. "The People vs. Laura Kipnis," Review of Men: Notes from an Ongoing Investigation *by Laura Kipnis*. Dissent, Winter 2015 (http://www.dissentmagazine.org).

Shute, N. *On the Beach*, First published in 1957, New York: Vintage 2009.

Sicart, M. *Play Matters*. Cambridge, MA: MIT Press, 2014.

Smith, A. *Essays on Philosophical Subjects*, W.P.D. Wightman and J.C. Boyce, eds., Oxford: Clarendon 1980.

Spinoza, B. de, *Ethics*, First Published in 1677. Translated by E. Curley, London: Penguin 2005.

Stanko, E.A. "Women, Crime and Fear," *The Annals of the American Academy of*

Political and Social Science, vol.539, 1995, 43~58면.

Sutton-Smith, B. *The Ambiguity of Play*, Cambridge, MA: Harvard University Press 2001.

Svendsen, L.F. *A Philosophy of Fear*, Translated by John Irons, London: Reaktion Books 2008.

_____. *Work*, Chesham: Acumen 2008.

Tanner, T. *Adultery in the Novel: Contract and Transgression*, Baltimore: Johns Hopkins University Press, 1979.

Trainor, B.C., E.Y. Takahashi, A.L. Silva, K.K. Crean and C. Hosteller, "Sex Differences in Hormonal Responses to Social Conflict in the Monogamous Mouse," *Hormones and Behaviour*, vol.58, no.3, 2010, 506~512면.

Ussher, J. *Managing the Monstrous Feminine: Regulating the Female Body*, New York and London: Routledge 2006.

van Loon, J. "In Broad Daylight," *Just Between Us: Australian Women Tell the Truth about Friendship*, M. Linden et al, eds., London: Pan Macmillan 2013, 35~56면.

_____. "Where do writers get their ideas from?," *Sydney Review of Books*, 8 Mar. 2017 (sydneyreviewofbooks.com/where-do-writers-get-their-ideas-from/).

Vasalou, S. *Wonder: A Grammar*, SUNY 2015.

Vygotsky, L.S. "Play and its Role in the Mental Development of the Child," Written in 1933. The Vygotsky Internet Archive (https://www.marxists.org/archive/vygotsky/).

Warner, M. *Alone of All Her Sex: The Myth and Cult of the Virgin Mary*, New York: Vintage 1976.

_____. "Contradictory Curiosity," *Curiosity: Art and the Pleasure of Knowing*,

London: Hayward Publishing 2013, 25~39면.

_____. *Dragon Empress*, First published in 1972, New York: Vintage 1993.

_____. *Fantastic Metamorphoses, Other Worlds: Ways of Telling the Self*, New York: Vintage 2004.

_____. *Joan of Arc: The Image of Female Heroism*. New York: Vintage 1981.

_____. "Learning my Lesson," *London Review of Books*, 19 March 2015 (www.lrb.co.uk/v37/n06/marina-warner/learning-my-lesson).

_____. *Managing Monsters: Six Myths of Our Time*, New York: Vintage 1994.

_____. *Signs and Wonders: Essays on Literature and Culture*, New York: Vintage 2004.

_____. *Stranger Magic: Charmed States and the Arabian Nights*, London: Chatto&Windus 2011.

Weber, M. "The Protestant Ethic and the Spirit of Capitalism," Written in 1904~1905, *Essays in Economic Sociology*, R. Swedberg, ed., Princeton: Princeton University Press 1999, 2면.

Weeks, K. *The Problem with Work*, North Carolina: Duke University Press 2011.

Weseley, J.K. and E. Gaarder, "The Gendered Nature of the Urban Outdoors," *Gender and Society*, Vol.8, Iss.5, 2004, 645~663면.

Winnicott, D.W. *Playing and Reality*, London: Tavistock 1971.

_____. *The Piggle: An Account of the Psychoanalytic Treatment of a Little Girl*, London: Hogarth Press 1971.

Winton, T. *An Open Swimmer*, London: Allen&Unwin 1982.

Wood, C. *The Writer's Room*, London: Allen&Unwin 2016.

Yodanis, C.L. "Gender Inequality, Violence against Women, and Fear," *Journal of Interpersonal Violence*, Vol.19, Iss.6, 2004, 655~675면.

생각하는 여자
일상에 도전하는 철학을 위하여

초판 1쇄 발행 / 2020년 4월 24일

지은이 / 줄리엔 반 룬
옮긴이 / 박종주
펴낸이 / 강일우
책임편집 / 김새롬
조판 / 박지현
펴낸곳 / (주)창비
등록 / 1986년 8월 5일 제85호
주소 / 10881 경기도 파주시 회동길 184
전화 / 031-955-3333
팩시밀리 / 영업 031-955-3399 편집 031-955-3400
홈페이지 / www.changbi.com
전자우편 / human@changbi.com